# 中华人民共和国未成年人保护法

## 注释本

法律出版社法规中心　编

法律出版社
LAW PRESS CHINA
·北　京·

图书在版编目(CIP)数据

中华人民共和国未成年人保护法注释本 / 法律出版社法规中心编. -- 3 版. -- 北京 : 法律出版社, 2022 (2024.4 重印)
(法律单行本注释本系列)
ISBN 978 - 7 - 5197 - 6929 - 1

Ⅰ. ①中… Ⅱ. ①法… Ⅲ. ①未成年人保护法 - 法律解释 - 中国 Ⅳ. ①D922.183.5

中国版本图书馆 CIP 数据核字(2022)第 130186 号

**中华人民共和国未成年人保护法注释本**
**ZHONGHUA RENMIN GONGHEGUO WEICHENGNIANREN BAOHUFA ZHUSHIBEN**

法律出版社法规中心 编

责任编辑 董 昱
装帧设计 李 瞻

**出版发行** 法律出版社
**编辑统筹** 法规出版分社
**责任校对** 张红蕊
**责任印制** 耿润瑜
**经　　销** 新华书店

**开本** 850 毫米 × 1168 毫米 1/32
**印张** 9.125 **字数** 254 千
**版本** 2022 年 8 月第 3 版
**印次** 2024 年 4 月第 2 次印刷
**印刷** 固安华明印业有限公司

地址:北京市丰台区莲花池西里 7 号(100073)
网址:www.lawpress.com.cn
投稿邮箱:info@lawpress.com.cn
举报盗版邮箱:jbwq@lawpress.com.cn
销售电话:010 - 83938349
客服电话:010 - 83938350
咨询电话:010 - 63939796


**书号**:ISBN 978 - 7 - 5197 - 6929 - 1
**定价**:28.00 元
凡购买本社图书,如有印装错误,我社负责退换。电话:010 - 83938349

# 编辑出版说明

现代社会是法治社会，社会发展离不开法治护航，百姓福祉少不了法律保障。遇到问题依法解决，已经成为人们处理矛盾、解决纠纷的不二之选。然而，面对纷繁复杂的法律问题，如何精准、高效地找到法律依据，如何完整、准确地理解和运用法律，日益成为人们"学法、用法"的关键所在。

为了帮助读者快速准确地掌握"学法、用法"的本领，我社开创性地推出了"法律单行本注释本系列"丛书，至今已十余年。本丛书历经多次修订完善，现已出版近百个品种，涵盖了社会生活的重要领域，已经成为广大读者学习法律、应用法律之必选图书。

本丛书具有以下特点：

**1. 出版机构权威。**成立于1954年的法律出版社，是全国首家法律专业出版机构，始终秉承"为人民传播法律"的宗旨，完整记录了中国法治建设发展的全过程，享有"社会科学类全国一级出版社"等荣誉称号，入选"全国百佳图书出版单位"。

**2. 编写人员专业。**本丛书皆由相关法律领域内的专业人士编写，并引入匿名审稿评估制度，确保图书内容始终紧跟法治进程，反映最新立法动态，体现条文本义内涵。

**3. 法律文本标准。**作为专业的法律出版机构，多年来，我社始终使用全国人民代表大会常务委员会公报刊登的法律文本，积淀了丰富的标准法律文本资源，并根据立法进度及时更新相关内容。

**4. 条文注释精准。**本丛书以立法机关的解读为蓝本，对每个条文提炼出条文主旨，并对重点条文进行注释，使读者能精准掌握立法意图，轻松理解条文内容。

**5. 关联规定全面。**本丛书收录与法条关联的法律法规，帮助读者快速构建立体化知识体系。

**6. 案例指引以案释法。**本丛书收录与法条相关的典型案例，精准以案释法。读者可扫描相应的"有章"二维码获取案例原文。

**7. 配套附录实用。**书末"附录"部分收录的均为重要的相关法律法规，使读者在使用中更为便捷，使全书更为实用。

需要说明的是，本丛书中的"条文主旨""条文注释"等内容皆是编者为方便读者阅读、理解而编写，不同于国家正式通过、颁布的法律文本，不具有法律效力。本丛书不足之处，恳请读者批评指正。

我们用心打磨本丛书，以期待为法律相关专业的学生释法解疑，致力于为每个公民的合法权益撑起法律的保护伞。

法律出版社法规中心

2022 年 7 月

# 目　　录

## 附　录

# 《中华人民共和国未成年人保护法》适用提要

未成年人是国家的未来、民族的希望、家庭的梦想,关系到中华民族的伟大复兴和亿万家庭的幸福安宁。保护未成年人的合法权益是国家和社会、未成年人的父母,乃至每一个成年公民的共同责任。为了将未成年人保护工作纳入法治轨道,1991 年 9 月 4 日,全国人大常委会通过了《中华人民共和国未成年人保护法》。此后,2006 年 12 月 29 日,十届全国人大常委会第二十五次会议对本法进行了修订;2012 年 10 月 26 日,十一届全国人大常委会第二十九次会议对本法进行了修正;2020 年 10 月 17 日,十三届全国人大常委会第二十二次会议对本法进行了第二次修订。

《中华人民共和国未成年人保护法》对于保障未成年人的合法权益,促进未成年人的健康成长,发挥了重要作用。

当前,未成年人保护工作面临的问题复杂多样,其中比较突出的问题主要有:(1)监护人监护不力情况严重甚至存在监护侵害现象;(2)校园安全和学生欺凌问题频发;(3)密切接触未成年人行业的从业人员性侵害、虐待、暴力伤害未成年人问题时有发生;(4)未成年人沉迷网络特别是网络游戏问题触目惊心;(5)对刑事案件中未成年被害人缺乏应有保护等。这些问题引起全社会普遍关注。

2020 年修订《中华人民共和国未成年人保护法》时,对 2012

年《中华人民共和国未成年人保护法》的章目编排及条文顺序进行了调整，坚持增改删并举。新增“网络保护”“政府保护”两章，条文从72条增加到132条。修改的主要内容是：

**一、充实总则规定**

《中华人民共和国未成年人保护法》作为未成年人保护领域的综合性法律，对未成年人享有的权利、未成年人保护的基本原则和未成年人保护的责任主体等作出明确规定。此次修订，新增最有利于未成年人原则；强化了父母或者其他监护人的第一责任；确立国家亲权责任，明确在未成年人的监护人不能履行监护职责时，由国家承担监护职责；增设了发现未成年人权益受侵害后的强制报告制度。

**二、加强家庭保护**

父母或者其他监护人是保护未成年人的第一责任人，家庭是未成年人最先开始生活和学习的场所。此次修订，细化了家庭监护职责，具体列举监护人应当做的行为、禁止性行为和抚养注意事项；突出家庭教育；增加监护人的报告义务；针对农村留守儿童等群体的监护缺失问题，完善了委托照护制度。

**三、完善学校保护**

学校是未成年人成长过程中至关重要的场所。此次修订，从教书育人和安全保障两个角度规定学校、幼儿园的保护义务。“教书育人”方面主要完善了学校、幼儿园的教育、保育职责；“安全保障”方面主要规定了校园安全的保障机制以及突发事件的处置措施，增加了学生欺凌及校园性侵的防控与处置措施。

**四、充实社会保护**

社会环境是未成年人成长的大背景大环境，影响着未成年人的健康成长。此次修订，增加了城乡基层群众性自治组织的保护责任；拓展了未成年人的福利范围；对净化社会环境提出更高要求；强调了公共场所的安全保障义务；为避免未成年人遭受性侵害、虐待、暴力伤害等侵害，创设了密切接触未成年人行业的从业查询制度。

**五、新增网络保护**

随着信息技术的快速发展，网络空间作为家庭、学校、社会等现实世界的延展，已经成为未成年人成长的新环境。此次修订，适应客观形势的需要，增设“网络保护”专章，对网络保护的理念、网络环境管理、相关企业责任、网络信息管理、个人网络信息保护、网络沉迷防治等作出全面规范，力图实现对未成年人的线上线下全方位保护。

**六、强化政府保护**

政府在未成年人保护工作中承担着主体责任。此次修订，将2012年《中华人民共和国未成年人保护法》中的相关内容加以整合，增设“政府保护”专章，明确国务院和县级以上地方人民政府应当建立未成年人保护工作协调机制，细化政府及其有关部门的职责，并对国家监护制度作出详细规定。

**七、完善司法保护**

未成年人司法保护主要涉及四个方面：一是司法活动中对未成年人保护的共性要求；二是特定类型民事案件中对未成年人的保护；三是刑事案件中对未成年被害人的保护；四是对违法犯罪未成年人的保护。此次修订，细化了2012年《中华人民共和国未成年人保护法》司法保护专章和《中华人民共和国刑事诉讼法》未成年人刑事案件诉讼程序专章的有关内容，进一步强调司法机关专门化问题，同时补充完善相关规定，以实现司法环节的未成年人保护全覆盖。主要包括：设立检察机关代为行使诉讼权利制度，细化中止和撤销监护人资格制度，规定刑事案件中对未成年被害人的保护措施等。

# 中华人民共和国
# 未成年人保护法

（1991年9月4日第七届全国人民代表大会常务委员会第二十一次会议通过　2006年12月29日第十届全国人民代表大会常务委员会第二十五次会议第一次修订　根据2012年10月26日第十一届全国人民代表大会常务委员会第二十九次会议《关于修改〈中华人民共和国未成年人保护法〉的决定》修正　2020年10月17日第十三届全国人民代表大会常务委员会第二十二次会议第二次修订）

## 第一章　总　　则

**第一条　【立法目的和依据】**[①]为了保护未成年人身心健康，保障未成年人合法权益，促进未成年人德智体美劳全面发展，培养有理想、有道德、有文化、有纪律的社会主义建设者和接班人，培养担当民族复兴大任的时代新人，根据宪法，制定本法。

**条文注释**

本条是关于立法目的和依据的规定。

① 条文主旨为编者所加，仅供参考。

2020年《未成年人保护法》在2012年《未成年人保护法》①的基础上,结合未成年人发展理念的进步和时代发展的要求,与时俱进地对立法目的进行更新:一是将"促进未成年人在品德、智力、体质等方面全面发展"修改为"促进未成年人德智体美劳全面发展",拓宽全面发展的内涵;二是增加"培养担当民族复兴大任的时代新人",彰显新时代未成年人担负的历史使命。

**第二条 【未成年人定义】**本法所称未成年人是指未满十八周岁的公民。

**条文注释**

本条是关于未成年人定义的规定。

本条对"未成年人"作出定义,即未满18周岁的公民。其包括两层含义:(1)应当未满18周岁。不满18周岁的人心智相对还不成熟,辨认和控制自己行为的能力较弱,因此法律给予其一定的特殊保护。例如,《刑法》规定,犯罪时不满18周岁的人不适用死刑。(2)应当是我国公民。同时,本法在附则中规定,对中国境内未满18周岁的外国人、无国籍人,依照本法有关规定予以保护。

**关联规定**

《劳动法》第58条第2款

**第三条 【未成年人平等享有权利】**国家保障未成年人的生存权、发展权、受保护权、参与权等权利。

未成年人依法平等地享有各项权利,不因本人及其父母或者其他监护人的民族、种族、性别、户籍、职业、宗教信仰、教育程度、家庭状况、身心健康状况等受到歧视。

**条文注释**

本条是关于未成年人平等享有权利的规定。

① 为便于阅读,条文注释及关联规定部分的法律法规名称均使用简称。

针对近年来一些未成年人遭受歧视的突出问题，本法于2020年修订时进一步明确不仅不能因为未成年人自身因素歧视未成年人，而且不能因为其父母或者其他监护人的因素歧视未成年人。这些因素包括民族、种族、性别、户籍、职业、宗教信仰、教育程度、家庭状况、身心健康状况等。

**第四条 【未成年人保护的基本原则和要求】**保护未成年人，应当坚持最有利于未成年人的原则。处理涉及未成年人事项，应当符合下列要求：

（一）给予未成年人特殊、优先保护；

（二）尊重未成年人人格尊严；

（三）保护未成年人隐私权和个人信息；

（四）适应未成年人身心健康发展的规律和特点；

（五）听取未成年人的意见；

（六）保护与教育相结合。

**条文注释**

本条是关于未成年人保护的基本原则和要求的规定。

本条第1项规定，给予未成年人特殊、优先保护。给予未成年人特殊保护，不仅包括不同于成年人的特殊保护，还包括对留守未成年人、困境未成年人等特殊群体给予更多特殊照顾。给予未成年人优先保护，主要是指在制定法律法规、政策规划和配置公共资源等方面优先考虑未成年人；在不同群体利益难以兼顾时，优先保障未成年人权利，满足未成年人的需求。

本条第5项规定，听取未成年人的意见。《民法典》第35条规定，未成年人的监护人履行监护职责，在作出与被监护人利益有关的决定时，应当根据被监护人的年龄和智力状况，尊重被监护人的真实意愿。尊重真实意愿的前提就是听取意见。

**关联规定**

《宪法》第38条

《民法典》第35、1044条

《关于依法处理监护人侵害未成年人权益行为若干问题的意见》第36条

**第五条　【对未成年人进行教育】**国家、社会、学校和家庭应当对未成年人进行理想教育、道德教育、科学教育、文化教育、法治教育、国家安全教育、健康教育、劳动教育，加强爱国主义、集体主义和中国特色社会主义的教育，培养爱祖国、爱人民、爱劳动、爱科学、爱社会主义的公德，抵制资本主义、封建主义和其他腐朽思想的侵蚀，引导未成年人树立和践行社会主义核心价值观。

**关联规定**

《国家安全法》第76条

**第六条　【全社会共同承担保护未成年人责任】**保护未成年人，是国家机关、武装力量、政党、人民团体、企业事业单位、社会组织、城乡基层群众性自治组织、未成年人的监护人以及其他成年人的共同责任。

国家、社会、学校和家庭应当教育和帮助未成年人维护自身合法权益，增强自我保护的意识和能力。

**条文注释**

本条是关于全社会共同承担保护未成年人责任的规定。

1. 保护未成年人是全社会的共同责任

(1)国家机关在未成年人保护工作中起主导作用。(2)根据《国防法》的规定，我国的武装力量由中国人民解放军现役部队和预备役部队、中国人民武装警察部队和民兵组成。武装力量是我国和平与安全的保卫者和维护者，在未成年人保护工作中起着重要作用。(3)在我国，中国共产党是社会主义各项事业的领导核心，在未成年人保护工作中起着举足轻重的作用。我国其他民主党派也承担保护未成年人的相关责任。(4)人民团体具体包括:中华全国总工会、共青团、全国妇联、全国工商联、全国青联、中国科协、全国台联、全国侨联。人民团体在未成年人保护工作中发挥着重要的作用。(5)企业在未成年人保护工作中承担重要责任。例如,企业生产、销售的未成年人的食品、药品、玩具等,应当符合国家标准或者行业标准,不得危害未成年人的人身安全和身心健康。文化、教育、卫生、科研、体育等事业单位在未成年人保护工作中起着不可替代的作用。例如,新闻媒体应当加强未成年人保护方面的宣传,对侵犯未成年人合法权益的行为进行舆论监督。(6)社会组织在未成年人保护工作中也负有一些责任,比如,开展家庭教育指导服务,为未成年人的心理辅导、监护及收养评估等提供专业服务。(7)城乡基层群众性自治组织(居民委员会、村民委员会)应当设置专人专岗负责未成年人保护工作。(8)未成年人的监护人应切实承担起保护责任,如创造良好、和睦、文明的家庭环境,依法履行对未成年人的监护职责等。(9)其他成年人要遵守未成年人保护相关的法律、法规等;发现未成年人受到侵害等情况时,应当予以保护。

2. 培养未成年人自我保护意识

教育未成年人增强自我保护意识,提高自我保护能力,侧重教育未成年人敢于和善于维护自己的合法权益,知道获得法律帮助的方式和途径,敢于运用法律武器同违法犯罪行为作斗争。但未成年人在进行自我保护的时候,不得以自我保护为借口,损害国家、社会、集体的利益,以及其他公民合法的权利和自由。

**第七条　【监护人和国家在监护方面的责任】**未成年人的父母或者其他监护人依法对未成年人承担监护职责。

国家采取措施指导、支持、帮助和监督未成年人的父母或者其他监护人履行监护职责。

**条文注释**

本条是关于监护人和国家在监护方面的责任的规定。

根据《民法典》第27条的规定,父母是未成年子女的监护人。

未成年人只有在父母死亡或者没有监护能力的情况下，才可以由下列有监护能力的个人或者组织担任监护人：祖父母、外祖父母；兄、姐；其他愿意担任监护人的个人或者组织，但是须经未成年人住所地的居民委员会、村民委员会或者民政部门同意。《民法典》第 29 条规定，被监护人的父母担任监护人的，可以通过遗嘱指定监护人。因此，其他监护人还包括父母通过遗嘱指定的人。

本条第 2 款规定，国家采取措施指导、支持、帮助和监督未成年人的父母或者其他监护人履行监护职责；这既明确了国家在未成年人监护中的职责，也明晰了国家与监护人之间的关系。

**关联规定**

《民法典》第 27、29 条

**第八条 【政府对未成年人保护工作的有关保障】**县级以上人民政府应当将未成年人保护工作纳入国民经济和社会发展规划，相关经费纳入本级政府预算。

**关联规定**

《中国儿童发展纲要（2021—2030 年）》

**第九条 【未成年人保护工作协调机制】**县级以上人民政府应当建立未成年人保护工作协调机制，统筹、协调、督促和指导有关部门在各自职责范围内做好未成年人保护工作。协调机制具体工作由县级以上人民政府民政部门承担，省级人民政府也可以根据本地实际情况确定由其他有关部门承担。

**条文注释**

本条是关于未成年人保护工作协调机制的规定。

本条明确规定县级以上人民政府（包括国务院和县级以上地方人民政府）应当建立未成年人保护工作协调机制。

从国务院到县级人民政府，协调机制具体工作均由民政部门承担。民政部门承担流浪乞讨儿童、留守儿童、困境儿童救助保障工作，发挥了国家的兜底责任。在党和国家机构改革中，民政部单设了儿童福利司，地方民政部门也正在加强相关组织建设。另外，本法适当兼顾地区间的差异，规定“省级人民政府也可以根据本地实际情况确定由其他有关部门承担”。省级人民政府指的是各省、自治区、直辖市人民政府。

**第十条　【群团组织及有关社会组织职责】**共产主义青年团、妇女联合会、工会、残疾人联合会、关心下一代工作委员会、青年联合会、学生联合会、少年先锋队以及其他人民团体、有关社会组织，应当协助各级人民政府及其有关部门、人民检察院、人民法院做好未成年人保护工作，维护未成年人合法权益。

**条文注释**

本条是关于群团组织及有关社会组织职责的规定。

群团组织，是群众性团体组织的简称。截至 2019 年，由中央编办管理机构编制的群团组织共 22 个，包括中华全国总工会、共青团、全国妇联、中国文联、中国作协、中国科协、全国侨联、中国法学会、对外友协、中华全国新闻工作者协会（中国记协）、全国台联、贸促会、中国残联、红十字会、外交学会、宋庆龄基金会、黄埔军校同学会、欧美同学会、思想政治工作研究会、中华职业教育社、全国工商联、计划生育协会。社会组织包括社会团体、基金会和社会服务机构。

这些组织除了要协助各级人民政府做好未成年人保护工作、维护未成年人的合法权益外，还应该承担主动开展适合未成年人特点的，有利于未成年人健康成长的具有知识性、趣味性的各类活动以及帮助未成年人遵纪守法的职责。

**第十一条　【检举、控告和强制报告制度】**任何组织或者个人发现不利于未成年人身心健康或者侵犯未成年人合法权益的情形，都有权劝阻、制止或者向公安、民政、教育等有关部门提出检举、控告。

国家机关、居民委员会、村民委员会、密切接触未成年人的单位及其工作人员，在工作中发现未成年人身心健康受到侵害、疑似受到侵害或者面临其他危险情形的，应当立即向公安、民政、教育等有关部门报告。

有关部门接到涉及未成年人的检举、控告或者报告，应当依法及时受理、处置，并以适当方式将处理结果告知相关单位和人员。

**条文注释**

本条是关于检举、控告和强制报告制度的规定。

本法于2020年修订时增加了强制报告制度的规定。强制报告的情形为未成年人身心健康受到侵害、疑似受到侵害或者面临其他危险情形。未成年人身心健康受到侵害，是指已有证据或者情况表明侵害已经发生；疑似受到侵害，是指证据并不充分，情况还不够明确，但有迹象表明侵害可能发生；面临其他危险情形，是指虽然未发生侵害，但未成年人处于危险境地，面临身心健康受到侵害的较大风险。

强制报告的对象包括公安、民政、教育等部门。例如，发现未成年人遭受或疑似遭受性侵害时，应当立即向公安机关报告；发现未成年人被遗弃或长期处于无人照料状态时，应当向民政部门报告；发现未成年人失学辍学，受教育权受到侵犯时，应当向教育部门报告等。法律虽然没有明确报告的具体时限，但强调了应当"立即"报告，也就是说，应当毫不拖延，在发现法定情形的第一时间报告。

本法第117条规定，违反本条第2款规定，未履行报告义务造成严重后果的，由上级主管部门或者所在单位对直接负责的主管人员和其他直接责任人员依法给予处分。

本条第3款对有关部门接到涉及未成年人的检举、控告或者报告后的处置作了规定。首先，应当依法及时受理、处置，包括开展调查、核实是否存在侵害或者风险、采取相应的处理措施等。即使检举、控告和报告的情形不属于本部门职责范围，也不应拒绝接收，应当及时移送有权机关处理。其次，处理结果应当告知相关单位和人员。相关单位和人员包括提出检举、控告或者报告的单位和人员，以便相关单位和人员进行监督；还包括后续可能需要采取有关保护措施的单位和人员，以便多部门联动有效提供救助等。

**关联规定**

《关于建立侵害未成年人案件强制报告制度的意见（试行）》第2、4、6条

《关于依法处理监护人侵害未成年人权益行为若干问题的意见》第6～14条

**第十二条 【未成年人保护科学研究】**国家鼓励和支持未成年人保护方面的科学研究，建设相关学科、设置相关专业，加强人才培养。

**条文注释**

本条是关于国家鼓励和支持未成年人保护科学研究的规定。

根据本条规定，国家鼓励和支持建设相关学科、设置相关专业，加强人才培养。这里主要指的是高等院校和科研机构应当构建协调可持续发展的学科体系，与国家和区域发展战略需求紧密衔接，从我国改革发展的实践中发现新问题、提出新观点、构建新理论。有条件的高等院校应当设置有关未成年人保护的相关专业，着力培养未成年人保护方面的专业人才。

**第十三条 【未成年人调查统计制度】**国家建立健全未成年人统计调查制度，开展未成年人健康、受教育等状况的统计、调查和分析，发布未成年人保护的有关信息。

**条文注释**

本条是关于国家建立健全未成年人调查统计制度的规定。

按照本条规定，国家开展未成年人健康、受教育等状况的统计、调查和分析。这里所说的未成年人的健康状况，主要包括未成年人的身体状况、营养状况、死亡率、疫苗接种以及心理健康状况等。受教育状况主要包括学前教育入园（班），小学学龄儿童入学，初中阶

段和高中阶段入学情况等。

有关部门或者地方开展未成年人有关情况的统计调查后，应当定期予以发布，让全社会了解我国未成年人保护方面的基本情况，未成年人受到保护的基本状况，以及国家采取的有关措施。

**第十四条 【表彰和奖励】**国家对保护未成年人有显著成绩的组织和个人给予表彰和奖励。

**条文注释**

本条是关于对保护未成年人有显著成绩的组织和个人给予表彰和奖励的规定。

国家奖励包括表彰和奖励，表彰主要是精神奖励，如通报表扬、给予荣誉称号；奖励一般是给予一定的奖金、经费等。未成年人保护涉及政府、人民法院和人民检察院等主体，这些国家机关均可对有关组织和个人作出表彰。受表彰和奖励的对象，是在未成年人保护工作中有显著成绩的组织和个人，包括国家机关、武装力量、政党、人民团体、企业事业单位、社会组织、城乡基层群众性自治组织及其这些单位的工作人员以及普通公民等。所谓显著成绩，是指热爱未成年人保护工作，认真执行国家有关未成年人保护法律法规，模范履行职责，具有奉献精神，积极为未成年人办实事、解决难事、做好事，表现突出，工作有成效，社会评价高等。

# 第二章 家庭保护

**第十五条 【监护人及其他成年家庭成员的家庭教育职责】**未成年人的父母或者其他监护人应当学习家庭教育知识，接受家庭教育指导，创造良好、和睦、文明的家庭环境。

共同生活的其他成年家庭成员应当协助未成年人的父母或者其他监护人抚养、教育和保护未成年人。

**条文注释**

本条是关于监护人及共同生活的其他成年家庭成员的家庭教育职责的规定。

按照本条规定,未成年人的父母或者其他监护人应当履行下列职责:(1)学习家庭教育知识。(2)接受家庭教育指导。(3)创造良好、和睦、文明的家庭环境。比如,家庭气氛、家庭成员之间的关系会影响孩子性格的形成,一个充满打骂声的家庭很难培养出快乐的孩子。每当发现孩子的优点时,家长要及时表扬。

抚养、教育未成年人的责任,主要应当由未成年人的父母或者其他监护人来承担;由于未成年人的父母工作忙,许多未成年人的祖父祖母、外祖父外祖母和未成年人生活在一起,也承担了许多抚养、教育的责任。比如,有的在经济上给予很大的支持,有的帮助接送孩子,有的帮助料理家务等。但其他家庭成员所承担的只是协助义务,未成年人的父母或者其他监护人不能以此为由,怠于履行自己的监护职责。

**关联规定**

《民法典》第26条

**第十六条　【监护人的监护职责】**未成年人的父母或者其他监护人应当履行下列监护职责:

(一)为未成年人提供生活、健康、安全等方面的保障;

(二)关注未成年人的生理、心理状况和情感需求;

(三)教育和引导未成年人遵纪守法、勤俭节约,养成良好的思想品德和行为习惯;

(四)对未成年人进行安全教育,提高未成年人的自我保护意识和能力;

(五)尊重未成年人受教育的权利,保障适龄未成年人依法接受并完成义务教育;

(六)保障未成年人休息、娱乐和体育锻炼的时间,引导未成年人进行有益身心健康的活动；

（七）妥善管理和保护未成年人的财产；

（八）依法代理未成年人实施民事法律行为；

（九）预防和制止未成年人的不良行为和违法犯罪行为，并进行合理管教；

（十）其他应当履行的监护职责。

**条文注释**

本条分十项对父母或者其他监护人的监护职责作出规定。

关于本条第7项。父母或者其他监护人应当依法妥善管理和保护未成年人的财产，除为维护未成年人利益外，如为了未成年人的生活、教育等，不得处分未成年人的财产。对于任何侵害未成年人合法财产的行为，要及时采取合法必要的保护措施。

未成年人的个人财产可以从以下途径取得：一是通过法定义务人应尽的抚养义务取得，如抚养费等；二是通过接受赠与取得；三是通过创作活动取得，如稿酬等；四是通过自己的特殊技能取得，如参与演出等；五是通过国家政策明文规定给未成年人的财产取得；六是通过获奖取得，如奖学金等；七是通过继承遗产取得；八是通过人身伤害追偿权取得，等等。

关于本条第8项。父母或者其他监护人应当依法代理未成年人实施民事法律行为。《民法典》第23条规定："无民事行为能力人、限制民事行为能力人的监护人是其法定代理人。"第19条规定，"八周岁以上的未成年人为限制民事行为能力人，实施民事法律行为由其法定代理人代理或者经其法定代理人同意、追认"。第20条规定："不满八周岁的未成年人为无民事行为能力人，由其法定代理人代理实施民事法律行为。"第34条第1款规定："监护人的职责是代理被监护人实施民事法律行为，保护被监护人的人身权利、财产权利以及其他合法权益等。"未成年人处于身心发展的特殊阶段，民事行为能力不足，无法独立实施一些复杂的民事法律行为，如签订合同、参加诉讼等，需要由父母或其他监护人代理实施。

关于本条第9项。父母或者其他监护人应当预防和制止未成年人的不良行为和违法犯罪行为，并进行合理管教。《预防未成年人犯罪法》规定了九种不良行为：吸烟、饮酒；多次旷课、逃学；无故夜不归宿、离家出走；沉迷网络；与社会上具有不良习性的人交往，组织或者参加实施不良行为的团伙；进入法律法规规定未成年人不宜进入的场所；参与赌博、变相赌博，或者参加封建迷信、邪教等活动；阅览、观看或者收听宣扬淫秽、色情、暴力、恐怖、极端等内容的读物、音像制品或者网络信息等；其他不利于未成年人身心健康成长的不良行为。同时也规定了九种严重不良行为，即未成年人实施的有《刑法》规定、因不满法定刑事责任年龄不予刑事处罚的行为，以及严重危害社会的下列九种行为：结伙斗殴，追逐、拦截他人，强拿硬要或者任意损毁、占用公私财物等寻衅滋事行为；非法携带枪支、弹药或者弩、匕首等国家规定的管制器具；殴打、辱骂、恐吓，或者故意伤害他人身体；盗窃、哄抢、抢夺或者故意损毁公私财物；传播淫秽的读物、音像制品或者信息等；卖淫、嫖娼，或者进行淫秽表演；吸食、注射毒品，或者向他人提供毒品；参与赌博赌资较大；其他严重危害社会的行为。

父母或者其他监护人发现未成年人有不良行为的，应当及时制止并加以合理管教。这里的"合理"，一方面，要求父母或者其他监护人应当根据未成年人不良行为的具体原因和情形，采取有针对性的措施；另一方面，要求管教不能超过必要的限度，不能采取捆绑、辱骂等侵害未成年人身心健康的方式。

**关联规定**

《宪法》第49条

《民法典》第20、26、34、35条

《义务教育法》第2、11条

《预防未成年人犯罪法》第28、38条

**第十七条 【监护中的禁止性行为】**未成年人的父母或者其他监护人不得实施下列行为：

（一）虐待、遗弃、非法送养未成年人或者对未成年人实施家庭暴力；

（二）放任、教唆或者利用未成年人实施违法犯罪行为；

（三）放任、唆使未成年人参与邪教、迷信活动或者接受恐怖主义、分裂主义、极端主义等侵害；

（四）放任、唆使未成年人吸烟（含电子烟，下同）、饮酒、赌博、流浪乞讨或者欺凌他人；

（五）放任或者迫使应当接受义务教育的未成年人失学、辍学；

（六）放任未成年人沉迷网络，接触危害或者可能影响其身心健康的图书、报刊、电影、广播电视节目、音像制品、电子出版物和网络信息等；

（七）放任未成年人进入营业性娱乐场所、酒吧、互联网上网服务营业场所等不适宜未成年人活动的场所；

（八）允许或者迫使未成年人从事国家规定以外的劳动；

（九）允许、迫使未成年人结婚或者为未成年人订立婚约；

（十）违法处分、侵吞未成年人的财产或者利用未成年人牟取不正当利益；

（十一）其他侵犯未成年人身心健康、财产权益或者不依法履行未成年人保护义务的行为。

**条文注释**

本条是关于父母或者其他监护人在监护中的禁止性行为的规定。

本条第1项规定，不得虐待、遗弃、非法送养未成年人或者对未成年人实施家庭暴力。

(1)不得虐待未成年人。《治安管理处罚法》第45条规定,虐待家庭成员,被虐待人要求处理的,处5日以下拘留或者警告。《刑法》第260条规定:"虐待家庭成员,情节恶劣的,处二年以下有期徒刑、拘役或者管制。犯前款罪,致使被害人重伤、死亡的,处二年以上七年以下有期徒刑。第一款罪,告诉的才处理,但被害人没有能力告诉,或者因受到强制、威吓无法告诉的除外。"第260条之一第1款规定:"对未成年人、老年人、患病的人、残疾人等负有监护、看护职责的人虐待被监护、看护的人,情节恶劣的,处三年以下有期徒刑或者拘役。"由此可见,虐待未成年人不仅不符合监护职责的规定,还要受到行政、刑事的处罚。

(2)不得遗弃未成年人。遗弃未成年人,应当承担相应的法律责任。《治安管理处罚法》第45条规定,遗弃没有独立生活能力的被扶养人的,处5日以下拘留或者警告。《刑法》第261条规定:"对于年老、年幼、患病或者其他没有独立生活能力的人,负有扶养义务而拒绝扶养,情节恶劣的,处五年以下有期徒刑、拘役或者管制。"《最高人民法院、最高人民检察院、公安部、司法部关于依法办理家庭暴力犯罪案件的意见》规定,具有对被害人长期不予照顾、不提供生活来源;驱赶、逼迫被害人离家,致使被害人流离失所或者生存困难;遗弃患严重疾病或者生活不能自理的被害人;遗弃致使被害人身体严重损害或者造成其他严重后果等情形,属于《刑法》第261条规定的遗弃"情节恶劣",应当依法以遗弃罪定罪处罚。

(3)不得非法送养未成年人。《民法典》婚姻家庭编第5章对收养制度作了规定,明确了收养关系成立的法定条件;任何不符合法定条件将未成年人送养的行为,都属于非法送养行为,应当承担相应的法律责任。根据《民法典》第1097条的规定,只有在生父母一方不明或者查找不到的情况下,才可以单方送养,否则应当生父母双方共同送养。

(4)不得对未成年人实施家庭暴力。《反家庭暴力法》第2条规定,家庭暴力,是指家庭成员之间以殴打、捆绑、残害、限制人身自由以及经常性谩骂、恐吓等方式实施的身体、精神等侵害行为。家庭暴力主要包括身体暴力和精神暴力。

本条第4项规定，不得放任、唆使未成年人吸烟(含电子烟)、饮酒、赌博、流浪乞讨或者欺凌他人。未成年人如有赌博行为，父母或者其他监护人应该加强管教，对于屡教不改、情节严重的，可以送入专门学校进行教育矫治。

本条第5项规定，不得放任或者迫使应当接受义务教育的未成年人失学、辍学。父母或者其他监护人不得以任何理由，迫使适龄未成年人失学、辍学，应当保障其接受并完成义务教育。未成年人如有特殊原因需要延缓入学或者休学，父母或者其他监护人应当向教育部门提出申请，否则，父母或者其他监护人将依法承担相应的法律责任。例如，《义务教育法》规定，适龄儿童、少年的父母或者其他法定监护人无正当理由未依照该法规定送适龄儿童、少年入学接受义务教育的，由当地乡镇人民政府或者县级人民政府教育行政部门给予批评教育，责令限期改正。

关于本条第6项。不得放任未成年人接触危害或者可能影响其身心健康的内容。一是危害未成年人身心健康的，如含有宣扬淫秽、色情、赌博、引诱自杀等法律法规所禁止传播的内容。二是可能危害未成年人身心健康的，如宣扬不良的家庭观、婚恋观、利益观，介绍易被未成年人模仿的危险行为等。这些内容对成年人不会造成太大影响，但对缺乏分辨能力的未成年人却可能造成不良影响。

本条第8项规定，不得允许或者迫使未成年人从事国家规定以外的劳动。比如，根据《劳动法》的相关规定，用人单位不得招用未满16周岁的未成年人；不得安排年满16周岁未满18周岁的未成年人，从事矿山井下、有毒有害、国家规定的第四级体力劳动强度的劳动和其他禁忌从事的劳动。

**关联规定**

《刑法》第260、261条

《民法典》第1097条

《义务教育法》第58条

《最高人民法院、最高人民检察院、公安部、司法部关于依法办理家庭暴力犯罪案件的意见》第17条

**第十八条 【监护人安全保障义务】**未成年人的父母或者其他监护人应当为未成年人提供安全的家庭生活环境，及时排除引发触电、烫伤、跌落等伤害的安全隐患；采取配备儿童安全座椅、教育未成年人遵守交通规则等措施，防止未成年人受到交通事故的伤害；提高户外安全保护意识，避免未成年人发生溺水、动物伤害等事故。

**条文注释**

本条是关于父母或者其他监护人安全保障义务的规定。

（1）保障家庭生活环境的安全。在家庭生活环境中造成未成年人伤害的因素主要有三个：一是触电。二是烫伤。三是跌落。父母或者其他监护人应当在阳台、窗户安装防护栏等安全设施；清除家庭环境里容易引起未成年人跌落的危险因素；未成年人容易攀爬的沙发、床、桌凳等家具应当尽量和阳台、窗台保持一定的距离，防止这些物品成为未成年人跌落事故的诱因。

（2）防止未成年人受到交通事故的伤害。本法于 2020 年修订时，将配备儿童安全座椅作为父母和其他监护人对未成年人的一项重要的安全保障义务。此外，父母或者其他监护人应当教育未成年人遵守交通规则，让未成年人懂得过马路不能闯红灯，要走斑马线，不要在道路上、车辆旁、停车场等地方玩耍。

（3）保障未成年人户外活动的安全。户外活动时造成未成年人意外伤害的因素主要包括两种：一是溺水。二是动物伤害。大多数省市出台了养犬方面的管理规定，比如，不得携犬进入公共场所；携犬出户时，应当使用束犬链，由成年人牵领，避让未成年人。

**第十九条 【尊重未成年人意见】**未成年人的父母或者其他监护人应当根据未成年人的年龄和智力发展状况，在作出与未成年人权益有关的决定前，听取未成年人的意见，充分考虑其真实意愿。

**条文注释**

本条是关于尊重未成年人意见的规定。

履行监护职责以尊重未成年人权利为基础。父母或者其他监护人应当充分意识到未成年人与自己在法律面前是平等的,行使监护权时应当充分尊重未成年人的主体地位,把握未成年人的成长规律,调动未成年人的主观能动性和积极性,充分尊重未成年人的知情权。

在作出与未成年人权益有关的决定前,不但要告知未成年人本人,还要征求本人的意见,再根据未成年人的年龄、社会经验、认知能力和判断能力等,对问题进行全面客观的分析。只有这样才能全面了解未成年人的真实想法,进而作出有利于未成年人身心健康的最优决策。

**关联规定**

《民法典》第35条

**第二十条　【监护人报告义务】**未成年人的父母或者其他监护人发现未成年人身心健康受到侵害、疑似受到侵害或者其他合法权益受到侵犯的,应当及时了解情况并采取保护措施;情况严重的,应当立即向公安、民政、教育等部门报告。

**条文注释**

本条是关于未成年人的父母或者其他监护人报告义务的规定。

《民法典》第110条第1款规定,自然人享有生命权、身体权、健康权、姓名权、肖像权、名誉权、荣誉权、隐私权、婚姻自主权等权利。侵害未成年人上述权利,导致未成年人身心健康受到侵害、疑似受到侵害或者其他合法权益受到侵犯的,未成年人的父母或者其他监护人应该及时了解情况并采取保护措施。未成年人的父母或者其他监护人应当区分具体情况,及时向未成年人、未成年人所在学校或幼儿园以及其他相关的单位、个人询问情况,了解造成侵害的原因和程度。

"情况严重的,应当立即向公安、民政、教育等部门报告",包含两层意思：一是父母或者其他监护人认为造成的侵害结果不严重，通过协商、投诉等方式，能得到妥善解决的，可以不必向有关部门报告。二是如果侵害行为达到违法犯罪程度，对未成年人造成了严重侵害后果，监护人应当立即向公安、民政、教育等行政主管部门报告，便于相关部门及时介入开展工作。

**第二十一条　【临时照护】**未成年人的父母或者其他监护人不得使未满八周岁或者由于身体、心理原因需要特别照顾的未成年人处于无人看护状态，或者将其交由无民事行为能力、限制民事行为能力、患有严重传染性疾病或者其他不适宜的人员临时照护。

未成年人的父母或者其他监护人不得使未满十六周岁的未成年人脱离监护单独生活。

**条文注释**

本条是关于临时照护和禁止未成年人单独生活的规定。

父母或者其他监护人不能使两类未成年人处于无人看护的状态：一是未满 8 周岁的未成年人。二是因身体、心理原因需要特别照顾的未成年人。

临时照护是指父母或者其他监护人因故（比如，外出购物、临时到单位加班等）不能直接看护需要特殊照护的未成年子女时，把子女交给符合条件的人短时间照料和看护。父母或者其他监护人不得将未成年子女交给以下四类人员临时照护：一是无民事行为能力人。8 周岁以下的未成年人和不能辨认自己行为的成年人是无民事行为能力人。二是限制民事行为能力人。8 周岁以上的未成年人和不能完全辨认自己行为的成年人为限制民事行为能力人。三是患有严重传染性疾病的人。四是其他不适宜的人员。其他不适宜的人员主要是指本法第 22 条规定的四类人：曾实施性侵害、虐待、遗弃、拐卖、暴力伤害等违法犯罪行为的人；有吸毒、酗酒、赌博等恶习的人；曾拒不履行或者长期怠于履行监护、照护职责的人；其他不适宜担任被委托人的情形的人。

未成年人的父母或者其他监护人不得使未满16周岁的未成年人脱离监护单独生活。这里所说的脱离监护单独生活，不包括学生住校、参加夏令营等经父母或者其他监护人同意的行为。不得脱离监护单独生活主要是禁止以下行为：一是不允许16周岁以下的未成年子女离开父母或者其他监护人在外租房单独生活，或者去异地打工；二是父母或者其他监护人在外出务工等情况下，不能将16周岁以下的未成年子女留在家里单独生活。

**关联规定**

《民法典》第20～22条

**第二十二条　【委托长期照护】**未成年人的父母或者其他监护人因外出务工等原因在一定期限内不能完全履行监护职责的，应当委托具有照护能力的完全民事行为能力人代为照护；无正当理由的，不得委托他人代为照护。

未成年人的父母或者其他监护人在确定被委托人时，应当综合考虑其道德品质、家庭状况、身心健康状况、与未成年人生活情感上的联系等情况，并听取有表达意愿能力未成年人的意见。

具有下列情形之一的，不得作为被委托人：

（一）曾实施性侵害、虐待、遗弃、拐卖、暴力伤害等违法犯罪行为；

（二）有吸毒、酗酒、赌博等恶习；

（三）曾拒不履行或者长期怠于履行监护、照护职责；

（四）其他不适宜担任被委托人的情形。

**条文注释**

本条是关于担任长期照护被委托人条件的规定。

留守未成年人不仅包括农村的留守未成年人，还包括城市中符合条件的留守未成年人。

（1）委托他人长期照护子女应当有正当理由。父母或者其他监护人只有在有正当理由，确实需要离开未成年子女一段时间的情况下，如外出务工、学习、就医等，才能把未成年子女委托给他人长期照护。

（2）担任长期照护被委托人需要具备一定的条件。父母或者其他监护人应当按照以下要求选择被委托人：一是被委托人应当是具有照护能力的完全民事行为能力人。18周岁以上、智力健全的人是完全民事行为能力人。二是父母或者其他监护人在选择被委托人时，应当对被委托人的情况进行全面了解：被委托人为人是否正派，道德品质有无问题；被委托人的家庭条件能否满足未成年子女正常的生活、学习的需要；被委托人身心是否健康，是否患有严重的传染性疾病，身心状况能否承担照护未成年子女的职责；未成年子女是否熟悉或者了解被委托人，与被委托人的感情是否融洽，与被委托人一起生活是否适应等。三是听取有表达意愿能力未成年人的意见，不能擅自决定。

**关联规定**

《民法典》第18、24条

**第二十三条　【委托长期照护时监护人的义务】**未成年人的父母或者其他监护人应当及时将委托照护情况书面告知未成年人所在学校、幼儿园和实际居住地的居民委员会、村民委员会，加强和未成年人所在学校、幼儿园的沟通；与未成年人、被委托人至少每周联系和交流一次，了解未成年人的生活、学习、心理等情况，并给予未成年人亲情关爱。

未成年人的父母或者其他监护人接到被委托人、居民委员会、村民委员会、学校、幼儿园等关于未成年人心理、行为异常的通知后，应当及时采取干预措施。

**条文注释**

本条是关于委托长期照护时监护人义务的规定。

父母或者其他监护人委托他人长期照护未成年子女时，须履行以下义务：

(1)未成年人的父母或者其他监护人应当及时将有关情况书面告知未成年人所在学校、幼儿园和实际居住地的居民委员会、村民委员会。

(2)未成年人的父母或者其他监护人应当加强和学校、幼儿园的沟通，了解和掌握子女在学校、幼儿园的情况，针对子女出现的问题及时与老师沟通，商讨解决方案。学校、幼儿园除了重点关注留守未成年人在校、在园的表现外，还应当利用实地家访等方式，了解未成年人真实的生活状况，将未成年人在学校、幼儿园的表现及生活中出现的问题及时告知其父母或者其他监护人，并积极解答父母和其他监护人提出的问题。

(3)未成年人的父母或者其他监护人应当加强对未成年子女的亲情关爱，与未成年人、被委托人至少每周联系和交流1次。

(4)被委托人、学校、幼儿园、居民委员会、村民委员会发现未成年人的心理、行为异常的，应当及时通知留守未成年子女的父母或者其他监护人。父母或者其他监护人得知相关情况后，应当及时与被委托人、学校、幼儿园、居民委员会、村民委员会沟通，尽快回到留守未成年子女的身边，安排留守未成年子女到相关的专业机构接受心理疏导和行为矫治，通过一系列干预措施使留守未成年子女重新回到健康成长的正确轨道。

**第二十四条　【离婚父母对未成年子女的义务】**未成年人的父母离婚时，应当妥善处理未成年子女的抚养、教育、探望、财产等事宜，听取有表达意愿能力未成年人的意见。不得以抢夺、藏匿未成年子女等方式争夺抚养权。

未成年人的父母离婚后，不直接抚养未成年子女的一方应当依照协议、人民法院判决或者调解确定的时间和方式，在不影响未成年人学习、生活的情况下探望未成年子女，直接抚养的一方应当配合，但被人民法院依法中止探望权的除外。

**条文注释**

本条是关于离婚父母对未成年子女义务的规定。

本条对父母离婚时和离婚后涉及未成年子女的事项作了以下规定：

(1)未成年人的父母不论是协议离婚，还是法院判决离婚，都应当妥善处理涉及未成年子女的有关事宜。主要包括：一是抚养问题。离婚后，不满2周岁的子女，以由母亲直接抚养为原则。已满2周岁的子女，父母双方可以协议由父亲或母亲抚养；协议不成的，由人民法院根据双方的具体情况，按照最有利于未成年子女的原则判决。子女已满8周岁的，应当尊重其真实意愿。二是教育问题。离婚后父母对未成年子女仍有抚养、教育、保护的权利和义务。三是探望问题。不直接抚养子女的父亲或者母亲，有探望子女的权利，另一方有义务协助。行使探望权的方式、时间由当事人协商；协商不成的，由人民法院判决。直接抚养子女的一方无故拒绝对方行使探望权的，行使探望权的一方可以向人民法院申请强制执行涉及探望权的判决或者裁定。人民法院可以对拒不履行协助探望权的一方采取拘留、罚款等强制措施，但不得对未成年子女的人身、探望行为进行强制执行。如果行使探望权不利于未成年子女身心健康，未成年子女、直接抚养子女的一方以及其他监护人可以向人民法院提出中止探望权的申请，经人民法院裁定后中止。不利于未成年子女身心健康的情形，主要是指行使探望权的一方有以下情节：其一，患有严重的传染病，会危及未成年子女的健康的；其二，在探望时对未成年子女实施违法犯罪行为的；其三，有吸毒、赌博等恶习或教唆未成年子女违法犯罪的；其四，借探望之机有抢夺、藏匿未成年子女行为的；其五，其他不宜行使探望权的情形。探望权中止的事由消失后，行使探望权的一方可以向人民法院申请恢复探望权。四是财产问题。父母离婚并不改变未成年子女财产的属性，但是会涉及财产管理方面的变化，所以，需要父母双方认真协商并妥善安排财产问题。

(2)不得以抢夺、藏匿未成年子女等方式争夺抚养权。法律赋予了父母在离婚时争取抚养未成年子女的权利，但是行使该权利应当从保护未成年子女利益的角度出发，采取合法的手段。人民法院在处理离婚案件时，一般认为抢夺、藏匿子女的一方有过错，抢夺、藏匿行为会作为不利于抚养子女的因素在判决时加以考虑。

**关联规定**

《民法典》第1084、1086条

# 第三章 学校保护

**第二十五条 【全面贯彻国家教育方针政策】**学校应当全面贯彻国家教育方针，坚持立德树人，实施素质教育，提高教育质量，注重培养未成年学生认知能力、合作能力、创新能力和实践能力，促进未成年学生全面发展。

学校应当建立未成年学生保护工作制度，健全学生行为规范，培养未成年学生遵纪守法的良好行为习惯。

**条文注释**

本条是关于全面贯彻国家教育方针政策的规定。

1. 学校应当全面贯彻国家的教育方针

《教育法》第5条对国家教育方针作了规定，即教育必须为社会主义现代化建设服务、为人民服务，必须与生产劳动和社会实践相结合，培养德智体美劳全面发展的社会主义建设者和接班人。

2. 学校应当坚持立德树人

学校坚持立德树人，就是以德育为先，把社会主义核心价值体系融入思想道德教育、文化知识教育、社会实践教育各环节，融入国民教育全过程，引导学生形成正确的世界观、人生观、价值观。

3. 学校应当实施素质教育，提高教育质量

中共中央办公厅、国务院办公厅印发的《关于深化教育体制机制改革的意见》进一步要求，全面实施素质教育，使各级各类教育更

加符合教育规律、更加符合人才成长规律、更能促进人的全面发展；坚持以人民为中心，着眼促进教育公平、提高教育质量，增强人民群众获得感。

4. 学校应当注重学生能力培养

（1）培养认知能力。引导学生具备独立思考、逻辑推理、信息加工、学会学习、语言表达和文字写作的素养，养成终身学习的意识和能力。（2）培养合作能力。引导学生学会自我管理，学会与他人合作，学会过集体生活，学会处理个人与社会的关系，遵守、履行道德准则和行为规范。（3）培养创新能力。激发学生好奇心、想象力和创新思维，养成创新人格，鼓励学生勇于探索、大胆尝试、创新创造。（4）培养实践能力。引导学生适应社会需求，践行知行合一，积极动手实践和解决实际问题；将教育教学活动与经济、科技等劳动生产和社会实践相结合，并在这一过程中更进一步提升学生的认知能力、合作能力和创新能力。

5. 学校应当促进未成年学生全面发展

全面发展是我国教育方针的重要内容，它体现了素质教育的质量标准。新时代，为实现中华民族的伟大复兴，更要求坚持全面发展。

6. 学校应当建立未成年学生保护工作制度

（1）学校要围绕本法及《预防未成年人犯罪法》、《教育法》、《义务教育法》等相关法律法规赋予的其在未成年学生保护方面的特殊职责，建立健全未成年学生保护相关工作制度，如校园安全管理制度、校车安全管理制度、应对突发事件和意外伤害预案、学生欺凌防控工作制度、预防性侵和性骚扰未成年人工作制度等，以规范学校及其教职员工的日常管理行为和教育教学活动，依法履行对未成年学生的保护职责。（2）学校要健全学生行为规范。学校可以根据《中小学生守则》《小学生日常行为规范（修订）》《中学生日常行为规范（修订）》等，结合本校的实际情况，制定本校学生行为规范，规范未成年学生的行为，使其从小树立规则意识和责任意识，从而养成遵纪守法的良好行为习惯。

**关联规定**

《教育法》第5条

《义务教育法》第3条

**第二十六条　【幼儿园教育、保育职责】**幼儿园应当做好保育、教育工作，遵循幼儿身心发展规律，实施启蒙教育，促进幼儿在体质、智力、品德等方面和谐发展。

**条文注释**

本条是关于幼儿园教育、保育职责的规定。

根据《幼儿园工作规程》的规定，幼儿园教育工作的原则和要求为：德、智、体、美等方面的教育应当互相渗透，有机结合；遵循幼儿身心发展规律，符合幼儿年龄特点，注重个体差异，因人施教，引导幼儿个性健康发展；面向全体幼儿，热爱幼儿，坚持积极鼓励、启发引导的正面教育；综合组织健康、语言、社会、科学、艺术各领域的教育内容，渗透于幼儿一日生活的各项活动中，充分发挥各种教育手段的交互作用；以游戏为基本活动，寓教育于各项活动之中；创设与教育相适应的良好环境，为幼儿提供活动和表现能力的机会与条件。

幼儿园应当贯彻保育与教育相结合的原则，做好保育工作。幼儿园保育员的主要职责如下：负责本班房舍、设备、环境的清洁卫生和消毒工作；在教师指导下，科学照料和管理幼儿生活，并配合本班教师组织教育活动；在卫生保健人员和本班教师指导下，严格执行幼儿园安全、卫生保健制度；妥善保管幼儿衣物和本班的设备、用具。

**关联规定**

《幼儿园管理条例》

《幼儿园工作规程》

**第二十七条　【尊重人格尊严】**学校、幼儿园的教职员工应当尊重未成年人人格尊严，不得对未成年人实施体罚、变相体罚或者其他侮辱人格尊严的行为。

**条文注释**

本条是关于尊重未成年人人格尊严，不得对其实施侮辱人格尊严的行为的规定。

1. 尊重未成年人的人格尊严

学校、幼儿园的教职员工在教育、管理工作中，既要严格管理又要耐心教育，既要晓之以理又要动之以情，在师生之间建立一种互相尊重、平等、亲密的关系。同时，对于有某些缺点错误的幼儿和学生，要特别耐心细致，循循善诱，从多方面关心他们，引导和帮助他们认识错误并加以改正，而绝不能用打骂或体罚的方法解决问题。

2. 不得体罚、变相体罚、侮辱未成年人人格尊严

对学生坚持正面教育，是所有教育工作者必须遵循的一条重要的教育原则。体罚、变相体罚、侮辱未成年人人格尊严等行为严重危害未成年学生和幼儿的身心健康，甚至导致未成年人自残或者自杀的严重后果，为法律严格禁止。

禁止体罚并不意味着不允许对学生的过错行为给予必要的、适当的惩罚。在尊重人格的原则上进行适当的惩罚对学生是有必要的。对于极个别屡教不改、错误性质严重、影响恶劣、需要依据校规校纪给予纪律处分的学生，可以依规依程序给予公开批评、警告、记过、留校察看等纪律处分，不能采用简单粗暴和压服的办法。

**关联规定**

《义务教育法》第29条

**第二十八条 【保障未成年学生受教育的权利】**学校应当保障未成年学生受教育的权利，不得违反国家规定开除、变相开除未成年学生。

学校应当对尚未完成义务教育的辍学未成年学生进行登记并劝返复学；劝返无效的，应当及时向教育行政部门书面报告。

**条文注释**

本条是关于学校应当保障未成年学生受教育的权利的规定。

1. 保障未成年学生受教育的权利,不得违规开除或变相开除未成年学生

第一,学校应当保障未成年学生受教育的权利。实践中,学校侵犯未成年人受教育权主要有以下情形:(1)违反规定乱收费用,拒绝接受交不起费用的学生就学;(2)擅自提出不合理的入学条件,以学生未满足这些条件为由拒绝其入学;(3)拒绝接收有正常学习能力的残疾孩子就近入学;(4)拒绝接收刑满释放、接受完社区矫正、专门学校结业,但应继续接受义务教育的未成年学生复学;(5)对违纪义务教育阶段学生处以停课、停考试、勒令退学的处罚;(6)违反国家规定开除或者变相开除学生,等等。

第二,学校不得违规开除或变相开除未成年学生。不得因为学生违反了学校管理制度就不给其改正错误的机会而开除学籍。对这些学生应当以批评教育感化为主,要谨慎使用开除学籍的处分。对于一些可能会对学校秩序产生恶劣影响的有严重不良行为的义务教育阶段学生,可以依照《预防未成年人犯罪法》的规定将其送至专门学校继续接受义务教育,交由专门学校对其进行道德教育、文化教育、法治教育、心理健康教育。

2. 履行控辍保学职责

本条第2款为2020年修订时新增的条款,明确了学校在控辍保学方面的具体职责:(1)对学籍在本校的学生是否到校上课进行动态跟踪管理;(2)发现学生有辍学倾向的,及时安排家访,积极做好说服教育工作,动员学生返校学习;(3)严格学籍管理,严格转学、休学、退学手续;(4)发现未完成义务教育的学生辍学的,应当对学生相关信息予以登记,并做好劝返复学工作;(5)经多次劝返无效的,应当及时向教育行政部门书面报告。同时,对学习困难、厌学辍学的学生,要建立帮扶制度,有针对性地制订教学计划,通过插班、单独编班、普职融合等多种方式做好教育安置工作。

**关联规定**

《义务教育法》第27条

**第二十九条　【关爱帮扶并不得歧视未成年学生】**学校应当关心、爱护未成年学生，不得因家庭、身体、心理、学习能力等情况歧视学生。对家庭困难、身心有障碍的学生，应当提供关爱；对行为异常、学习有困难的学生，应当耐心帮助。

学校应当配合政府有关部门建立留守未成年学生、困境未成年学生的信息档案，开展关爱帮扶工作。

**条文注释**

本条规定学校不得因学生自身存在一些特殊情况而歧视学生，必要时实施关爱帮扶措施。

1. 关心爱护并不得歧视未成年学生

对家庭经济困难的学生，学校要将有关情况反映给有关部门，帮助其家庭落实有关扶贫和社会救助政策，落实义务教育"两免一补"、农村义务教育学生营养改善计划等惠民政策，让孩子安心学习。对身心有障碍的学生，根据其身心特点和学习规律，在课程教材、教学方式、考试评价、教具学具等方面，强化对其的特殊关爱，保障其跟班就读，接受融合教育。对行为异常的学生，要耐心细致地与其沟通，做好心理疏导，要保持家校联系，必要时通知家人及时送医。对学习有困难的学生，要按照因材施教的原则，针对其学习能力、学习方法、家庭情况和思想心理状况，切实加大帮扶力度，使他们增强学习兴趣，改进学习方法，养成良好学习习惯，不断提升学习能力和学习水平，切实增强学习的自信心、有效性和获得感。

2. 关爱帮扶留守未成年学生和困境未成年学生

留守儿童，是指父母双方外出务工，或父母一方外出务工而另一方无监护能力的未成年人。困境儿童，是指因家庭经济贫困、自身残疾、缺乏有效监护等原因，面临生存、发展和安全困境的未成年人。

学校作为教育主体，在留守未成年学生和困境未成年学生关爱方面负有重要职责:(1)配合政府有关部门建立留守未成年学生、困境未成年学生的信息档案。学校在新学期学生报到时,要认真做好留守未成年学生、困境未成年学生入学管理工作,全面了解其学籍变动情况,保障其按时入学。要建立留守未成年学生和困境未成年学生信息档案,将父母外出务工情况、监护人变化情况,因家庭经济贫困、自身残疾、缺乏有效监护等原因,或者面临生存、发展和安全困境的情况,逐一进行登记并及时更新,准确掌握留守未成年学生和困境未成年学生信息,为有针对性地开展关爱帮扶工作提供支持。(2)对学籍在本校的留守未成年学生、困境未成年学生按照有关规定予以关爱帮扶。学校要重点关注在籍留守未成年学生、困境未成年学生受教育情况,对学习困难的学生进行适当帮扶,帮助他们启发学习兴趣、树立学习信心。加强与其家长的沟通交流,了解其生活情况和思想动态,做好控辍保学工作。帮助其落实免费义务教育和各项教育资助政策。加强对其进行心理健康教育,引导其积极参与体育、艺术、社会实践等活动,及早发现并纠正心理问题和不良行为。在工作中发现留守未成年学生、困境未成年学生脱离监护单独居住生活或失踪、监护人丧失监护能力或不履行监护责任、疑似遭受家庭暴力、疑似遭受意外伤害或不法侵害等情况的,应当在第一时间向公安机关报告。

**关联规定**

《新时代中小学教师职业行为十项准则》第5条

《义务教育法》第29条

《国务院关于加强农村留守儿童关爱保护工作的意见》

《国务院关于加强困境儿童保障工作的意见》

**第三十条 【社会生活指导、心理健康辅导、青春期教育、生命教育】**学校应当根据未成年学生身心发展特点,进行社会生活指导、心理健康辅导、青春期教育和生命教育。

**条文注释**

本条是关于学校应当对未成年学生进行社会生活指导、心理健康辅导、青春期教育、生命教育的规定。

1. 进行社会生活指导

社会生活指导包括很多方面的内容，涉及学习兴趣与方式方法、品德与文明礼仪、身心健康、合理利用闲暇时间、个人生活自理与社会关系处理、职业生涯规划等。

2. 进行心理健康辅导

学校开展心理健康辅导应注意：(1)以学生为主体，充分启发和调动学生的积极性。要把教师在心理健康教育中的科学辅导与学生对心理健康教育的主动参与有机结合起来。(2)开展心理辅导必须遵守职业伦理规范，在学生知情自愿的基础上进行，严格遵循保密原则，保护学生隐私，但在学生可能出现自伤、他伤等极端行为时，应突破保密原则，及时告知班主任及其监护人，并记录在案；谨慎使用心理测试量表或其他测试手段，并在学生及其监护人知情自愿的基础上进行，禁止强迫学生接受心理测试；禁止给学生贴上“心理疾病”标签；禁止使用任何可能损害学生身心健康的仪器设备。

3. 进行青春期教育

学校对未成年人进行青春期教育要以社会主义道德教育为核心，通过教育，使未成年人正确认识自身生理的发育变化，注意养成卫生习惯；培养未成年人具有良好的心理素质和道德品质，使他们懂得自尊、自爱、自重，增强他们的自我控制的能力，正确对待男女同学之间的关系，使他们的身心健康发展。

4. 进行生命教育

广义的生命教育是关注人的整体，不仅包括对生命的关注，而且包括对生存能力的培养和生命价值的提升。目前，我国在教育实践中实施生命教育，帮助未成年学生树立正确的生命观、生活观、生存观。如通过开展生命教育、生活教育和生存教育，让未成年学生认识生命、尊重生命、珍爱生命，关心自己和家人；珍视生活，了解生活常识，掌握生活技能，养成良好生活习惯，关心他人和集体，树立正确的生活目标；学习生存知识，保护珍惜生态环境，关心社会和自然,强化生存意志,提高生存的适应能力和创造能力。

**关联规定**

《教育部关于加强中小学心理健康教育的若干意见》

《中小学心理健康教育指导纲要》

《精神卫生法》第16条

**第三十一条 【加强劳动教育】**学校应当组织未成年学生参加与其年龄相适应的日常生活劳动、生产劳动和服务性劳动,帮助未成年学生掌握必要的劳动知识和技能,养成良好的劳动习惯。

**条文注释**

本条是关于学校应当加强劳动教育的规定。

劳动教育是实施素质教育的重要内容,加强劳动教育是构建德智体美劳全面培养的教育体系的重要环节。

小学低年级要注重围绕劳动意识的启蒙,让学生学习日常生活自理,感知劳动乐趣,树牢人人都要劳动的意识。小学中高年级要注重围绕卫生、劳动习惯养成,让学生做好个人清洁卫生,主动分担家务,适当参加校内外公益劳动,学会与他人合作劳动,体会到劳动光荣。初中要注重围绕增加劳动知识、技能,鼓励学生加强家政学习,开展社区服务,适当参加生产劳动,使学生初步养成认真负责、吃苦耐劳的品质和职业意识。普通高中要注重围绕丰富职业体验,鼓励学生开展服务性劳动、参加生产劳动,使学生熟练掌握一定劳动技能,理解劳动创造价值,具有劳动自立意识和主动服务他人、服务社会的情怀。中等职业学校要重点结合专业人才培养,增强学生职业荣誉感,提高学生的职业技能水平,培育学生精益求精的工匠精神和爱岗敬业的劳动态度。

**关联规定**

《中共中央、国务院关于全面加强新时代大中小学劳动教育的意见》

**第三十二条　【开展勤俭节约教育活动】**学校、幼儿园应当开展勤俭节约、反对浪费、珍惜粮食、文明饮食等宣传教育活动，帮助未成年人树立浪费可耻、节约为荣的意识，养成文明健康、绿色环保的生活习惯。

**条文注释**

本条是关于学校、幼儿园应当开展勤俭节约等宣传教育活动的规定。

1. 开展勤俭节约、反对浪费、珍惜粮食、文明饮食等宣传教育活动

勤俭节约、反对浪费是中华民族的优良传统。学校、幼儿园应当把勤俭节约、反对浪费、珍惜粮食、文明饮食作为弘扬中华优秀传统文化、践行社会主义核心价值观教育的重要内容，结合绿色校园建设因校制宜对未成年人开展多种形式的宣传教育活动，引导广大未成年人养成勤俭节约、珍惜粮食的传统美德，引领带动文明饮食的新风尚。

2. 帮助树立浪费可耻、节约为荣的意识，养成文明健康、绿色环保的生活习惯

学校、幼儿园要结合全国节能宣传周、世界粮食日、全国爱粮节粮宣传周等活动，组织开展主题鲜明的宣传活动。通过主题班会开展勤俭节约、反对浪费、珍惜粮食、文明饮食的专题教育活动。结合不同学科特点，有针对性、有重点地将节约的理念纳入课堂教学。加强先进典型的正面宣传，发挥榜样示范作用，对浪费行为开展反面警示教育，加大对浪费行为的纠正力度。组织未成年人走出课堂，走向田间地头或者青少年社会实践基地等场所，广泛开展社会实践、劳动体验，让未成年人切身感受食物的来之不易。

**第三十三条　【保障未成年学生的休息权】**学校应当与未成年学生的父母或者其他监护人互相配合，合理安排未成年学生的学习时间，保障其休息、娱乐和体育锻炼的时间。

学校不得占用国家法定节假日、休息日及寒暑假期，组织义务教育阶段的未成年学生集体补课，加重其学习负担。

幼儿园、校外培训机构不得对学龄前未成年人进行小学课程教育。

**条文注释**

本条是关于学校应当保障未成年学生的休息权的规定。

1. 保障未成年学生休息、娱乐、体育锻炼的时间

学校应当保障未成年学生的充分的休息时间，特别是让其能获得充足的睡眠时间；保障未成年学生的适当的娱乐时间，让其有时间自由选择自己感兴趣的文化、艺术、游戏等娱乐休闲活动；保障未成年学生的适当的体育锻炼时间，让其通过体育锻炼或者参加体育活动强身健体、锻炼意志品质、结交良师益友、养成合作意识。这是保证未成年人身心健康，真正实现其德智体美劳全面发展所必需的。

2. 不得违反规定集体补课

学校不得占用国家法定节假日、休息日及寒暑假期，组织义务教育阶段的未成年学生集体补课，加重其学习负担。

3. 不得对学龄前未成年人进行小学课程教育

幼儿园不得提前教授小学教育内容，不得以举办兴趣班、特长班和实验班为名进行各种提前学习和强化训练活动，不得给幼儿布置家庭作业。同时，为了防止某些家长避开幼儿园通过校外培训机构寻求对学龄前未成年人进行超前教育，本条禁止校外培训机构对学龄前未成年人进行小学课程教育，为彻底解决学前教育"小学化"倾向问题提供强有力的法治保障。

**关联规定**

《教育部关于当前加强中小学管理规范办学行为的指导意见》

**第三十四条 【学校、幼儿园的卫生保健职责】**学校、幼儿园应当提供必要的卫生保健条件，协助卫生健康部门做好在校、在园未成年人的卫生保健工作。

**条文注释**

本条是关于学校、幼儿园的卫生保健职责的规定。

1. 学校、幼儿园应当提供必要的卫生保健条件

根据《学校卫生工作条例》的规定，城市普通中小学、农村中心小学和普通中学设卫生室，按学生人数600∶1的比例配备专职卫生技术人员。学生人数不足600人的学校，可以配备专职或兼职保健教师，开展学校卫生工作。《中共中央、国务院关于加强青少年体育增强青少年体质的意见》要求中小学依据《学校卫生工作条例》的规定，设立卫生室，配备校医或专(兼)职保健教师。

《托儿所幼儿园卫生保健管理办法》规定，幼儿园应当根据规模、接收儿童数量等设立相应的卫生室或者保健室，具体负责卫生保健工作；应当聘用符合国家规定的卫生保健人员，包括具有从业资格的医师、护士和符合该办法要求的保健员。幼儿园聘用卫生保健人员应当按照收托150名儿童至少设1名专职卫生保健人员的比例配备卫生保健人员；收托150名以下儿童的，应当配备专职或者兼职卫生保健人员。

2. 学校、幼儿园应当做好卫生保健工作

学校、幼儿园应承担学校学生、幼儿园幼儿的预防保健，健康状况监测，健康教育，良好卫生习惯培养，改善校园卫生环境和教学卫生条件，加强传染病和学生常见病预防与控制等工作。如按照《中小学幼儿园安全管理办法》《托儿所幼儿园卫生保健管理办法》等国家有关规定，学校、幼儿园的建筑、设施、设备、环境及提供的食品、饮用水等应当符合国家有关标准；幼儿园与小学在入托、入学时应当查验预防接种证；学校应当建立学生健康档案，组织学生定期体检；幼儿园应当在疾病预防控制机构指导下，做好传染病预防和控制工作，发现传染病患儿应当及时按照法律、法规和国家有关规定

进行报告；在传染病流行期间，幼儿园应当加强预防控制措施，在疾病预防控制机构的指导下，对环境进行严格消毒处理等。根据《基本医疗卫生与健康促进法》的规定，学校应当利用多种形式实施健康教育，普及健康知识、科学健身知识、急救知识和技能，提高学生主动防病的意识，培养学生良好的卫生习惯和健康的行为习惯，减少、改善学生近视、肥胖等不良健康状况。学校应当按照规定开设体育与健康课程，组织学生开展广播体操、眼保健操、体能锻炼等活动。

**关联规定**

《基本医疗卫生与健康促进法》第68条

《托儿所幼儿园卫生保健管理办法》

《学校卫生工作条例》

**第三十五条　【学校、幼儿园保障未成年人安全】**学校、幼儿园应当建立安全管理制度，对未成年人进行安全教育，完善安保设施、配备安保人员，保障未成年人在校、在园期间的人身和财产安全。

学校、幼儿园不得在危及未成年人人身安全、身心健康的校舍和其他设施、场所中进行教育教学活动。

学校、幼儿园安排未成年人参加文化娱乐、社会实践等集体活动，应当保护未成年人的身心健康，防止发生人身伤害事故。

**条文注释**

本条是关于学校、幼儿园应当保障未成年人安全的规定。

1. 学校、幼儿园保障未成年人校内、园内安全

（1）学校、幼儿园应当遵守有关安全管理工作的法律、法规和规章，建立健全校内园内各项安全管理制度。《中小学幼儿园安全管理办法》对校长负责制、门卫制度、校内安全定期检查和危房报告制度、消防安全制度、食堂卫生制度、实验室安全管理制度、学生安全

信息通报制度、住宿学生安全管理制度、校车管理制度、安全工作档案等作出规定。另外，根据本法第37、39、40条的规定，学校还应当建立应对突发事件和意外伤害预案、学生欺凌防控工作制度、预防性侵害和性骚扰未成年人工作制度等安全管理制度。

(2)学校、幼儿园应当健全学校安全教育机制，加强对未成年人的安全教育。《中小学幼儿园安全管理办法》对学校如何实施安全教育作出具体要求：按照国家课程标准和地方课程设置要求，将安全教育纳入教学内容，对学生开展安全教育，培养学生的安全意识，提高学生的自我防护能力；针对不同课程实验课的特点与要求，对学生进行实验用品的防毒、防爆、防辐射、防污染等的安全防护教育；对学生进行用水、用电的安全教育，对寄宿学生进行防火、防盗和人身防护等方面的安全教育；开展安全防范教育，使学生掌握基本的自我保护技能，应对不法侵害；开展交通安全教育，使学生掌握基本的交通规则和行为规范；开展消防安全教育，有条件的可以组织学生到当地消防站参观和体验，使学生掌握基本的消防安全知识，提高防火意识和逃生自救的能力；根据当地实际情况，有针对性地对学生开展到江河湖海、水库等地方戏水、游泳的安全卫生教育。同时，学校应当将安全教育与法治教育有机融合，把尊重生命、保障权利、尊重差异的意识和基本安全常识从小根植在学生心中；在教育中适当增加反欺凌、反暴力、反恐怖行为及防范针对未成年人的犯罪行为等内容，引导学生明确法律底线、强化规则意识。

(3)学校、幼儿园应当完善安保设施、配备安保人员，保障未成年人在校、在园期间的人身和财产安全。《国务院办公厅关于加强中小学幼儿园安全风险防控体系建设的意见》要求学校、幼儿园应当按照相关规定，根据实际和需要，配备必要的安全保卫力量；除学生、幼儿人数较少的学校、幼儿园外，每所学校、幼儿园应当至少有1名专职安全保卫人员或者受过专门培训的安全管理人员。完善学校、幼儿园安全技术防范系统，在校园主要区域要安装视频图像采集装置，有条件的要安装周界报警装置和一键报警系统，做到公共区域无死角。在未成年人在校、在园期间，对校园实行封闭化管理，并根据条件在校园门口设置硬质防冲撞设施，阻止人员、车辆等非法进入校园；学校、幼儿园要与社区、家长合作，有条件地建立学校、幼儿园安全保卫志愿者队伍，在上下学时段维护学校及校门口秩序；寄宿制学校、幼儿园要根据需要配备宿舍管理人员。

2. 学校、幼儿园不得在危及未成年人人身安全、身心健康的校舍等进行教育教学活动

学校、幼儿园应当积极采取措施，改善办学条件，检查并修复、改造可能危及未成年人人身安全健康的校舍和其他教学设施。学校、幼儿园应当建立健全有关制度，定期对校舍进行检验，发现问题，及时报告当地政府或上级主管部门，以便进行修缮或改建。未修复的危房必须停止使用，当地政府或主管部门负责解决临时用房。对新建或改建的校舍要进行严格的质量检查验收，确保不因质量问题发生人身伤亡事故。《教育法》第73条规定，明知校舍或者教育教学设施有危险，而不采取措施，造成人员伤亡或者重大财产损失的，对直接负责的主管人员和其他直接责任人员，依法追究刑事责任。

各级各类学校凡新建、扩建校舍等设施的，必须严格按照建设程序办事。村镇中小学的工程要向县建设主管部门报建，经审查批准后，才能兴建。新建扩建校舍必须委托当地工程质量监督站进行质量监督；不经监督站或管理单位核验合格的工程，不能交付使用。《国务院办公厅关于加强中小学幼儿园安全风险防控体系建设的意见》规定，各地要坚持安全优先、勤俭节约的原则开展校园建设；学校建设规划、选址要严格执行国家相关标准规范，对地质灾害、自然灾害、环境污染等因素进行全面评估；各地要建立健全校舍安全保障长效机制，保证学校的校舍、场地、教学及生活设施等符合安全质量和标准；校舍建设要严格执行国家建筑抗震有关技术规范和标准，有条件建设学校体育馆的地方，要按照国家防灾避难相关标准建设；建立校园工程质量终身责任制，凡是在校园工程建设中出现质量问题导致严重后果的建设、勘察、设计、施工、监理单位，一旦查实，承担终身责任并限制进入相关领域。

3. 学校、幼儿园安排集体活动，应当防止发生人身伤害事故

根据《中小学幼儿园安全管理办法》的规定，学校、幼儿园组织学生、幼儿参加的集体劳动、教学实习或者社会实践活动，应当符合学生、幼儿的心理、生理特点和身体健康状况；必须采取有效措施，为学生、幼儿活动提供安全保障。学校、幼儿园不得组织学生、幼儿参加抢险等应当由专业人员或者成人从事的活动，不得组织学生、幼儿参与制作烟花爆竹、有毒化学品等具有危险性的活动，不得组织学生、幼儿参加商业性活动。学校、幼儿园组织学生、幼儿参加大型集体活动，应成立临时的安全管理组织机构；有针对性地对学生、幼儿进行安全教育；安排必要的管理人员，明确所负担的安全职责；制定安全应急预案，配备相应设施；并事先与公安机关交通管理部门共同研究并落实安全措施。

**关联规定**

《中小学幼儿园安全管理办法》

**案例指引**

**教育机构对未成年人伤害事故的责任认定**

——严某诉甲学校教育机构责任案

**案例要旨：**学校等教育机构对未成年学生的教育、管理存在法定职责。在未成年人伤害事故中，适用过错推定责任原则，首先推定学校主观上有过错，若其不能提出合理的抗辩事由，则学校需承担责任。在分析学校过错时，也区分重大过失和一般过失，对于一般过失，酌情减轻学校责任，平衡兼顾好校方和学生的各自利益。

**第三十六条　【校车安全管理制度】**使用校车的学校、幼儿园应当建立健全校车安全管理制度，配备安全管理人员，定期对校车进行安全检查，对校车驾驶人进行安全教育，并向未成

年人讲解校车安全乘坐知识,培养未成年人校车安全事故应急处理技能。

**条文注释**

本条是关于校车安全管理制度的规定。

1. 建立健全校车安全管理制度

配备校车或者与校车服务提供者签订服务协议的学校、幼儿园,都应该结合自身实际情况,建立专门的校车安全管理制度。安全管理制度包括安全教育培训、安全检查、设备管理、安全责任等各项制度。根据领导人员、安全管理人员、驾驶人员、随车照管人员等各自的工作任务和岗位特点等,用制度的形式明确各自对校车安全具体承担的职责。

2. 配备安全管理人员

学校、幼儿园应当配备固定的安全管理人员。安全管理人员应当具备一定的校车安全知识、安全管理经验和较强的责任心,具体负责校车安全管理工作,加强对校车使用的安全监督管理。

3. 定期对校车进行安全检查

校车在投入使用前,应当符合校车安全国家标准,取得机动车检验合格证明。同时,学校、幼儿园应当定期对校车的制动、转向、外部照明、轮胎、安全门、座椅、安全带等车况是否符合安全技术要求进行检查,按照要求进行维护保养。

4. 对校车驾驶人进行安全教育

国家对校车驾驶人的驾驶资格作了更为严格的限制。学校、幼儿园应当对校车驾驶人进行安全教育,使其具备比普通车辆驾驶人更强的交通安全意识,熟悉交通安全法律法规,掌握相应的安全防范、应急处置和应急救援知识和技能等。

5. 向未成年人讲解校车安全乘坐知识,培养未成年人校车安全事故应急处理技能

学校、幼儿园应当有针对性地讲解校车安全乘坐知识,使未成年人掌握一些基本的自救、互救方法,能够正确使用车辆逃生设施,

熟悉应急逃生程序。同时,通过定期组织校车安全事故应急处置演练等方式,培养未成年人应急处理能力。

**关联规定**

《校车安全管理条例》

**第三十七条 【突发事件处置】**学校、幼儿园应当根据需要,制定应对自然灾害、事故灾难、公共卫生事件等突发事件和意外伤害的预案,配备相应设施并定期进行必要的演练。

未成年人在校内、园内或者本校、本园组织的校外、园外活动中发生人身伤害事故的,学校、幼儿园应当立即救护,妥善处理,及时通知未成年人的父母或者其他监护人,并向有关部门报告。

**条文注释**

本条是关于学校、幼儿园制定应急预案以及妥善处理人身伤害事故的规定。

1. 学校、幼儿园应当制定预案并定期演练

学校、幼儿园的突发事件,一般包括:(1)自然灾害,如台风、冰雹、雪、沙尘暴等气象灾害,火山、地震灾害,山体崩塌、滑坡、泥石流等地质灾害,风暴潮、海啸等海洋灾害,森林草原火灾和重大生物灾害等。(2)事故灾难,如火灾、建筑物倒塌、交通事故、游泳溺水等。(3)公共卫生事件,是指突然发生、造成或者可能造成社会公众健康严重损害的重大传染病疫情、群体性不明原因疾病、重大食物和职业中毒以及其他严重影响健康的事件。(4)社会安全事件,如学生之间较大规模纠纷、教师体罚行为致学生死亡或伤残病重住院、严重影响校园教学秩序或群众生活秩序的其他突发事件。

2. 学校、幼儿园应当立即救护受伤害的未成年人,妥善处理学生伤害事故

根据《学生伤害事故处理办法》的规定,学生伤害事故主要是指,在学校实施的教育教学活动或者学校组织的校外活动中,以及

在学校负有管理责任的校舍、场地、其他教育教学设施、生活设施内发生的，造成在校学生人身损害后果的事故。

学校、幼儿园应当视情况拨打救护电话和报警电话，及时将未成年人送校医务室或者送医院进行检查、诊断、治疗，尽一切可能及时、积极进行抢救治疗工作，避免二次伤害，同时应配合有关部门查明事故原因及责任人。学校、幼儿园对事故负有责任的，应当根据责任大小，予以适当的经济赔偿。学校、幼儿园对事故无责任的，如果有条件，可以根据实际情况，本着自愿和可能的原则，对受伤害学生、幼儿给予适当的帮助。对于因学校、幼儿园教师或者其他工作人员在履行职务中的故意或者重大过失造成的学生、幼儿伤害事故，学校、幼儿园予以赔偿后，可以向有关责任人员追偿。

3. 学校、幼儿园应当及时通知未成年人的父母或者其他监护人，并及时向有关部门报告

发生学生、幼儿伤害事故后，学校、幼儿园应当及时通知未成年人的父母或者其他监护人，并将事故发生原因、师生伤亡等具体情况及时向教育行政部门报告。发生学生、幼儿伤害事故，学校负有责任且情节严重的，教育行政部门应当根据有关规定，对学校、幼儿园直接负责的主管人员和其他直接责任人员，分别给予相应的行政处分；有关责任人的行为涉嫌犯罪的，教育行政部门应当将之移送司法机关依法追究刑事责任。学校、幼儿园管理混乱，存在重大安全隐患的，主管的教育行政部门或者其他有关部门应当责令其限期整顿；对情节严重或者拒不改正的，应当依据有关规定，给予其相应的行政处罚。

**关联规定**

《突发事件应对法》第 3 条

《学生伤害事故处理办法》

**第三十八条 【禁止商业行为】**学校、幼儿园不得安排未成年人参加商业性活动，不得向未成年人及其父母或者其他监护

人推销或者要求其购买指定的商品和服务。

学校、幼儿园不得与校外培训机构合作为未成年人提供有偿课程辅导。

**条文注释**

本条是关于禁止商业行为的规定。

本条第1款中的“商品和服务”，包括保险产品、教辅资料、学习用品、培训、心理咨询服务等。《关于进一步加强和规范教育收费管理的意见》提出，不得在代收费中获取差价，不得强制或者暗示学生及家长购买指定的教辅软件或资料，不得通过提前开学等形式或变相违规补课加收相关费用。

本条第2款规定，学校、幼儿园不得与校外培训机构合作为未成年人提供有偿课程辅导。《中小学生减负措施》规定，严禁聘用在职中小学教师到培训机构任教；严禁将培训结果与中小学招生入学挂钩，严禁作出与升学、考试相关的保证性承诺，严禁组织举办中小学生学科类等级考试、竞赛及排名。需要强调的是，学校、幼儿园可以与校外培训机构合作，为未成年人提供免费的课程辅导；本条只是禁止双方合作为未成年人提供“有偿”的课程辅导。

**关联规定**

《严禁中小学校和在职中小学教师有偿补课的规定》

《国务院办公厅关于规范校外培训机构发展的意见》

《中小学生减负措施》

**第三十九条　【防治学生欺凌】**学校应当建立学生欺凌防控工作制度，对教职员工、学生等开展防治学生欺凌的教育和培训。

学校对学生欺凌行为应当立即制止，通知实施欺凌和被欺凌未成年学生的父母或者其他监护人参与欺凌行为的认定和处理；对相关未成年学生及时给予心理辅导、教育和引导；对相关未成年学生的父母或者其他监护人给予必要的家庭教育指导。

对实施欺凌的未成年学生，学校应当根据欺凌行为的性质和程度，依法加强管教。对严重的欺凌行为，学校不得隐瞒，应当及时向公安机关、教育行政部门报告，并配合相关部门依法处理。

**条文注释**

本条是关于防治学生欺凌的规定。

1. 学校应当建立学生欺凌防控工作制度，开展教育和培训

学校应当坚持预防为主的原则，制订学生欺凌防控工作制度。明确相关岗位职责，健全应急处置预案，建立早期预警、事中处理及事后干预等机制。定期开展防治学生欺凌的专题教育，培养教职员工、学生及家长等不同群体预防和自觉反对学生欺凌的意识。将防治学生欺凌专题培训纳入教职员工在职培训内容，提高教职员工预防和处理校园欺凌的工作能力。结合道德与法治等课程，向未成年学生进行法治宣传教育、安全教育，培养未成年学生尊重他人、团结友善、不恃强凌弱的良好行为习惯，鼓励未成年学生发现并报告欺凌事件，促进反对学生欺凌的校园氛围的形成。

2. 学校应当通知父母或其他监护人参与学生欺凌行为的认定和处理

请相关学生的父母或者其他监护人到学校的目的是：一是让父母或者其他监护人了解欺凌事件发生的起因、被欺凌学生受到的伤害等真实情况，防止父母或者其他监护人道听途说被加工的不实信息而激化矛盾；二是让父母或者其他监护人了解学校处理学生欺凌事件的依据和程序，对被欺凌学生采取的保护措施，对实施欺凌学生处罚的依据等；三是学校及相关部门应当在实施欺凌和被欺凌未成年学生的父母或者其他监护人的监督下，本着公平、公正的原则依法对欺凌行为进行认定和处理。

3. 学校应当对相关未成年学生及时给予心理辅导

学校应当及时安排被欺凌者接受心理辅导,引导他们走出心理阴影,尽早恢复正常的学习和生活。学校在开展相关工作时应当严格保护被欺凌学生的隐私,尊重其人格尊严,防止他们受到二次伤害。大多数实施欺凌的学生存在人格不健全、有暴力倾向等问题,所以学校对他们进行教育、处罚的同时也需要进行心理和行为矫治。此外,一些严重的欺凌行为会给旁观学生的心理造成不同程度的伤害,所以,学校应当认真排查旁观学生可能存在的问题,重视对他们的心理疏导,及时提供相应的心理辅导。

4. 学校应当对未成年学生的父母或者其他监护人进行家庭教育指导

学校应当给予实施欺凌的未成年学生的父母或者其他监护人必要的家庭教育指导,让他们懂得如何科学地管教自己的子女。同时,学校有责任帮助被欺凌学生的父母或者其他监护人接受专业的指导和服务,让他们能以科学的方式与受欺凌的子女相处。

5. 对实施欺凌的未成年学生进行管教

对于情节轻微的欺凌事件,学校应当对实施欺凌的学生进行批评教育;实施欺凌的学生应当向被欺凌学生道歉,取得其谅解。对于情节轻微但反复发生的欺凌事件,学校可以视具体情节和危害程度给予纪律处分。对于情节比较恶劣、对被欺凌学生身心造成伤害的欺凌事件,学校可视具体情节和危害程度给予实施欺凌的学生纪律处分,将其表现记入学生综合素质评价。未成年学生实施欺凌行为屡教不改或者情节恶劣,尚不构成违反治安管理行为或者尚未涉嫌犯罪的,可以进入专门学校接受行为矫治。

6. 对严重的欺凌行为,学校应向公安机关、教育行政部门报告

严重的欺凌行为,主要是指违反治安管理或者涉嫌犯罪的欺凌行为。对严重的欺凌行为学校应当及时向公安机关、教育行政部门报告。学校和教育行政部门应当共同配合公安机关对实施严重欺凌行为的学生进行处理。欺凌行为构成违反治安管理行为的,依法给予治安管理处罚;构成犯罪的,依法追究刑事责任。

**关联规定**

《关于防治中小学生欺凌和暴力的指导意见》

《加强中小学生欺凌综合治理方案》

**第四十条　【预防性侵害、性骚扰】**学校、幼儿园应当建立预防性侵害、性骚扰未成年人工作制度。对性侵害、性骚扰未成年人等违法犯罪行为，学校、幼儿园不得隐瞒，应当及时向公安机关、教育行政部门报告，并配合相关部门依法处理。

学校、幼儿园应当对未成年人开展适合其年龄的性教育，提高未成年人防范性侵害、性骚扰的自我保护意识和能力。对遭受性侵害、性骚扰的未成年人，学校、幼儿园应当及时采取相关的保护措施。

**条文注释**

本条是关于学校、幼儿园在预防性侵害、性骚扰未成年人方面的主要职责的规定。

《刑法》没有性侵害未成年人犯罪的独立罪名，与性侵害未成年人相关的罪名主要有猥亵儿童罪、强奸罪、引诱幼女卖淫罪。《民法典》第1010条规定，违背他人意愿，以言语、文字、图像、肢体行为等方式对他人实施性骚扰的，受害人有权依法请求行为人承担民事责任。机关、企业、学校等单位应当采取合理的预防、受理投诉、调查处置等措施，防止和制止利用职权、从属关系等实施性骚扰。该规定为学校处理性骚扰事件提供了法律依据。

学校、幼儿园在预防性侵害、性骚扰方面的职责主要有以下四方面：

1. 建立预防性侵害、性骚扰未成年人的工作制度

学校、幼儿园应当建立性侵害、性骚扰处置预案，明确相关岗位的职责，定期开展性侵害、性骚扰问题的排查，加强对学生宿舍特别是女生宿舍的管理。对于出现学习成绩突然下滑、精神恍惚、无故旷课等异常情况的未成年人，学校、幼儿园要及时了解情况，排查是

否存在被性侵害、性骚扰等问题。学校、幼儿园要将师德教育、法治教育纳入教职员工培训内容及考核范围，采取多种方式对教职员工进行禁止性侵害、性骚扰未成年人方面的教育，使教职员工充分认识到性侵害、性骚扰等行为应当承担的法律责任，自觉遵守职业操守。学校、幼儿园对教职员工的教育和管理不能留死角，应当重视对临时雇用或者劳务派遣人员的教育和管理。学校要进一步完善教职员工的准入制度，强化对拟招录人员和临时聘用人员品德、心理的前期考察。按照本法第62条的规定，学校、幼儿园在招聘工作人员时，应当查询应聘者是否具有性侵害等违法犯罪记录；发现有以上记录的，不得录用。同时，每年定期对教职员工是否具有违法犯罪记录进行查询。通过查询或者其他方式发现教职员工有上述行为的，应当及时解聘，坚决杜绝和清理不合格的人员进入学校、幼儿园工作。

2. 及时报告和处理

根据《教师法》的规定，教师品行不良、侮辱学生，影响恶劣的，由所在学校、其他教育机构或者教育行政部门给予行政处分或者解聘。因此，教职员工实施性骚扰行为，尚不构成违反治安管理行为的，学校要依照校规校纪给予相应的处分，情节严重的，要报教育行政部门给予处分，及时解聘实施性骚扰的员工；一旦发现教职员工实施性侵害行为，学校应当及时向公安机关、教育行政部门报告，并配合公安机关、教育行政部门依法处理，并及时解聘实施性侵害的员工。

3. 对未成年人开展适合其年龄的性教育

性教育是包括性知识、性健康、性道德、预防和拒绝不安全的性行为、预防性侵害及性骚扰等方面的教育。学校、幼儿园应当通过课堂教学、讲座、班会、主题活动、网络信息、宣传栏等多种形式，开展有针对性的教育，要让幼儿园阶段的未成年人了解自己的身体，懂得男女的生理区别，知道不能让外人触碰身体的敏感部位等；要让小学阶段的未成年人了解应对性侵害、性骚扰的一般方法，提高自我保护能力；要让初中阶段的未成年人学习应对性侵害、性骚扰的基本技能；要让高中阶段的未成年人学习健康的异性交往方式，学会用法律武器保护自己。学校还应当通过案例加强警示教育，引导未成年学生确立正确的性观念，保护好自己的同时，不得对他人实施性侵害、性骚扰等行为。

4. 对遭受性侵害、性骚扰的未成年人采取保护措施

不论未成年人遭受的性侵害、性骚扰是发生在校园内，还是校园外，学校、幼儿园发现后都要对未成年人及时采取相关的保护措施，对未成年人进行专业的心理辅导，帮助他们及时走出心理阴影。对因性侵害造成身体伤害需要就医的未成年人，学校要给予必要的帮助；对于经济困难的未成年人，学校要联系民政部门给予必要的社会救助。学校应当根据未成年人受到性侵害、性骚扰的具体情况，采取一定阶段单独教学、转班、转学等方式来保护遭受性侵害、性骚扰未成年人的隐私权，防止有关性侵害、性骚扰的信息扩散，使其受到二次伤害。

**关联规定**

《教师法》第37条

**第四十一条　【相关机构参照适用学校保护】**婴幼儿照护服务机构、早期教育服务机构、校外培训机构、校外托管机构等应当参照本章有关规定，根据不同年龄阶段未成年人的成长特点和规律，做好未成年人保护工作。

**关联规定**

《国务院办公厅关于促进3岁以下婴幼儿照护服务发展的指导意见》

《国务院关于当前发展学前教育的若干意见》

《国务院办公厅关于规范校外培训机构发展的意见》

# 第四章　社 会 保 护

**第四十二条　【社会保护的基本内容】**全社会应当树立关心、爱护未成年人的良好风尚。

国家鼓励、支持和引导人民团体、企业事业单位、社会组织以及其他组织和个人，开展有利于未成年人健康成长的社会活动和服务。

**关联规定**

《未成年人保护法》第6、14条

**第四十三条　【居民委员会、村民委员会工作职责】**居民委员会、村民委员会应当设置专人专岗负责未成年人保护工作，协助政府有关部门宣传未成年人保护方面的法律法规，指导、帮助和监督未成年人的父母或者其他监护人依法履行监护职责，建立留守未成年人、困境未成年人的信息档案并给予关爱帮扶。

居民委员会、村民委员会应当协助政府有关部门监督未成年人委托照护情况，发现被委托人缺乏照护能力、怠于履行照护职责等情况，应当及时向政府有关部门报告，并告知未成年人的父母或者其他监护人，帮助、督促被委托人履行照护职责。

**条文注释**

本条是关于居民委员会、村民委员会在未成年人保护方面的工作职责的规定。

1. 设置专人专岗

《关于进一步健全农村留守儿童和困境儿童关爱服务体系的意见》明确要求在村（居）一级设立“儿童主任”，由村（居）民委员会委员、大学生村官或者专业社会工作者等担任，具体负责村（居）留守儿童和困境儿童关爱服务工作。

2. 协助政府有关部门宣传未成年人保护方面的法律法规

居民委员会、村民委员会应当协助政府有关部门宣传未成年人保护方面的法律、法规和政策，教育居民、村民履行法定的义务。这里的政府有关部门范围较广，包括民政、教育、公安、司法等承担未成年人保护职能的部门。

3. 指导、帮助和监督未成年人的父母或者其他监护人依法履行监护职责

居民委员会、村民委员会可以利用大学生村官、社会工作者的专业优势，依托妇女之家、儿童之家等平台，组织开展家庭教育知识的培训，帮助未成年人的父母或者其他监护人提高家庭教育的能力；对属于家庭监护缺失或监护不当导致儿童人身安全受到威胁或侵害的，要落实强制报告责任，并积极协助乡镇人民政府（街道办事处）、民政部门、妇儿工委办公室和教育、卫生计生、人力资源社会保障等部门及公安机关、残联组织开展困境儿童保障工作。对不依法履行监护职责或者侵犯未成年人合法权益的未成年人的父母或者其他监护人，居民委员会、村民委员会应当予以劝诫、制止；情节严重的，应当及时向公安机关报告。

4. 建立留守未成年人、困境未成年人的信息档案并给予关爱帮扶

留守未成年人，是指父母双方外出务工或一方外出务工另一方无监护能力的未成年人。困境未成年人包括因家庭贫困导致生活、就医、就学等困难的未成年人，因自身残疾导致康复、照料、护理和社会融入等困难的未成年人，以及因家庭监护缺失或监护不当遭受虐待、遗弃、意外伤害、不法侵害等导致人身安全受到威胁或侵害的未成年人。居民委员会、村民委员会应当全面掌握本辖区留守未成年人、困境未成年人的家庭情况、监护情况和就学情况等基本信息，建立留守未成年人、困境未成年人的信息档案，做到一人一档，动态管理，精准帮扶。关爱帮扶措施包括：做好日常保障工作；为农村留

守儿童通过电话、视频等方式与父母联系提供便利；定期随访监护情况较差、失学辍学、无户籍以及患病、残疾等重点未成年人，协助提供监护指导、精神关怀、返校复学、落实户籍等关爱服务；对符合社会救助、社会福利政策的未成年人及家庭，告知申请程序，并协助申请救助，支持配合相关部门和社会力量开展关爱服务活动等。

5. 监督未成年人委托照护情况

居民委员会、村民委员会发现被委托人不符合委托照护的条件，缺乏照护能力、怠于履行照护职责等情况，应当及时向民政、公安等部门报告，为有关部门介入保护工作提供支持，并与未成年人的父母或者其他监护人取得联系，及时告知其未成年人的生活状况、精神状况，被委托人的照护状况。对于缺乏照护能力的被委托人，应当为其继续履行照护职责提供物质帮助、家庭教育指导或者安排必要的临时生活照料措施等；对于怠于履行照护职责的被委托人，应当对其进行法治宣传，督促其履行照护责任，提高其照护能力；对于侵害未成年人合法权益的被委托人，应当予以训诫，及时报告并协助有关部门做好后续的处置工作。

**第四十四条　【社会对未成年人提供福利待遇】**爱国主义教育基地、图书馆、青少年宫、儿童活动中心、儿童之家应当对未成年人免费开放；博物馆、纪念馆、科技馆、展览馆、美术馆、文化馆、社区公益性互联网上网服务场所以及影剧院、体育场馆、动物园、植物园、公园等场所，应当按照有关规定对未成年人免费或者优惠开放。

国家鼓励爱国主义教育基地、博物馆、科技馆、美术馆等公共场馆开设未成年人专场，为未成年人提供有针对性的服务。

国家鼓励国家机关、企业事业单位、部队等开发自身教育资源，设立未成年人开放日，为未成年人主题教育、社会实践、职业体验等提供支持。

**国家鼓励科研机构和科技类社会组织对未成年人开展科学普及活动。**

**条文注释**

本条是关于社会对未成年人提供福利待遇的规定。

对未成年人免费开放的场所包括爱国主义教育基地、图书馆、青少年宫、儿童活动中心、儿童之家等由政府投资建设的公益性事业单位。对未成年人免费或者优惠开放的场所包括博物馆、纪念馆、科技馆、展览馆、美术馆、文化馆、社区公益性互联网上网服务场所以及影剧院、体育场馆、动物园、植物园、公园等。

国家鼓励国家机关、企业事业单位、部队等设立未成年人开放日。例如,检察院通过组织“检察开放日”,培养未成年人尊法、守法的意识;部队通过军营开放日、军事夏令营等活动,提高了对未成年人国防教育的效果,增强了未成年人的国家荣誉感、自豪感。

各科研机构和科技类社会组织应当开展针对未成年人的科普活动,倡导科学方法、传播科学思想、弘扬科学精神,教育引导未成年人崇尚科学文明、反对迷信邪教。

**关联规定**

《公共文化服务保障法》第14、31条

《公共文化体育设施条例》第2、21条

《博物馆条例》第35条

**第四十五条 【免费或者优惠乘坐交通工具】城市公共交通以及公路、铁路、水路、航空客运等应当按照有关规定对未成年人实施免费或者优惠票价。**

**条文注释**

本条是关于未成年人免费或者优惠乘坐交通工具的规定。

对未成年人实施免费或者优惠票价的标准,由行政主管部门结合交通运输工具的特点进行具体规定。

1. 城市公共交通的免费或者优惠规定

未成年人乘坐城市公共交通工具的免费或者优惠政策，目前尚未出台全国统一的规定，有的地方结合当地的实际情况出台了具体规定。比如，《成都市城市轨道交通管理条例》第43条规定，1名成年乘客可以免费携带1名身高1.3米以下的儿童乘车，携带超过1名的，应当按照超过人数购买成人全票。

2. 公路客运的免费或者优惠规定

根据《交通运输部、国家发展改革委关于深化道路运输价格改革的意见》的规定，未成年人乘坐客车时，除9座及以下客车外，以身高为标准，可以享受免费乘车或者客票半价优待。具体条件为：每一成人旅客可携带1名6周岁（含6周岁）以下或者身高1.2米（含1.2米）以下、且不单独占用座位的儿童免费乘车，需单独占用座位或者超过1名时超过的人数执行客票半价优待，并提供座位；6~14周岁或者身高为1.2~1.5米的儿童乘车执行客票半价优待，并提供座位。证明儿童年龄的有效身份证件包括中华人民共和国居民身份证、中华人民共和国临时居民身份证、港澳台居民居住证、港澳居民来往内地通行证、台湾居民来往大陆通行证、护照、外国人永久居留身份证等。

3. 铁路客运的免费或者优惠规定

未成年人乘坐火车时，按照身高享受相应的免费或者半价优惠。《铁路旅客运输规程》第19条规定，随同成人旅行身高1.2~1.5米的儿童，享受半价客票、加快票和空调票，即儿童票。超过1.5米时应买全价票。每一成人旅客可免费携带1名身高不足1.2米的儿童，超过1名时，超过的人数应买儿童票。儿童票的座别应与成人车票相同，其到站不得远于成人车票的到站。免费乘车的儿童单独使用卧铺时，应购买全价卧铺票，有空调时还应购买半价空调票。

4. 水路客运的免费或者优惠规定

根据《交通运输部关于做好〈国内水路运输管理规定〉实施有关工作的通知》的规定，未成年人乘坐水路运输工具时，以年龄或者身高标准享受相应的免费或者半价客票优待。对年龄超过6周岁但不超过14周岁或者身高超过1.2米但不超过1.5米的未成年人，应当执行客票半价优待。对有成年人陪伴的年龄不超过6周岁或者身高不超过1.2米，且不占用座(铺)位的未成年人免费并出具免费票(1周岁以下未成年人不计入乘客定额)；如未成年人需要单独占用座(铺)位，应当执行客票半价优待。每位成年旅客可带2名持免费票的未成年人，超过2名未成年人时，对超过的应当执行客票半价优待。

**第四十六条 【母婴设施配备】**国家鼓励大型公共场所、公共交通工具、旅游景区景点等设置母婴室、婴儿护理台以及方便幼儿使用的坐便器、洗手台等卫生设施，为未成年人提供便利。

**条文注释**

本条是关于母婴设施以及方便幼儿使用的卫生设施配备的规定。

1. 大型公共场所有关设施的设置要求

《关于加快推进母婴设施建设的指导意见》规定，经常有母婴逗留且建筑面积超过1万平方米或日客流量超过1万人的交通枢纽、商业中心、医院、旅游景区及游览娱乐等公共场所，应当建立使用面积一般不少于10平方米的独立母婴室。同时，该意见对公共场所母婴设施配置标准也作出了规定，比如婴儿尿布台、洗手台、婴儿床的配置等。

2. 公共交通工具有关设施的设置要求

公共交通工具包括飞机、火车、轮船、客车、公交、地铁等，大多数公共交通等候区已经按照规定配置了母婴设施。

3. 旅游景区景点有关设施的设置要求

《旅游厕所质量等级的划分与评定》(GB/T 18973－2016)规定，旅游厕位(间)大小便位中至少各设1个儿童便位，在以儿童旅游为主体的场所应按照儿童数量比例增设儿童便位的数量。AAA级厕所洗手区应至少配备1个儿童洗手盆或洁手设备，男女分区的洗手区应至少各配备1个儿童洗手盆或洁手设备。

**第四十七条　【不得限制应有照顾或者优惠】**任何组织或者个人不得违反有关规定，限制未成年人应当享有的照顾或者优惠。

**第四十八条　【鼓励有利于未成年人的创作】**国家鼓励创作、出版、制作和传播有利于未成年人健康成长的图书、报刊、电影、广播电视节目、舞台艺术作品、音像制品、电子出版物和网络信息等。

**条文注释**

本条是关于鼓励有利于未成年人健康成长的创作等的规定。

图书、报刊、电影、广播电视节目、舞台艺术作品、音像制品、电子出版物和网络信息等是未成年人汲取知识和营养的重要渠道。一方面，作品内容应当积极进步、健康向上，适合未成年人阅读观赏，帮助未成年人开阔眼界、提高素质、陶冶情操、愉悦身心；另一方面，作品的形式要适合未成年人的阅读观赏兴趣，种类丰富、数量充足，做到知识性、娱乐性、趣味性、教育性相统一。《未成年人节目管理规定》第8条规定，国家支持、鼓励含有下列内容的未成年人节目的制作、传播：(1)培育和弘扬社会主义核心价值观；(2)弘扬中华优秀传统文化、革命文化和社会主义先进文化；(3)引导树立正确的世界观、人生观、价值观；(4)发扬中华民族传统家庭美德，树立优良家风；(5)符合未成年人身心发展规律和特点；(6)保护未成年人合法权益和情感，体现人文关怀；(7)反映未成年人健康生活和积极向上的精神面貌；(8)普及自然和社会科学知识；(9)其他符合国家支持、鼓励政策的内容。

**关联规定**

《未成年人节目管理规定》第8条

**第四十九条 【新闻媒体的未成年人保护责任】**新闻媒体应当加强未成年人保护方面的宣传,对侵犯未成年人合法权益的行为进行舆论监督。新闻媒体采访报道涉及未成年人事件应当客观、审慎和适度,不得侵犯未成年人的名誉、隐私和其他合法权益。

**条文注释**

本条是关于新闻媒体在未成年人保护方面的责任的规定。

新闻媒体报道在营造保护未成年人社会氛围的同时,也可能出现损害未成年人合法权益的情况。新闻媒体报道要客观、审慎和适度。"客观"即报道涉未成年人的事件时应当充分调查了解,确保所报道事件的真实性、客观性,避免在报道中增加主观推断的内容。"审慎"即新闻在选题构思、刊载或者推送时应当进行周密而慎重的论证,分析该报道可能引起的社会关注及其对涉及的未成年人的影响。"适度"即报道涉未成年人事件时应当有一定的尺度和界限,防止因新闻媒体对事件信息的过度挖掘而造成对未成年人名誉、隐私和其他合法权益的侵犯。

《国家互联网信息办公室关于进一步加强对网上未成年人犯罪和欺凌事件报道管理的通知》规定,网站登载涉及未成年人犯罪和欺凌事件报道,原则上应采用中央主要新闻媒体的报道;确有必要使用其他来源稿件时,要严格进行核实,由网站总编辑签发,保留签发证明及依据。网站不得在首页及新闻频道要闻位置登载未成年人犯罪和欺凌事件报道,不得在博客、微博、论坛、贴吧、弹窗、导航、搜索引擎等位置推荐相关报道,不得制作专题或集纳相关报道。在涉及未成年人的网上报道中,不得对涉及未成年人体罚、侮辱人格尊严行为、校园暴力以及未成年人犯罪情节等进行渲染报道;在涉及未成年人的网上报道中,严禁使用未经处理的涉未成年人暴力、血腥、色情、恐怖等违法视频及图片。《未成年人节目管理规定》第13条第2款规定,对确需报道的未成年人违法犯罪案件,不得披露犯罪案件中未成年人当事人的姓名、住所、照片、图像等个人信息,以及可能推断出未成年人当事人身份的资料。对于不可避免含有上述内容的画面和声音，应当采取技术处理，达到不可识别的标准。

**第五十条　【禁止危害未成年人身心健康内容】**禁止制作、复制、出版、发布、传播含有宣扬淫秽、色情、暴力、邪教、迷信、赌博、引诱自杀、恐怖主义、分裂主义、极端主义等危害未成年人身心健康内容的图书、报刊、电影、广播电视节目、舞台艺术作品、音像制品、电子出版物和网络信息等。

**条文注释**

本条是关于禁止危害未成年人身心健康内容的规定。

1. 关于图书、报刊、音像制品和电子出版物

《出版管理条例》第25条规定，任何出版物不得含有下列内容：(1)反对宪法确定的基本原则的；(2)危害国家统一、主权和领土完整的；(3)泄露国家秘密、危害国家安全或者损害国家荣誉和利益的；(4)煽动民族仇恨、民族歧视，破坏民族团结，或者侵害民族风俗、习惯的；(5)宣扬邪教、迷信的；(6)扰乱社会秩序，破坏社会稳定的；(7)宣扬淫秽、赌博、暴力或者教唆犯罪的；(8)侮辱或者诽谤他人，侵害他人合法权益的；(9)危害社会公德或者民族优秀文化传统的；(10)有法律、行政法规和国家规定禁止的其他内容的。《音像制品管理条例》第3条也规定了音像制品禁止载有上述内容。

2. 关于电影

《电影产业促进法》第16条规定，电影不得含有下列内容：(1)违反宪法确定的基本原则，煽动抗拒或者破坏宪法、法律、行政法规实施；(2)危害国家统一、主权和领土完整，泄露国家秘密，危害国家安全，损害国家尊严、荣誉和利益，宣扬恐怖主义、极端主义；(3)诋毁民族优秀文化传统，煽动民族仇恨、民族歧视，侵害民族风俗习惯，歪曲民族历史或者民族历史人物，伤害民族感情，破坏民族团结；(4)煽动破坏国家宗教政策，宣扬邪教、迷信；(5)危害社会公德，扰乱社会秩序，破坏社会稳定，宣扬淫秽、赌博、吸毒，渲染暴力、恐怖，教唆犯罪或者传授犯罪方法；(6)侵害未成年人合法权益或者

损害未成年人身心健康;(7)侮辱、诽谤他人或者散布他人隐私,侵害他人合法权益;(8)法律、行政法规禁止的其他内容。

3. 关于广播电视节目

《广播电视管理条例》第32条规定,广播电台、电视台应当提高广播电视节目质量,增加国产优秀节目数量,禁止制作、播放载有下列内容的节目:(1)危害国家的统一、主权和领土完整的;(2)危害国家的安全、荣誉和利益的;(3)煽动民族分裂,破坏民族团结的;(4)泄露国家秘密的;(5)诽谤、侮辱他人的;(6)宣扬淫秽、迷信或者渲染暴力的;(7)法律、行政法规规定禁止的其他内容。

4. 关于网络信息

《互联网信息服务管理办法》第15条规定,互联网信息服务提供者不得制作、复制、发布、传播含有下列内容的信息:(1)反对宪法所确定的基本原则的;(2)危害国家安全,泄露国家秘密,颠覆国家政权,破坏国家统一的;(3)损害国家荣誉和利益的;(4)煽动民族仇恨、民族歧视,破坏民族团结的;(5)破坏国家宗教政策,宣扬邪教和封建迷信的;(6)散布谣言,扰乱社会秩序,破坏社会稳定的;(7)散布淫秽、色情、赌博、暴力、凶杀、恐怖或者教唆犯罪的;(8)侮辱或者诽谤他人,侵害他人合法权益的;(9)含有法律、行政法规禁止的其他内容的。

**第五十一条 【可能影响未成年人身心健康内容管理】**任何组织或者个人出版、发布、传播的图书、报刊、电影、广播电视节目、舞台艺术作品、音像制品、电子出版物或者网络信息,包含可能影响未成年人身心健康内容的,应当以显著方式作出提示。

**条文注释**

本条是关于可能影响未成年人身心健康内容管理的规定。

除本法第50条规定的危害未成年人身心健康的内容外,还有一些内容,虽然不属于违反法律法规规定的内容,但是仍有可能对未成年人的身心健康造成影响。可能影响未成年人身心健康的内容,有的是因为所呈现的内容有大量的性、暴力、血腥场景等；有的是因为内容所传递的价值取向不正确。以显著方式作出提示，是指提示内容在字体颜色、大小、位置、出现方式等形式上与其他提示内容有显著区别，保证消费者在正常阅读浏览情况下必然予以关注；提示的内容应当是清晰而明确的，不应使人产生误解。在提示中，需要说明该内容可能影响未成年人身心健康、不适宜未成年人观看或者适合观看的人群年龄等信息。

**第五十二条　【禁止儿童色情制品】**禁止制作、复制、发布、传播或者持有有关未成年人的淫秽色情物品和网络信息。

**条文注释**

本条是关于有关未成年人的淫秽色情物品和网络信息管理的规定。

《刑法》第 367 条规定了淫秽物品的定义，即具体描绘性行为或者露骨宣扬色情的诲淫性的书刊、影片、录像带、录音带、图片及其他淫秽物品。有关人体生理、医学知识的科学著作不是淫秽物品，包含有色情内容的有艺术价值的文学、艺术作品不视为淫秽物品。

《最高人民法院、最高人民检察院关于办理利用互联网、移动通讯终端、声讯台制作、复制、出版、贩卖、传播淫秽电子信息刑事案件具体应用法律若干问题的解释（二）》第 1 条规定，以牟利为目的，利用互联网、移动通讯终端制作、复制、出版、贩卖、传播内容含有不满 14 周岁未成年人的淫秽电子信息，具有该条规定的 8 种情形之一的，以制作、复制、出版、贩卖、传播淫秽物品牟利罪定罪处罚。

**第五十三条　【与未成年人有关的广告管理】**任何组织或者个人不得刊登、播放、张贴或者散发含有危害未成年人身心健康内容的广告；不得在学校、幼儿园播放、张贴或者散发商业广告；不得利用校服、教材等发布或者变相发布商业广告。

**条文注释**

本条是关于与未成年人有关的广告管理的规定。

《广告法》第10条规定，广告不得损害未成年人和残疾人的身心健康。第40条规定，在针对未成年人的大众传播媒介上不得发布医疗、药品、保健食品、医疗器械、化妆品、酒类、美容广告，以及不利于未成年人身心健康的网络游戏广告。针对不满14周岁的未成年人的商品或者服务的广告不得含有下列内容：劝诱其要求家长购买广告商品或者服务；可能引发其模仿不安全行为。《广播电视广告播出管理办法》第8条第7项规定，广播电视广告禁止含有诱使未成年人产生不良行为或者不良价值观，危害其身心健康的内容。第24条规定，播出机构应当严格控制酒类商业广告，不得在以未成年人为主要传播对象的频率、频道、节（栏）目中播出。第25条规定，在中小学生假期和未成年人相对集中的收听、收视时段，或者以未成年人为主要传播对象的频率、频道、节（栏）目中，不得播出不适宜未成年人收听、收视的商业广告。

禁止在中小学校、幼儿园内通过任何媒介和形式直接或者间接地开展介绍商品或者服务，宣传企业形象和品牌的广告活动。《广告法》第39条规定，不得在中小学校、幼儿园内开展广告活动，不得利用中小学生和幼儿的教材、教辅材料、练习册、文具、教具、校服、校车等发布或者变相发布广告，但公益广告除外。

校服、教材等都是学生和幼儿在学习生活中必须使用或者经常接触的，如果成为广告宣传的载体，既可能分散他们学习的注意力，也可能形成他们购买广告商品的心理冲动，或者对他们造成其他不良影响。因此，本条规定不得利用校服、教材等发布或者变相发布商业广告。

**关联规定**

《广告法》第10、39、40条

**第五十四条　【禁止严重侵犯未成年人权益的行为】**禁止拐卖、绑架、虐待、非法收养未成年人，禁止对未成年人实施性侵害、性骚扰。

> 禁止胁迫、引诱、教唆未成年人参加黑社会性质组织或者从事违法犯罪活动。
>
> 禁止胁迫、诱骗、利用未成年人乞讨。

**条文注释**

本条是关于禁止严重侵犯未成年人权益的行为的规定。

1. 禁止拐卖未成年人

拐卖未成年人，是指以出卖为目的，使用欺骗、引诱、威胁、绑架等手段，将未成年人拐骗、绑架、收买、贩卖、接送或者中转的行为。若构成《刑法》规定的拐卖儿童罪，应处以 5 年以上 10 年以下有期徒刑，并处罚金；情节严重的，处 10 年以上有期徒刑或者无期徒刑，并处罚金或者没收财产；情节特别严重的，处死刑，并处没收财产。《刑法》第 240 条第 1 款列举了适用上述刑罚的六种拐卖儿童的严重情形：(1) 拐卖儿童集团的首要分子；(2) 拐卖儿童 3 人以上的；(3) 以出卖为目的，使用暴力、胁迫或者麻醉方法绑架儿童的；(4) 以出卖为目的，偷盗婴幼儿的；(5) 造成被拐卖的儿童或者其亲属重伤、死亡或者其他严重后果的；(6) 将儿童卖往境外的。

2. 禁止绑架未成年人

绑架未成年人，是以勒索财物为目的或者出于其他目的，将未成年人作为人质，使用暴力、胁迫或者麻醉等方法强行掳走未成年人，非法限制其人身自由的犯罪行为。根据《刑法》第 239、240 条的规定，应处 10 年以上有期徒刑或者无期徒刑，并处罚金或者没收财产，情节较轻的，处 5 年以上 10 年以下有期徒刑，并处罚金；故意伤害被绑架人，致人重伤、死亡或者杀害被绑架人的，处无期徒刑或者死刑，并处没收财产。以勒索财物为目的偷盗婴幼儿的，以绑架罪处罚；以出卖为目的，使用暴力、胁迫或者麻醉方法绑架儿童的，则以拐卖儿童罪论处。

3. 禁止虐待未成年人

虐待未成年人，是指行为人经常以打骂、冻饿、禁闭、有病不给治疗、强迫过度劳动或限制自由、凌辱人格等各种方法，对未成年人从肉体上、精神上进行迫害、折磨、摧残的行为。根据《刑法》第260条的规定，虐待家庭成员情节恶劣的，处2年以下有期徒刑、拘役或者管制；致使被害人重伤、死亡的，处2年以上7年以下有期徒刑。“情节恶劣”具体是指虐待的动机卑鄙、手段凶残；虐待年老、年幼、病残的家庭成员；或者长期虐待家庭成员屡教不改的，等等。

4. 禁止非法收养未成年人

《民法典》规定，被收养的未成年人的条件为：(1)丧失父母的孤儿；(2)查找不到生父母的未成年人；(3)生父母有特殊困难无力抚养的子女。送养人的条件为：(1)孤儿的监护人；(2)儿童福利机构；(3)有特殊困难无力抚养子女的生父母。生父母送养子女，应当双方共同送养。生父母一方不明或者查找不到的，可以单方送养。收养人的条件为：(1)无子女或者只有1名子女；(2)有抚养、教育和保护被收养人的能力；(3)未患有在医学上认为不应当收养子女的疾病；(4)无不利于被收养人健康成长的违法犯罪记录；(5)年满30周岁；(6)无配偶者收养异性子女的，收养人与被收养人的年龄应当相差40周岁以上。

5. 禁止对未成年人实施性侵害

常见的对未成年人实施的性侵害有强奸、强制猥亵妇女或者猥亵儿童等行为。(1)强奸，是指行为人违背妇女意愿使用暴力、胁迫或者其他手段，强行与妇女发生性行为。如果受害人是不满14周岁的幼女，则不论被害人是否同意，只要与幼女发生性关系即构成强奸罪。(2)强制猥亵妇女，是指违背妇女的意愿，采取暴力、胁迫或者其他方法，强制以脱光衣服、抠摸等淫秽下流的手段猥亵妇女。(3)猥亵儿童，是指以淫秽下流的手段猥亵儿童的行为。构成猥亵儿童罪并不要求以暴力、胁迫或者其他方法强制进行，只要对儿童实施了猥亵行为，就构成猥亵儿童罪。

6. 禁止对未成年人实施性骚扰

《民法典》第1010条规定，违背他人意愿，以言语、文字、图像、肢体行为等方式对他人实施性骚扰的，受害人有权依法请求行为人承担民事责任。对未成年人实施的性骚扰的认定，注意以下问题：(1)性骚扰的对象一般是中高年龄的未成年人。年龄较小的未成年人尚未形成性的意识，无法识别性骚扰行为，也难以对性骚扰行为有明确的意愿表达，或者产生厌恶、反感等情绪，对其进行的性侵犯行为一般认定为性侵害。(2)性骚扰的对象不分性别。既可以是男性，也可以是女性。(3)行为与性有关。行为人具有性意图，以获取性方面的生理或者心理满足为目的。(4)性骚扰行为所针对的对象是具体的、明确的。(5)行为人主观上一般是故意的。

7. 禁止胁迫、引诱、教唆未成年人参加黑社会性质组织

《最高人民法院、最高人民检察院、公安部、司法部关于依法严惩利用未成年人实施黑恶势力犯罪的意见》规定，胁迫、教唆、拉拢、引诱、欺骗、招募、吸收、介绍未成年人参加黑社会性质组织、恶势力犯罪集团、恶势力，或者实施黑恶势力违法犯罪活动的，以及其他利用未成年人实施黑恶势力犯罪的，应当认定为“利用未成年人实施黑恶势力犯罪”。黑社会性质组织、恶势力犯罪集团利用未成年人实施犯罪的，对犯罪集团首要分子，按照集团所犯的全部罪行，从重处罚；对犯罪集团的骨干成员，按照其组织、指挥的犯罪，从重处罚。恶势力利用未成年人实施犯罪的，对起组织、策划、指挥作用的纠集者，恶势力共同犯罪中罪责严重的主犯，从重处罚。黑社会性质组织、恶势力犯罪集团、恶势力成员直接利用未成年人实施黑恶势力犯罪的，从重处罚。

8. 禁止胁迫、引诱、教唆未成年人从事违法犯罪活动

《刑法》第 29 条规定，教唆他人犯罪的，应当按照他在共同犯罪中所起的作用处罚；教唆不满 18 周岁的人犯罪的，应当从重处罚。第 262 条之二规定，组织未成年人进行盗窃、诈骗、抢夺、敲诈勒索等违反治安管理活动的，处 3 年以下有期徒刑或者拘役，并处罚金；情节严重的，处 3 年以上 7 年以下有期徒刑，并处罚金。第 301、347、353 条规定，引诱未成年人参加聚众淫乱活动的，利用、教唆未成年人走私、贩卖、运输、制造毒品或者向未成年人出售毒品的，引诱、教唆、欺骗或者强迫未成年人吸食、注射毒品的，从重处罚。

9. 禁止胁迫、诱骗、利用未成年人乞讨

根据《治安管理处罚法》第41条的规定，胁迫、诱骗或者利用他人乞讨的，处10日以上15日以下拘留，可以并处1000元以下罚款。以暴力、胁迫手段组织不满14周岁的未成年人乞讨的，构成《刑法》第262条之一规定的组织儿童乞讨罪。如果行为人故意伤害受其控制的未成年人，致其重伤、死亡，则应以故意伤害罪论处。

**关联规定**

《民法典》第1010条

**第五十五条　【生产、销售用于未成年人产品的要求】**生产、销售用于未成年人的食品、药品、玩具、用具和游戏游艺设备、游乐设施等，应当符合国家或者行业标准，不得危害未成年人的人身安全和身心健康。上述产品的生产者应当在显著位置标明注意事项，未标明注意事项的不得销售。

**条文注释**

本条是关于生产、销售用于未成年人产品质量要求和提示义务的规定。

国家标准、行业标准等产品质量标准从人体健康、财产安全的角度对未成年人产品的质量技术要求作出规定。生产、销售用于未成年人产品不得危害未成年人身心健康，是在此标准上增加了对心灵健康的保护。如用于未成年人的玩具、游乐设施、游戏游艺设备等产品不得含有色情、暴力、引诱犯罪等侵害未成年人心理健康的信息；游戏游艺设备应当设置合理限制，避免未成年人沉迷游戏，等等。

本条对生产者、销售者的提示义务作出规定，主要包含三方面内容：(1)生产者应当在所有用于未成年人产品的显著位置标明注意事项。(2)销售者对产品的显著位置是否标明注意事项负有审查义务；未履行审查义务销售未标明注意事项的用于未成年人产品，销售者承担相应责任。(3)未成年人因使用未标明注意事项的产品致害，生产者和销售者应按现有法律规定承担连带责任，一方赔偿后,可根据责任范围向另一方追偿。

**关联规定**

《食品安全法》第25、26、33条

**第五十六条 【公共场所的安全保障义务】**未成年人集中活动的公共场所应当符合国家或者行业安全标准,并采取相应安全保护措施。对可能存在安全风险的设施,应当定期进行维护,在显著位置设置安全警示标志并标明适龄范围和注意事项;必要时应当安排专门人员看管。

大型的商场、超市、医院、图书馆、博物馆、科技馆、游乐场、车站、码头、机场、旅游景区景点等场所运营单位应当设置搜寻走失未成年人的安全警报系统。场所运营单位接到求助后,应当立即启动安全警报系统,组织人员进行搜寻并向公安机关报告。

公共场所发生突发事件时,应当优先救护未成年人。

**条文注释**

本条是关于公共场所的安全保障义务的规定。

本条第1款对未成年人集中活动的公共场所的安全保障义务作出规定:(1)未成年人集中活动的公共场所应当符合国家或者行业安全标准,并采取相应安全保护措施,比如设施设备、建筑装修材料等应当安全可靠,符合国家或者行业规定的安全标准;配置电梯游乐设施应考虑未成年人的身高、年龄等特点,进行有关安全测试等。(2)对可能存在安全风险的设施,根据设施安全风险程度的不同,定期进行检修、维护,及时发现和清除安全隐患。(3)在显著位置设置安全警示标志并标明适龄范围和注意事项,不仅让成年人能够清楚地注意到,还应当采取更有针对性的措施提示未成年人注意。(4)必要时应当安排专门人员看管。在一些人流拥挤,容易发生危险的地点或者设施旁,配备专门人员加强看管,及时发现和制止未成年人危险行为,防范第三人的侵权行为,一旦发生伤害事故及时救助。

本条第2款对安全警报系统的设置作出规定。大型的商场、超市、医院、图书馆、博物馆、科技馆、游乐场、车站、码头、机场、旅游景区景点等场所运营单位应当结合实际情况,在公共场所的醒目位置设置一键报警等技防安保装置;完善各出入口的监控设备;设置与警方联网的报警系统;制定搜寻走失未成年人的应急预案,组织工作人员接受有关培训,定期开展相关救助演练。一旦发生未成年人走失的情况,场所运营单位接到求助后,应当立即启动安全警报系统,组织人员抵达现场进行搜寻,并及时向公安机关报告。

本条第3款规定,公共场所发生突发事件时,应当优先救护未成年人。这种优先救护是相对于成年人,在同等紧迫程度和救助条件下实施的。

**第五十七条 【住宿经营者的安全保护义务】**旅馆、宾馆、酒店等住宿经营者接待未成年人入住,或者接待未成年人和成年人共同入住时,应当询问父母或者其他监护人的联系方式、入住人员的身份关系等有关情况;发现有违法犯罪嫌疑的,应当立即向公安机关报告,并及时联系未成年人的父母或者其他监护人。

**条文注释**

本条是关于住宿经营者的安全保护义务的规定。

只要有未成年人入住,住宿经营者就应当询问未成年人的父母或者其他监护人的联系方式;对于两个以上未成年人共同入住或者未成年人与成年人共同入住的,住宿经营者应当询问入住人员的身份关系。住宿经营者还应当根据实际情况,询问有关情况。比如住宿经营者发现未成年人醉酒或者入住人员神色慌张等情形时,应当提高注意义务,除询问监护人联系方式、相互关系外,还可询问住宿原因、监护人是否知情、所在学校及其教师的联系方式等有关情况,通过观察入住人员能否作出合理答复,来确定是否有异常情况并进一步判断是否向公安机关报告或者联系其监护人。

《治安管理处罚法》第56条第2款规定，旅馆业的工作人员明知住宿的旅客是犯罪嫌疑人员或者被公安机关通缉的人员，不向公安机关报告的，处200元以上500元以下罚款；情节严重的，处5日以下拘留，可以并处500元以下罚款。《旅馆业治安管理办法》第9条规定，旅馆工作人员发现违法犯罪分子，行迹可疑的人员和被公安机关通缉的罪犯，应当立即向当地公安机关报告，不得知情不报或隐瞒包庇。根据《关于建立侵害未成年人案件强制报告制度的意见（试行）》第2条的规定，旅店、宾馆及其从业人员在工作中发现未成年人遭受或者疑似遭受不法侵害以及面临不法侵害危险的，应当立即向公安机关报案或举报。

**第五十八条 【不适宜未成年人活动场所在设置和服务上的限制】**学校、幼儿园周边不得设置营业性娱乐场所、酒吧、互联网上网服务营业场所等不适宜未成年人活动的场所。营业性歌舞娱乐场所、酒吧、互联网上网服务营业场所等不适宜未成年人活动场所的经营者，不得允许未成年人进入；游艺娱乐场所设置的电子游戏设备，除国家法定节假日外，不得向未成年人提供。经营者应当在显著位置设置未成年人禁入、限入标志；对难以判明是否是未成年人的，应当要求其出示身份证件。

**条文注释**

本条是关于对不适宜未成年人活动场所在设置和服务上作出限制的规定。

《中央社会治安综合治理委员会、国家教育委员会、公安部关于进一步加强学校治安综合治理工作的意见》明确要求加强对校园周边文化娱乐场所的管理和清理工作，规定中小学校园周边200米以内不得开设酒吧间、歌舞厅、电子游艺室等。《互联网上网服务营业场所管理条例》第9条规定，中学、小学校园周围200米范围内不得设立互联网上网服务营业场所。考虑到各地具体情况不同，本法没有进一步明确“周边”的范围有多大，仍由行政法规或者地方性法规作出配套规定。

根据《娱乐场所管理条例》《互联网上网服务营业场所管理条例》相关规定，歌舞娱乐场所不得接纳未成年人。除国家法定节假日外，游艺娱乐场所设置的电子游戏机不得向未成年人提供。互联网上网服务营业场所经营单位不得接纳未成年人进入营业场所。

本条对经营者规定了提示义务和身份核实义务：一是经营者应当在显著位置设置未成年人禁入、限入标志，标志摆放位置应当易于被发现和注意到，标志本身应当醒目、字体清晰、内容明确。尺寸大小、字体和内容，不仅便于成年人认识，也要考虑未成年人特点，便于未成年人清楚认识。二是难以判明是不是未成年人时，应当要求其出示身份证件。

**关联规定**

《娱乐场所管理条例》第7条

《互联网上网服务营业场所管理条例》第21、23条

**第五十九条　【禁止向未成年人销售烟、酒和彩票】**学校、幼儿园周边不得设置烟、酒、彩票销售网点。禁止向未成年人销售烟、酒、彩票或者兑付彩票奖金。烟、酒和彩票经营者应当在显著位置设置不向未成年人销售烟、酒或者彩票的标志；对难以判明是否是未成年人的，应当要求其出示身份证件。

任何人不得在学校、幼儿园和其他未成年人集中活动的公共场所吸烟、饮酒。

**条文注释**

本条是关于禁止向未成年人销售烟、酒和彩票的规定。

学校、幼儿园周边不得设置烟、酒、彩票销售网点。本法并没有具体规定“周边”的空间距离，有关部门和地方可以根据实际情况作出具体规定。

本条明确规定，“禁止向未成年人销售烟、酒、彩票或者兑付彩票奖金”。销售行为的主体，既包括依法依规取得烟、酒和彩票销售

资格或者许可的经营者，也包括其他没有相应资格的单位或者个人。销售行为可能多样，如实践中向未成年人非法销售香烟，可能是整包、整条，还有可能是拆封后按支出售。

本条规定了经营者应当履行的有关提示义务和身份核实义务：(1)烟、酒和彩票经营者应当在显著位置设置不向未成年人销售烟、酒或者彩票的标志。相关标志的字样和内容应当醒目、清晰、明确。显著位置和标志明确的判断标准是：不仅要适合成年人，还要考虑未成年人特点，能够让未成年人产生清楚认识。(2)难以判明是不是未成年人时，应当要求其出示身份证件。

未成年人在学校、幼儿园活动的范围不仅包括教室、寝室、活动室，还有很多其他场地。至于其他公共场所，要求有未成年人进行集中活动，不是只有个别未成年人经过或者停留，也不包括家庭等私人场所。

**关联规定**

《烟草专卖法》第5条

《彩票管理条例》第18、26条

**案例指引**

**检例第88号：北京市海淀区人民检察院督促落实未成年人禁烟保护案**

**要旨：**未成年人合法权益受到侵犯涉及公共利益的，人民检察院应当提起公益诉讼予以司法保护。校园周边存在向未成年人出售烟草制品等违法行为时，检察机关可以采取提出检察建议的方式，督促相关行政部门依法履职，加强校园周边环境整治，推进未成年人权益保护。

**第六十条　【禁止向未成年人提供、销售危险物品】**禁止向未成年人提供、销售管制刀具或者其他可能致人严重伤害的器具等物品。经营者难以判明购买者是否是未成年人的，应当要求其出示身份证件。

**条文注释**

本条是关于禁止向未成年人提供、销售危险物品的规定。

1. 危险物品的范围

禁止向未成年人提供、销售的危险物品范围包括以下两类：(1)管制刀具。根据《管制刀具认定标准》的规定，凡符合下列标准之一的，可以认定为管制刀具：①匕首，即带有刀柄、刀格和血槽，刀尖角度小于60度的单刃、双刃或多刃尖刀；②三棱刮刀，即具有3个刀刃的机械加工用刀具；③带有自锁装置的弹簧刀(跳刀)，即刀身展开或弹出后，可被刀柄内的弹簧或卡锁固定自锁的折叠刀具；④其他相类似的单刃、双刃、三棱尖刀，即刀尖角度小于60度，刀身长度超过150毫米的各类单刃、双刃和多刃刀具；⑤其他刀尖角度大于60度，刀身长度超过220毫米的各类单刃、双刃和多刃刀具。未开刀刃且刀尖倒角半径R大于2.5毫米的各类武术、工艺、礼品等刀具不属于管制刀具范畴。(2)其他可能致人严重伤害的器具等物品。包括：①可能致人严重伤害的物品，即该物品具有相当的危险性，对未成年人自身或者他人都可能产生严重伤害。未成年人学习使用的铅笔刀、圆规等，不能认定为本条规定的危险物品。②不适宜未成年人使用的物品，即在用途、使用方法等方面不适合未成年人的物品。应当注意的是，该物品在具体形态上可能多样，包括刀具、弓弩、铲镐等器具，也有可能是呈液态或者气态的危险化学品等。

2. 禁止向未成年人提供、销售危险物品

在具体把握上，需要注意以下几方面：(1)无论提供者、销售者是否具有国家规定的生产、销售资质，都不影响行为的认定。(2)提供、销售的主体可能是单位，也有可能是个人；数量可能多，也可能少。(3)提供、销售的可能是国家管制的物品，如管制刀具；也有可能是没有管制的物品。(4)提供、销售行为既包括线下的提供、销售行为，也包括线上的提供、销售行为。

即使对成年人，国家在管制刀具的生产、销售、持有、使用方面都加以严格限制。制造管制刀具的工厂、作坊，须有《特种刀具生产许可证》，方准生产。经销管制刀具的商店，必须经县、市以上主管部门审查同意和所在地县、市公安局批准。购销要建立登记制度，备公安机关检查。购买管制刀具的单位和个人，必须符合关于持有和使用的规定。军队和警察，由县、团以上单位凭上一级主管部门批准的函件，向指定单位定购。专业狩猎人员和地质、勘探等野外作业人员，由所属单位向所在地县、市公安局（公安分局）申请《特种刀具购买证》，凭证购买。三棱刮刀，凭单位介绍信向批准经销的商店购买。除中国人民解放军和人民警察作为武器、警械配备的以外，专业狩猎人员和地质、勘探等野外作业人员必须持有的，须由县以上主管单位出具证明，经县以上公安机关批准，发给《匕首佩带证》，方准持有佩带。

3. 经营者的身份核实义务

单纯从身体形态上，难以判明购买者是否为未成年人时，经营者应当要求其出示身份证件，从而判断能否提供或者销售。经营者的身份核实义务，同样适用于网络购物的场景。依据《互联网危险物品信息发布管理规定》的规定，危险物品从业单位应当在本单位网站网页显著位置标明单位、个人购买相关危险物品应当具备的资质、资格条件等。

**第六十一条 【未成年人劳动保护】**任何组织或者个人不得招用未满十六周岁未成年人，国家另有规定的除外。

营业性娱乐场所、酒吧、互联网上网服务营业场所等不适宜未成年人活动的场所不得招用已满十六周岁的未成年人。

招用已满十六周岁未成年人的单位和个人应当执行国家在工种、劳动时间、劳动强度和保护措施等方面的规定，不得安排其从事过重、有毒、有害等危害未成年人身心健康的劳动或者危险作业。

任何组织或者个人不得组织未成年人进行危害其身心健康的表演等活动。经未成年人的父母或者其他监护人同意，未成年人参与演出、节目制作等活动，活动组织方应当根据国家有关规定，保障未成年人合法权益。

**条文注释**

本条是关于未成年人劳动保护的规定。

1. 严禁用人单位招用未满 16 周岁的未成年人

本条第 1 款明确规定任何组织或者个人不得招用未满 16 周岁未成年人。“国家另有规定的除外”的规定，表明招用未满 16 周岁的未成年人必须严格按照法律、行政法规和规章等国家层面的规定执行，不允许地方作出例外的规定。例如，《劳动法》对招用 16 周岁以下的未成年人作出了例外规定，明确文艺、体育和特种工艺单位可以招用未满 16 周岁的未成年人，但是必须遵守国家有关规定，并保障其接受义务教育的权利。

2. 不适宜未成年人活动的场所不得招用未成年工

招用年满 16 周岁未满 18 周岁的劳动者称为招用未成年工。根据本法第 58 条的规定，营业性歌舞娱乐场所、酒吧、互联网上网服务营业场所等不适宜未成年人活动场所的经营者，不得允许未成年人进入。游艺娱乐场所设置的电子游戏设备，除国家法定节假日外，不得向未成年人提供。对于未成年人禁止进入或者限制进入的场所，当然不能招用未成年人在这些场所工作。

3. 对未成年工的特殊保护

本条第 3 款规定，招用已满 16 周岁未成年人的单位和个人应当执行国家在工种、劳动时间、劳动强度和保护措施等方面的规定，不得安排其从事过重、有毒、有害等危害未成年人身心健康的劳动或者危险作业。《未成年工特殊保护规定》规定了未成年工不能参加的 17 类工作：(1)《生产性粉尘作业危害程度分级》国家标准中第一级以上的接尘作业；(2)《有毒作业分级》国家标准中第一级以上的有毒作业；(3)《高处作业分级》国家标准中第二级以上的高处作业；

(4)《冷水作业分级》国家标准中第二级以上的冷水作业;(5)《高温作业分级》国家标准中第三级以上的高温作业;(6)《低温作业分级》国家标准中第三级以上的低温作业;(7)《体力劳动强度分级》国家标准中第四级体力劳动强度的作业;(8)矿山井下及矿山地面采石作业;(9)森林业中的伐木、流放及守林作业;(10)工作场所接触放射性物质的作业;(11)有易燃易爆、化学性烧伤和热烧伤等危险性大的作业;(12)地质勘探和资源勘探的野外作业;(13)潜水、涵洞、涵道作业和海拔3000米以上的高原作业(不包括世居高原者);(14)连续负重每小时在六次以上并每次超过20公斤,间断负重每次超过25公斤的作业;(15)使用凿岩机、捣固机、气镐、气铲、铆钉机、电锤的作业;(16)工作中需要长时间保持低头、弯腰、上举、下蹲等强迫体位和动作频率每分钟大于50次的流水线作业;(17)锅炉司炉。用人单位和个人应当严格按照以上规定,不得安排未成年工到相关的岗位工作。

4. 对未成年人参加演出、节目制作等活动的保护

《未成年人节目管理规定》明确,不得以恐吓、诱骗或者收买等方式迫使、引诱未成年人参与节目制作。不得制作、传播利用未成年人或者未成年人角色进行商业宣传的非广告类节目。制作未成年人节目应当保障参与制作的未成年人人身和财产安全,以及充足的学习和休息时间。邀请未成年人参与节目制作,其服饰、表演应当符合未成年人年龄特征和时代特点,不得诱导未成年人谈论名利、情爱等话题。未成年人节目不得宣扬童星效应或者包装、炒作明星子女。未成年人节目制作过程中,不得泄露或者质问、引诱未成年人泄露个人及其近亲属的隐私信息,不得要求未成年人表达超过其判断能力的观点。

**关联规定**

《劳动法》第15条

**第六十二条 【从业查询制度】**密切接触未成年人的单位招聘工作人员时，应当向公安机关、人民检察院查询应聘者是否具有性侵害、虐待、拐卖、暴力伤害等违法犯罪记录；发现其具有前述行为记录的，不得录用。

密切接触未成年人的单位应当每年定期对工作人员是否具有上述违法犯罪记录进行查询。通过查询或者其他方式发现其工作人员具有上述行为的，应当及时解聘。

**条文注释**

本条是关于密切接触未成年人单位工作人员的从业查询制度的规定。

1. 查询主体

本条规定密切接触未成年人的单位均为查询义务主体，包括：中小学校、幼儿园等教育机构；校外培训机构；未成年人救助保护机构、儿童福利机构等未成年人安置、救助机构；婴幼儿照护和未成年人早期教育服务机构；校外托管、临时看护机构；家政服务机构；为未成年人提供医疗服务的医疗机构；其他对未成年人负有教育、培训、监护、救助、看护、医疗等职责的企业事业单位、社会组织等。

2. 查询时机和对象

入职查询的时机是招聘工作人员时。入职查询的对象是拟招聘的工作人员。关于"工作人员"的范围，应当从有利于保护未成年人的角度从宽认定。无论是正式员工还是劳务派遣员工，无论是管理层人员还是普通员工，无论是长期的还是临时的，无论是否存在严格法律意义上的劳动关系，均属于本条规定的"工作人员"。

3. 查询途径

根据本条规定，查询途径是向公安机关、人民检察院查询。一方面，要促进各地数据联通，逐步建立全国统一的查询系统，让用人单位不仅能查询到本地数据，也能查询到其他地方的数据；另一方面，公安机关和人民检察院要加强联动，提供方便、高效的查询渠道和权威结果。

4. 查询内容及处置结果

查询内容是“性侵害、虐待、拐卖、暴力伤害等违法犯罪记录”。(1)性侵害包括一系列涉及性的侵害。《最高人民法院、最高人民检察院、公安部、司法部关于依法惩治性侵害未成年人犯罪的意见》将性侵害未成年人犯罪范围界定为针对未成年人实施的强奸罪,强制猥亵、侮辱罪,猥亵儿童罪,组织卖淫罪,强迫卖淫罪,引诱、容留、介绍卖淫罪,引诱幼女卖淫罪等。(2)关于虐待,《刑法》规定了虐待罪,虐待被监管人罪,虐待被监护、看护人罪,虐待部属罪。(3)关于拐卖,《刑法》规定了拐卖妇女、儿童罪,收买被拐卖的妇女、儿童罪,不解救被拐卖、绑架妇女、儿童罪。(4)暴力伤害主要是指行凶、杀人、抢劫、绑架等严重危及人身安全的暴力违法犯罪行为。(5)其他对未成年人尤其是幼儿存在极大安全隐患的违法犯罪记录。例如,毒品犯罪记录。

5. 对在职人员的年度定期查询

用人单位每年对工作人员的上述违法犯罪记录情况查询至少1次。除了查询,用人单位可能在日常管理中主动发现或基于他人举报、告知而发现工作人员存在相关违法犯罪行为,此时也应当及时解聘。出于最大程度保护未成年人的需要,在发现相关违法犯罪行为时应及时解聘;即使由于办理解聘手续需要一定程序和时间,也应当立即停止该工作人员的工作,避免其和未成年人接触。

**关联规定**

《刑法》第236、237、248、260、358、359、443条

**第六十三条 【保护未成年人通信自由和通信秘密】**任何组织或者个人不得隐匿、毁弃、非法删除未成年人的信件、日记、电子邮件或者其他网络通讯内容。

除下列情形外,任何组织或者个人不得开拆、查阅未成年人的信件、日记、电子邮件或者其他网络通讯内容:

（一）无民事行为能力未成年人的父母或者其他监护人代未成年人开拆、查阅；

（二）因国家安全或者追查刑事犯罪依法进行检查；

（三）紧急情况下为了保护未成年人本人的人身安全。

**条文注释**

本条是关于保护未成年人通信自由和通信秘密的规定。

《刑法》第252、253条规定，隐匿、毁弃或者非法开拆他人信件，侵犯公民通信自由权利，情节严重的，处1年以下有期徒刑或者拘役。邮政工作人员私自开拆或者隐匿、毁弃邮件、电报的，处2年以下有期徒刑或者拘役。

根据本条第2款的规定，“任何组织或者个人不得开拆、查阅未成年人的信件、日记、电子邮件或者其他网络通讯内容”。对于该规定有三个例外情形：一是无民事行为能力未成年人的父母或者其他监护人代未成年人开拆、查阅，这是监护人正常履行监护职责的内容。二是因国家安全或者追查刑事犯罪依法进行检查。例如，《国家安全法》第77条规定，公民和组织应当如实提供所知悉的涉及危害国家安全活动的证据，为国家安全工作提供便利条件或者其他协助，向国家安全机关、公安机关和有关军事机关提供必要的支持和协助。《刑事诉讼法》第78条规定，执行机关对被监视居住的犯罪嫌疑人、被告人，可以采取电子监控、不定期检查等监视方法对其遵守监视居住规定的情况进行监督；在侦查期间，可以对被监视居住的犯罪嫌疑人的通信进行监控。三是紧急情况下为了保护未成年人本人的人身安全。例如，在未成年人下落不明时为了查找其下落，通过恰当方式查阅其网络通讯内容等信息，是出于保护其人身安全的需要，不是侵犯其隐私权和通信秘密。上述几种情形下开拆、查阅未成年人的信件、日记、电子邮件或者其他网络通讯内容，都需要遵循合法、必要等原则，不得变相侵犯未成年人通信自由和通信秘密。

**关联规定**

《宪法》第40条

《民法典》第1032条

《邮政法》第3条

《计算机信息网络国际联网安全保护管理办法》第7条

# 第五章　网络保护

**第六十四条　【网络素养】**国家、社会、学校和家庭应当加强未成年人网络素养宣传教育，培养和提高未成年人的网络素养，增强未成年人科学、文明、安全、合理使用网络的意识和能力，保障未成年人在网络空间的合法权益。

**条文注释**

本条是关于网络素养的规定。

“网络素养”主要包括未成年人的上网技能学习能力、上网行为自控能力、网上自我保护能力等。家长对未成年人的网络保护，不是一味地禁止未成年人上网，而是要对未成年人加强网络素养教育，使未成年人更好地适应网络社会。

**第六十五条　【健康网络内容创作与传播】**国家鼓励和支持有利于未成年人健康成长的网络内容的创作与传播，鼓励和支持专门以未成年人为服务对象、适合未成年人身心健康特点的网络技术、产品、服务的研发、生产和使用。

**条文注释**

本条是关于健康网络内容创作与传播的规定。

网络内容包括网络信息、网络文学、网络音乐、网络表演、网络电影、网络剧、网络音视频、网络动漫、网络游戏等多种内容。

《网络信息内容生态治理规定》规定，鼓励网络信息内容服务平台坚持主流价值导向，优化信息推荐机制，加强版面页面生态管理，开发专门以未成年人为服务对象的网络信息内容专栏、专区和产品等。鼓励网络信息内容服务平台开发适合未成年人使用的模式，提供适合未成年人使用的网络产品和服务，便利未成年人获取有益身心健康的信息。

**关联规定**

《电影产业促进法》第36条

**第六十六条　【监督检查和惩处非法活动】**网信部门及其他有关部门应当加强对未成年人网络保护工作的监督检查，依法惩处利用网络从事危害未成年人身心健康的活动，为未成年人提供安全、健康的网络环境。

**条文注释**

本条是关于监督检查和惩处非法活动的规定。

网信部门是承担网络治理职责的重要部门。如《网络安全法》规定，国家网信部门负责统筹协调网络安全工作和相关监督管理工作。《国务院关于授权国家互联网信息办公室负责互联网信息内容管理工作的通知》规定，授权国家互联网信息办公室负责全国互联网信息内容管理工作，并负责监督管理执法。《互联网直播服务管理规定》规定，国家互联网信息办公室负责全国互联网直播服务信息内容的监督管理执法工作。地方互联网信息办公室依据职责负责本行政区域内的互联网直播服务信息内容的监督管理执法工作。国务院相关管理部门依据职责对互联网直播服务实施相应监督管理。

其他相关部门在各自职责范围内履行相关职责。如《电信和互联网用户个人信息保护规定》规定，工业和信息化部和各省、自治区、直辖市通信管理局依法对电信和互联网用户个人信息保护工作实施监督管理。根据《电子出版物出版管理规定》的规定，国家新闻出版署负责全国电子出版物出版活动的监督管理工作。县级以上地方新闻出版行政部门负责本行政区域内电子出版物出版活动的监督管理工作。根据《互联网视听节目服务管理规定》的规定，国务院广播电视主管部门作为互联网视听节目服务的行业主管部门，负责对互联网视听节目服务实施监督管理。国务院信息产业主管部门作为互联网行业主管部门，依据电信行业管理职责对互联网视听节目服务实施相应的监督管理。根据《互联网文化管理暂行规定》的规定，文旅部负责制定互联网文化发展与管理的方针、政策和规划，监督管理全国互联网文化活动。

同时，有关部门应加强协作，开展对未成年人网络保护工作的监督检查和执法活动。例如，集中整治未成年人沉迷网络问题由新闻出版、网信、教育、电信、公安等部门根据职能各负其责；整治不良网络社交行为由公安部门牵头，网信、电信、市场监管等部门配合；专项治理低俗有害信息由网信部门牵头，电信、公安、市场监管等部门配合；加强对企业监督监管由网信部门牵头，电信、公安等部门配合；加强教育宣传引导由教育部门牵头，新闻出版、网信、电信、公安等部门配合。

对监督检查和执法活动中发现的问题，相关部门根据情况依法采取多种处理方式，包括约谈、责令限期整改、停止相关功能、全面下架、停止互联网接入服务、罚款、曝光违法违规案例等。

**第六十七条　【可能影响未成年人身心健康的网络信息】网信部门会同公安、文化和旅游、新闻出版、电影、广播电视等部门根据保护不同年龄阶段未成年人的需要，确定可能影响未成年人身心健康网络信息的种类、范围和判断标准。**

**条文注释**

本条是关于可能影响未成年人身心健康的网络信息的规定。

根据本法第 51 条的规定，对于“可能影响未成年人身心健康”的信息，并非完全禁止出版、发布、传播，而是规定应当以显著方式作出提示，这样便于未成年人及其监护人等识别相关内容从而采取一定的措施避免未成年人接触。

网信部门会同公安、文化和旅游、新闻出版、电影、广播电视等部门根据保护“不同年龄阶段”未成年人的需要来确定可能影响未成年人身心健康网络信息的种类、范围和判断标准。例如，《广告法》规定，不得利用不满10周岁的未成年人作为广告代言人；针对不满14周岁的未成年人的商品或者服务的广告不得含有劝诱其要求家长购买广告商品或者服务的内容以及可能引发其模仿不安全行为的内容。

**第六十八条　【沉迷网络的预防和干预】**新闻出版、教育、卫生健康、文化和旅游、网信等部门应当定期开展预防未成年人沉迷网络的宣传教育，监督网络产品和服务提供者履行预防未成年人沉迷网络的义务，指导家庭、学校、社会组织互相配合，采取科学、合理的方式对未成年人沉迷网络进行预防和干预。

任何组织或者个人不得以侵害未成年人身心健康的方式对未成年人沉迷网络进行干预。

**条文注释**

本条是关于沉迷网络的预防和干预的规定。

本条主要规定了两方面的内容：一是相关部门在预防和干预网络沉迷方面的责任，二是不得采取违法方式干预网络沉迷。

网络沉迷也称网络成瘾。中国健康教育中心组织编写的《中国青少年健康教育核心信息及释义（2018版）》对“网络成瘾”作了界定，指出网络成瘾是指在无成瘾物质作用下对互联网使用冲动的失控行为，表现为过度使用互联网后导致明显的学业、职业和社会功能的损伤。诊断网络成瘾障碍，持续时间是一个重要标准；一般情况下，相关行为至少持续12个月才能确诊。网络成瘾包括网络游戏成瘾、网络色情成瘾、信息收集成瘾、网络关系成瘾、网络赌博成瘾、网络购物成瘾等，其中网络游戏成瘾最为常见。

新闻出版、教育、卫生健康、文化和旅游、网信等相关部门不是直接对未成年人沉迷网络实施干预，而是承担宣传、监督、指导三个职责：(1)开展预防网络沉迷的宣传。宣传教育可以有多种形式，包括通过媒体进行宣传、通过学校开展教育等。(2)监督网络产品和服务提供者履行预防义务。例如,进行实名认证,进行适龄提醒,要求产品或服务本身不能故意包含有诱导沉迷的设计,不得提供不适合未成年人接触的内容,对用户在线时段和时长等进行限制,要求为监护人提供便利以便于监护人采取相关干预措施等。(3)指导家庭、学校和社会组织开展网络沉迷的预防和干预工作。

**第六十九条 【未成年人网络保护软件】**学校、社区、图书馆、文化馆、青少年宫等场所为未成年人提供的互联网上网服务设施,应当安装未成年人网络保护软件或者采取其他安全保护技术措施。

智能终端产品的制造者、销售者应当在产品上安装未成年人网络保护软件,或者以显著方式告知用户未成年人网络保护软件的安装渠道和方法。

**条文注释**

本条是关于未成年人网络保护软件的规定。

1. 学校、社区、图书馆等场所的义务

本条并非绝对要求相关场所所有的上网服务设施均安装未成年人网络保护软件或者采取其他安全保护技术措施,而是要求"为未成年人提供的互联网上网服务设施"采取上述措施。如果这些场所所有的互联网上网服务设施均向未成年人开放,那么都需要安装。在具体措施上,可以安装未成年人网络保护软件,也可以采取其他安全保护技术措施。

2. 智能终端产品制造者和销售者的义务

要求智能终端产品的制造者和销售者承担相关义务,并非要求两者都采取安装网络保护软件等措施,而是要求两者确保法律规定的义务得到履行,具体如何操作可以两者沟通协商确定,但这种沟通协商确定的义务分配不能对抗他人。如果销售出去的智能终端产品没有相关的安全措施,制造者和销售者就违反了法律规定,两者需要依法承担法律责任。

智能终端产品制造者和销售者可以选择安装未成年人网络保护软件,也可以选择以显著方式告知用户未成年人网络保护软件的安装渠道和方法。告知的网络保护软件的安装渠道和方法也应当是便于用户操作和切实可行的。

**第七十条 【学校对沉迷网络的预防和处理】**学校应当合理使用网络开展教学活动。未经学校允许,未成年学生不得将手机等智能终端产品带入课堂,带入学校的应当统一管理。

学校发现未成年学生沉迷网络的,应当及时告知其父母或者其他监护人,共同对未成年学生进行教育和引导,帮助其恢复正常的学习生活。

**条文注释**

本条是关于学校对沉迷网络的预防和处理的规定。

1. 学校应当合理使用网络开展教学活动

根据《综合防控儿童青少年近视实施方案》的规定,学校教育本着按需的原则合理使用电子产品,教学和布置作业不依赖电子产品,使用电子产品开展教学时长原则上不超过教学总时长的30%,原则上采用纸质作业。

2. 学校对手机等智能终端产品的管理

未经学校允许,未成年学生不得将手机等智能终端产品带入课堂,带入学校的应当统一管理。在一些情况下将智能终端产品带入课堂的确是有必要的,学校也可以允许带入课堂。所以,本条主要从学生角度强调,学生要服从学校对手机等智能终端产品的管理。这样兼顾了原则性和灵活性。

3. 学校和监护人合作应对沉迷网络

学校发现未成年学生沉迷网络的,需要采取两方面措施:一是及时告知其父母或者其他监护人,让其父母或者其他监护人知悉该情况;二是与其父母或者其他监护人共同对未成年学生进行教育和引导,帮助其恢复正常的学习生活。

**第七十一条　【监护人对未成年人的网络保护义务】**未成年人的父母或者其他监护人应当提高网络素养，规范自身使用网络的行为，加强对未成年人使用网络行为的引导和监督。

未成年人的父母或者其他监护人应当通过在智能终端产品上安装未成年人网络保护软件、选择适合未成年人的服务模式和管理功能等方式，避免未成年人接触危害或者可能影响其身心健康的网络信息，合理安排未成年人使用网络的时间，有效预防未成年人沉迷网络。

**条文注释**

本条是关于监护人对未成年人的网络保护义务的规定。

1. 一般性网络保护义务

父母应正确认识、接纳和使用网络，形成正确网络观念；掌握沉迷网络早期识别和干预的知识，及时发现、制止和矫正未成年人沉迷网络和不当消费行为，引导未成年人健康合理使用网络；规范自己的网络使用行为，通过言传身教，教导未成年人合理使用网络。

2. 内容管理和预防网络沉迷义务

本条第2款对未成年人的父母或其他监护人的义务作了规定：(1)应当避免未成年人接触危害或者可能影响其身心健康的网络信息。对此要求未成年人的父母或者其他监护人应当在智能终端产品上安装未成年人网络保护软件；在未成年人使用网络服务时，为未成年人选择其适合的服务模式和管理功能。(2)应当有效预防未成年人沉迷网络。对此要求未成年人的父母或者其他监护人对未成年人使用网络进行时间管理，合理安排未成年人的上网时段、时长。

**第七十二条　【未成年人个人信息处理以及更正权、删除权】**信息处理者通过网络处理未成年人个人信息的，应当遵循合法、正当和必要的原则。处理不满十四周岁未成年人个人信

**息的，应当征得未成年人的父母或者其他监护人同意，但法律、行政法规另有规定的除外。**

**未成年人、父母或者其他监护人要求信息处理者更正、删除未成年人个人信息的，信息处理者应当及时采取措施予以更正、删除，但法律、行政法规另有规定的除外。**

**条文注释**

本条是关于未成年人个人信息处理以及更正权、删除权的规定。

1. 处理未成年人个人信息应当遵循的原则

(1)合法原则，即信息处理者处理个人信息必须有合法性基础，且处理的方法应当符合法律法规的规定。(2)正当原则，即处理个人信息的目的和手段要正当，应当尊重公序良俗和遵守诚实信用原则，充分保障信息主体的知情权。特别是在处理个人信息过程中不得强迫用户授权或者以捆绑服务、强制停止使用等不正当手段变相诱导、胁迫用户提供个人信息，更不得欺骗、窃取或者使用其他非法手段处理他人的个人信息。(3)必要原则，即处理个人信息的目的应当特定，处理应当依据特定、明确的目的进行，禁止超出目的范围处理个人信息。对公共部门而言，收集个人信息通常只能出于履行其职责之特定目的；对非公共部门而言，收集个人信息必须与其提供的服务相关。

同时，本条规定通过网络处理不满14周岁未成年人个人信息的，应当征得未成年人的父母或者其他监护人同意。

2. 更正权和删除权

信息主体对自己的个人信息享有一系列权能，包括知情同意权、更正权、删除权等。个人信息更正权，简称更正权，是指信息主体有权请求信息处理主体对不准确、不完整的个人信息进行改正与补充的权利。个人信息删除权，简称删除权，是指信息主体在法定或约定的事由出现时，有权请求信息处理者删除其个人信息的权利。

一般认为,信息主体是享有个人信息权能的主体,只有信息主体才有权要求信息处理者更正、删除其个人信息。但鉴于未成年人个人信息需要特殊保护的实际情况,本条规定未成年人、未成年人的父母或者其他监护人均有权要求信息处理者更正、删除未成年人个人信息。需要说明的是,与前述处理未成年人个人信息时,对未成年人年龄范围进行划定的做法不同,对于个人信息的更正和删除,从最大限度保护未成年人的合法权益和个人信息安全的角度考虑,并未作年龄划分。

本条中"处理"的概念范围与《民法典》第1035条中"处理"的概念范围保持一致,并不限于个人信息的使用行为,还包括个人信息的收集、存储、加工、传输、提供、公开等行为。

**第七十三条　【私密信息的提示、保护义务】**网络服务提供者发现未成年人通过网络发布私密信息的,应当及时提示,并采取必要的保护措施。

**条文注释**

本条是关于网络服务提供者对私密信息的提示、保护义务的规定。

私密信息,是指通过特定形式体现出来的有关自然人的病历、财产状况、身体缺陷、遗传特征、档案材料、生理识别信息、行踪信息等个人情况。《民法典》第1033条第5项规定,除法律另有规定或者权利人明确同意外,任何组织或者个人不得处理他人的私密信息。

网络服务提供者如果发现未成年人通过网络发布私密信息,应当及时提示,并采取必要的保护措施。具体的保护措施,可由国务院或者其他有关部门根据保护未成年人私密信息的实际需要,在制定相关行政法规、部门规章时予以明确规定。

**第七十四条　【预防未成年人沉迷网络的一般性规定】**网络产品和服务提供者不得向未成年人提供诱导其沉迷的产品

和服务。

网络游戏、网络直播、网络音视频、网络社交等网络服务提供者应当针对未成年人使用其服务设置相应的时间管理、权限管理、消费管理等功能。

以未成年人为服务对象的在线教育网络产品和服务，不得插入网络游戏链接，不得推送广告等与教学无关的信息。

**条文注释**

本条是关于网络产品和服务提供者预防未成年人沉迷网络的一般性规定。

1. 对网络产品和服务提供者的一般性要求

本条第1款明确规定，网络产品和服务提供者不得向未成年人提供诱导其沉迷的产品和服务。据此，网络产品和服务提供者应注意分析未成年人沉迷网络的成因，采取评估等方式对其产品和服务进行检查，发现其产品和服务存在诱导未成年人沉迷网络情况的，应当及时对该产品和服务的内容、功能或者规则等进行修改。

2. 对部分网络服务提供者的要求

本条第2款将预防未成年人沉迷网络的网络服务提供者明确为网络游戏、网络直播、网络音视频、网络社交等网络服务提供者。网络服务提供者应当针对未成年人使用其服务设置相应的时间管理、权限管理、消费管理等功能。《国家新闻出版署关于防止未成年人沉迷网络游戏的通知》要求严格控制未成年人使用网络游戏时段、时长：每日22时至次日8时，网络游戏企业不得以任何形式为未成年人提供游戏服务；法定节假日每日累计不得超过3小时，其他时间每日累计不得超过1.5小时。网络游戏企业不得为未满8周岁的用户提供游戏付费服务。同一网络游戏企业所提供的游戏付费服务，8周岁以上未满16周岁的用户，单次充值金额不得超过50元，每月充值金额累计不得超过200元；16周岁以上未满18周岁的用户，单次充值金额不得超过100元，每月充值金额累计不得超过400元。

3. 关于在线教育的规定

以未成年人为服务对象的在线教育网络产品和服务，不得插入网络游戏链接，不得推送广告等与教学无关的信息。"不得推送广告"并非禁止在线教育网络产品和服务提供者一切展示和推广其相关课程信息的行为；而是指不得在为未成年人提供课程服务的过程中，向其推送广告。

**第七十五条　【网络游戏服务提供者预防沉迷网络义务】** 网络游戏经依法审批后方可运营。

国家建立统一的未成年人网络游戏电子身份认证系统。网络游戏服务提供者应当要求未成年人以真实身份信息注册并登录网络游戏。

网络游戏服务提供者应当按照国家有关规定和标准，对游戏产品进行分类，作出适龄提示，并采取技术措施，不得让未成年人接触不适宜的游戏或者游戏功能。

网络游戏服务提供者不得在每日二十二时至次日八时向未成年人提供网络游戏服务。

**条文注释**

本条是关于网络游戏服务提供者预防未成年人沉迷网络义务的规定。

《网络安全法》第 24 条第 1 款规定，网络运营者为用户办理网络接入、域名注册服务，办理固定电话、移动电话等入网手续，或者为用户提供信息发布、即时通讯等服务，在与用户签订协议或者确认提供服务时，应当要求用户提供真实身份信息；用户不提供真实身份信息的，网络运营者不得为其提供相关服务。《国家新闻出版署关于防止未成年人沉迷网络游戏的通知》提出，实行网络游戏用户账号实名注册制度。所有网络游戏用户均须使用有效身份信息方可进行游戏账号注册。网络游戏企业应建立并实施用户实名注册系统，不得以任何形式为未实名注册的新增用户提供游戏服务。

本条第3款是关于对网络游戏产品进行分类和适龄提示的规定。绝不允许色情、血腥、暴力、赌博等有害内容存在于面向未成年人的游戏中。对经过分类不适宜未成年人接触的网络游戏,网络游戏服务提供者除进行适龄提示外,还应采取技术措施,不得让未成年人接触不适宜的游戏或者游戏功能。

本条第4款对网络服务提供者不得向未成年人提供网络游戏服务的时间作了专门规定,这与《国家新闻出版署关于防止未成年人沉迷网络游戏的通知》相一致。该通知要求,每日22时至次日8时,网络游戏企业不得以任何形式为未成年人提供游戏服务。

**第七十六条 【网络直播服务提供者的义务】**网络直播服务提供者不得为未满十六周岁的未成年人提供网络直播发布者账号注册服务;为年满十六周岁的未成年人提供网络直播发布者账号注册服务时,应当对其身份信息进行认证,并征得其父母或者其他监护人同意。

**条文注释**

本条是关于网络直播服务提供者为未成年人提供账号注册服务时的义务的规定。

网络直播并非洪水猛兽,多样化的网络直播促进了网络文化和“流量经济”的繁荣发展。未成年人通过网络直播、发布视频可以分享自己的兴趣爱好,如读书、音乐、舞蹈、手工等,由此找到有共同兴趣的伙伴;也有未成年人通过这个渠道,凭借自己的知识和本领获取一定的收益,增强了自己的价值感和获得感。根据《民法典》的规定,年满16周岁、以自己的劳动收入为主要生活来源的未成年人,视为完全民事行为能力人。因此,本条以16周岁为界限,对网络直播服务提供者提供网络直播账号注册服务时作了不同的要求:对于未满16周岁的未成年人,网络直播服务提供者一律不得为其提供网络直播发布者账号注册服务;对于年满16周岁的未成年人,网络直播服务提供者可允许其注册成为网络直播发布者,但注册前应对未成年人的身份信息进行认证,并应取得未成年人的父母或者其他监护人同意。

**关联规定**

《互联网直播服务管理规定》第12条

《网络表演经营活动管理办法》第9条

**第七十七条 【禁止实施网络欺凌】**任何组织或者个人不得通过网络以文字、图片、音视频等形式，对未成年人实施侮辱、诽谤、威胁或者恶意损害形象等网络欺凌行为。

遭受网络欺凌的未成年人及其父母或者其他监护人有权通知网络服务提供者采取删除、屏蔽、断开链接等措施。网络服务提供者接到通知后，应当及时采取必要的措施制止网络欺凌行为，防止信息扩散。

**条文注释**

本条是关于禁止实施网络欺凌以及相关主体的权利与义务的规定。

本条第1款将网络欺凌的形式界定为"通过网络以文字、图片、音视频等形式"，即认为网络欺凌主要表现为网络欺凌者借助网络信息技术和设备，通过即时通讯、聊天室、电子邮件、网络论坛和网络媒体等以发布文字、图片、音视频等形式对未成年人实施欺凌，各种线下欺凌不属于本条规制的对象。本条第1款列举了网络欺凌的四种主要类型：(1)侮辱。(2)诽谤。(3)威胁。主要是指向未成年人发送使其感到心理畏惧、恐慌的信息，以达到控制、胁迫或者勒索未成年人等目的。(4)恶意损害形象。主要是指对未成年人的照片、视频等进行恶意编辑并传播。

遭受网络欺凌的未成年人及其父母或者其他监护人有权通知网络服务提供者采取删除、屏蔽、断开链接等措施。网络服务提供者接到通知后，应当及时采取必要的措施制止网络欺凌行为，防止信息扩散。对于所采取的必要措施，本条第2款未作具体规定，只要能达到"制止网络欺凌行为，防止信息扩散"的效果，网络服务提供者就可根据其服务类型和技术能力来自行决定采取何种措施。

**第七十八条　【接受投诉、举报义务】**网络产品和服务提供者应当建立便捷、合理、有效的投诉和举报渠道，公开投诉、举报方式等信息，及时受理并处理涉及未成年人的投诉、举报。

**条文注释**

本条是关于网络产品和服务提供者接受投诉、举报义务的规定。

本条对网络产品和服务提供者建立投诉、举报渠道，及时受理并处理个人和组织涉及未成年人的投诉、举报提出了要求：(1)网络产品和服务提供者应当建立便捷、合理、有效的投诉和举报渠道，这是用户顺利维权的基础；(2)网络产品和服务提供者应当公开投诉、举报方式等信息，方便投诉举报人；(3)网络产品和服务提供者应当及时受理投诉、举报，无正当理由不得拒绝；(4)网络产品和服务提供者应当按照内部操作规程及时处理投诉和举报，并告知投诉举报人处理结果。

**第七十九条　【社会公众投诉、举报权】**任何组织或者个人发现网络产品、服务含有危害未成年人身心健康的信息，有权向网络产品和服务提供者或者网信、公安等部门投诉、举报。

**条文注释**

本条是关于社会公众对危害未成年人身心健康信息投诉、举报权的规定。

本条对社会主体享有的对违法信息的投诉、举报权作了一般性规定。同时基于本法第66、78条的规定，就投诉举报的途径，本条赋予社会主体以选择权，即任何组织或者个人发现网络产品、服务含有危害未成年人身心健康信息的，既有权向网络产品和服务提供者投诉、举报，又有权向网信、公安等部门投诉、举报。

**第八十条　【对用户行为的安全管理义务】**网络服务提供者发现用户发布、传播可能影响未成年人身心健康的信息且未作显著提示的，应当作出提示或者通知用户予以提示；未作出提示的，不得传输相关信息。

网络服务提供者发现用户发布、传播含有危害未成年人身心健康内容的信息的，应当立即停止传输相关信息，采取删除、屏蔽、断开链接等处置措施，保存有关记录，并向网信、公安等部门报告。

网络服务提供者发现用户利用其网络服务对未成年人实施违法犯罪行为的，应当立即停止向该用户提供网络服务，保存有关记录，并向公安机关报告。

**条文注释**

本条是关于网络服务提供者对用户行为的安全管理义务的规定。

1. 网络服务提供者对用户发布、传播信息的安全管理义务

依据本条第1款的规定，网络服务提供者发现用户发布、传播可能影响未成年人身心健康的信息且未作显著提示的，应当履行以下义务：一是必须作出提示。至于提示的方式，网络服务提供者可选择自行作出提示；也可以通知用户，由用户作出提示。二是对于网络服务提供者和用户均未作出提示的、可能影响未成年人身心健康的信息，网络服务提供者不得允许用户通过其网络服务将该信息传播给他人。

依据本条第2款的规定，网络服务提供者发现用户发布、传播含有危害未成年人身心健康内容的信息的，应当履行以下义务：一是应当立即停止传输相关信息，阻止违法信息通过其所提供的网络服务传播给他人；二是根据其提供服务的类型和技术能力，采取删除、屏蔽、断开链接等处置措施，防止未成年人继续浏览、复制相关信息；三是保存有关记录，为依法追究信息发布者、传播者的责任提供

依据；四是应当根据违法信息的内容和性质，向网信、公安等部门报告。

2. 网络服务提供者对用户从事违法犯罪行为的安全管理义务

《网络安全法》第12条第2款对个人和组织禁止使用网络从事的活动作了规定：任何个人和组织使用网络应当遵守宪法法律，遵守公共秩序，尊重社会公德，不得危害网络安全，不得利用网络从事危害国家安全、荣誉和利益，煽动颠覆国家政权、推翻社会主义制度，煽动分裂国家、破坏国家统一，宣扬恐怖主义、极端主义，宣扬民族仇恨、民族歧视，传播暴力、淫秽色情信息，编造、传播虚假信息扰乱经济秩序和社会秩序，以及侵害他人名誉、隐私、知识产权和其他合法权益等活动。《刑法修正案（九）》在《刑法》第287条后增加第287条之一，规定利用信息网络实施下列行为之一，情节严重的，构成非法利用信息网络罪：(1)设立用于实施诈骗、传授犯罪方法、制作或者销售违禁物品、管制物品等违法犯罪活动的网站、通讯群组的；(2)发布有关制作或者销售毒品、枪支、淫秽物品等违禁物品、管制物品或者其他违法犯罪信息的；(3)为实施诈骗等违法犯罪活动发布信息的。

依据本条第3款的规定，网络服务提供者发现用户利用其网络服务对未成年人实施违法犯罪行为的，应当履行以下义务：一是应当立即停止向该用户提供网络服务，阻止该用户继续利用其网络服务对未成年人实施违法犯罪行为；二是保存有关记录，为依法追究利用其网络服务实施违法犯罪行为的用户的法律责任提供依据；三是向公安机关报告利用网络服务实施违法犯罪行为的用户及其具体违法犯罪行为。

**关联规定**

《全国人民代表大会常务委员会关于加强网络信息保护的决定》第5条

《网络信息内容生态治理规定》第10条

# 第六章　政 府 保 护

**第八十一条　【未成年人政府保护工作落实主体】**县级以上人民政府承担未成年人保护协调机制具体工作的职能部门应当明确相关内设机构或者专门人员，负责承担未成年人保护工作。

乡镇人民政府和街道办事处应当设立未成年人保护工作站或者指定专门人员，及时办理未成年人相关事务；支持、指导居民委员会、村民委员会设立专人专岗，做好未成年人保护工作。

**条文注释**

本条是关于未成年人政府保护工作落实主体的规定。

1. 县级以上人民政府承担未成年人保护协调机制的具体工作

民政部门在未成年人保护中一直承担协调职责。民政部的儿童福利司、各地的儿童福利处在推进未成年人保护、困境未成年人救助、未成年人救助站的建设及未成年人侵害案件救济工作中发挥着协调联动的重要作用。考虑到一些地方有教育部门等其他政府部门承担未成年人保护协调工作的做法，本条没有直接将民政部门作为承担未成年人保护协调机制具体工作的职能部门予以规定，而是采用了灵活的表述，给地方建立符合地方特色的未成年人保护协调机制留出空间。

2. 乡镇人民政府和街道办事处承担未成年人保护工作的机构或人员

《关于进一步健全农村留守儿童和困境儿童关爱服务体系的意见》提出，要加强基层儿童工作队伍建设，坚持选优配强，确保有能力、有爱心、有责任心的人员从事儿童关爱保护服务工作，做到事有人干、责有人负。乡镇人民政府（街道办事处）要明确工作人员负责儿童关爱保护服务工作，工作中一般称为“儿童督导员”。

3. 居民委员会、村民委员会设立专人专岗做好未成年人保护工作

《关于进一步健全农村留守儿童和困境儿童关爱服务体系的意见》提出，村（居）民委员会要明确由村（居）民委员会委员、大学生村官或者专业社会工作者等人员负责儿童关爱保护服务工作，优先安排村（居）民委员会女性委员担任，工作中一般称为“儿童主任”。考虑到基层群众性自治组织的人员有限，本条规定的“专人专岗”并非专人一岗，未成年人保护工作的专门负责人员也可以同时兼任其他工作。

**第八十二条　【鼓励、支持开展家庭教育指导服务】**各级人民政府应当将家庭教育指导服务纳入城乡公共服务体系，开展家庭教育知识宣传，鼓励和支持有关人民团体、企业事业单位、社会组织开展家庭教育指导服务。

**条文注释**

本条是关于政府鼓励、支持开展家庭教育指导服务的规定。

1. 将家庭教育指导服务纳入城乡公共服务体系

《中国儿童发展纲要（2021—2030年）》指出，要构建覆盖城乡的家庭教育指导服务体系。依托现有机构设立家庭教育指导服务中心，统筹家庭教育指导服务工作，依托家长学校、城乡社区公共服务设施、妇女之家、儿童之家等设立家庭教育指导服务站点。建设家庭教育信息化共享平台，开设网上家长学校和家庭教育指导课程。中小学、幼儿园健全家庭教育指导服务工作制度，将家庭教育指导服务纳入学校工作计划和教师业务培训。社区（村）支持协助家庭教育指导服务站点开展家庭教育指导服务。鼓励支持公共文化服务场所开展家庭教育指导活动，利用多种媒体开展家庭教育知识宣传。

2. 政府开展家庭教育知识宣传

开展家庭教育知识宣传，是各级人民政府提供家庭教育指导服

务的重要形式。《教育部关于加强家庭教育工作的指导意见》明确要求，各地教育部门要加强宣传引导，开展家庭教育工作实验区和示范校创建工作，充分培育、挖掘和提炼先进典型经验，以点带面，整体推进。各地教育部门和中小学幼儿园要树立先进家庭典型，宣传优秀家庭教育案例，引导全社会重视和支持家庭教育工作，为家庭教育工作营造良好的社会环境和舆论氛围。

3. 政府鼓励和支持社会力量开展家庭教育指导服务

(1)构建家庭教育社区支持体系。各级人民政府要协调相关部门密切配合，推动建立街道、社区(村)家庭教育指导机构，利用节假日和业余时间开展工作，将街道、社区(村)家庭教育指导服务纳入社区教育体系。有条件的中小学幼儿园可以派教师到街道、社区(村)挂职，为家长提供公益性家庭教育指导服务。

(2)统筹协调各类社会资源单位。各级人民政府要积极引导多元社会主体参与家庭教育指导服务，利用各类社会资源单位开展家庭教育指导和实践活动，扩大活动覆盖面，推动有条件的地方由政府购买公益岗位。依托青少年宫、乡村少年宫、儿童活动中心等公共服务阵地，为城乡不同年龄段孩子及其家庭提供家庭教育指导服务。鼓励和支持有条件的人民团体、企业事业单位、社会组织为家长提供及时便利的公益性家庭教育指导服务。

**案例指引**

## 陈某盗窃案

——构建规范化工作机制，
有力解决未成年人失管问题

**典型意义：**失管未成年人家庭教育指导是一项尚处起步阶段的工作，系统性、专业性、强制性不足一直是实践中亟待破解的问题。杭州市萧山区检察院、妇联、关工委联合探索建立的规范化家庭教育指导工作模式，突出问题导向和效果导向，实现全程闭环管理，工作成效明显。为充分发挥家庭教育指导在预防未成年人犯罪、强化未成年人保护方面的作用，检察机关在办案过程中不仅要关注涉案未成年人家庭监护状况，也要重视失管失教未成年人监护问题，适时提供必要的指导和帮助，避免未成年人因监护缺失走上违法犯罪道路或遭受不法侵害。

**第八十三条　【政府保障未成年人受教育权利】**各级人民政府应当保障未成年人受教育的权利，并采取措施保障留守未成年人、困境未成年人、残疾未成年人接受义务教育。

对尚未完成义务教育的辍学未成年学生，教育行政部门应当责令父母或者其他监护人将其送入学校接受义务教育。

**条文注释**

本条是关于政府保障未成年人受教育权利的规定。

1. 政府保障未成年人受教育的权利

政府保障未成年人受教育的权利，就是要最大限度地实现教育公平。教育公平的主要责任在政府，全社会要共同促进教育公平。

2. 保障留守、困境和残疾未成年人接受义务教育

《国务院关于加强农村留守儿童关爱保护工作的意见》指出，教育行政部门要落实免费义务教育和教育资助政策，确保农村留守儿童不因贫困而失学。

根据《国务院关于加强困境儿童保障工作的意见》的精神，困境未成年人应当包括因家庭贫困导致生活、就医、就学等困难的未成年人，因自身残疾导致康复、照料、护理和社会融入等困难的未成年人，以及因家庭监护缺失或监护不当遭受虐待、遗弃、意外伤害、不法侵害等导致人身安全受到威胁或侵害的未成年人。其中，对于家庭经济困难未成年人，要落实教育资助政策和义务教育阶段“两免一补”政策。对于残疾未成年人，要建立随班就读支持保障体系，为其中家庭经济困难的未成年人提供包括义务教育、高中阶段教育在内的12年免费教育。同时，应当完善义务教育控辍保学工作机制，确保困境未成年人入学和不失学，依法完成义务教育。

根据《残疾人教育条例》的规定，各级人民政府应当依法履行职责，保障适龄残疾未成年人接受义务教育的权利。各级人民政府应从以下几个方面着手：一是高度重视，统筹安排。针对残疾未成年人的类别和程度制定具体的实施办法，与义务教育招生入学整体工作进行统一部署和要求。二是认真组织入学前登记。区县教育行政部门应在当地政府领导下会同卫生、民政、残联等部门，设立残疾人教育专家委员会，建立残疾未成年人信息交流和共享机制；根据新生儿疾病筛查、学龄前儿童残疾筛查和残疾人统计等信息，对义务教育适龄残疾未成年人进行入学前登记，全面掌握适龄残疾未成年人的数量和残疾情况。三是“一人一案”落实教育安置。各地要按照“全覆盖、零拒绝”的要求，以区县为单位，根据残疾未成年人的实际情况制订教育安置方案，逐一做好适龄残疾未成年人的入学安置工作。必要时，委托区县残疾人教育专家委员会，对残疾未成年人适应学校学习生活和教育的能力进行评估，提出入学安置建议。四是加强条件保障。以区县为单位统筹规划特殊教育资源教室建设，配好资源教师，为普通学校招收残疾未成年人创造条件。五是加大社会宣传力度。各地要充分利用报纸、广播、电视、网络等宣传媒体，大力宣传残疾未成年人接受义务教育的重要意义，积极动员残疾未成年人的监护人送孩子入学，依法保障残疾未成年人接受义务教育。

3. 保障辍学未成年学生继续接受义务教育

一方面，要履行政府控辍保学法定职责。省级人民政府要全面负责区域内义务教育控辍保学工作，完善政策措施，健全控辍保学目标责任制，突出重点地区，加强分类指导，督促各县（市、区）做好义务教育各项工作，实现控辍保学目标。县级人民政府要履行控辍保学主体责任，组织和督促适龄未成年人入学，帮助他们解决接受义务教育的困难，采取措施防止辍学。各级人民政府要配合各级人民代表大会及其常务委员会加强对义务教育控辍保学工作的监督及执法检查。

另一方面，要完善行政督促复学机制。各地要全面掌握辖区内适龄未成年人情况，加强宣传教育，督促父母或者其他监护人依法送适龄未成年人入学并完成义务教育。学校要建立和完善辍学学生劝返复学、登记与书面报告制度，加强家校联系，配合政府部门做好辍学学生劝返复学工作。落实家长责任，父母或者其他监护人无正当理由未送适龄未成年人入学接受义务教育或造成辍学的，由当地乡镇人民政府或者县级人民政府教育行政部门给予批评教育，责令限期改正；逾期不改的，由司法部门依法发放相关司法文书，敦促其保证辍学学生尽早复学；情节严重或构成犯罪的，依法追究法律责任。

**关联规定**

《宪法》第46条

**第八十四条　【国家发展托育、学前教育事业】**各级人民政府应当发展托育、学前教育事业，办好婴幼儿照护服务机构、幼儿园，支持社会力量依法兴办母婴室、婴幼儿照护服务机构、幼儿园。

县级以上地方人民政府及其有关部门应当培养和培训婴幼儿照护服务机构、幼儿园的保教人员，提高其职业道德素质和业务能力。

**条文注释**

本条是关于国家发展托育、学前教育事业的规定。

《国务院办公厅关于促进3岁以下婴幼儿照护服务发展的指导意见》提出，大力推动婴幼儿照护服务发展，优先支持普惠性婴幼儿照护服务机构。国家鼓励社会力量办园。在大力发展公办园的同时，积极扶持和引导更多的民办园提供普惠性服务。同时，考虑到家长对于婴幼儿照护的需求是不同的，并不要求所有的民办园都办成普惠性民办园，举办者可以选择办成营利性幼儿园，以满足家长的不同需求，实现婴幼儿的个性化发展。

目前，一些法律法规和规范性文件对保教人员的任职资格、培养培训工作作出了规定。《中共中央、国务院关于学前教育深化改革规范发展的若干意见》要求完善教师培养体系,前移培养起点,创新培养模式,优化培养课程体系,突出保教融合,健全学前教育法规及规章制度,加强儿童发展、幼儿园保育教育实践类课程建设,提高培养专业化水平。要求健全教师培训制度,出台幼儿园教师培训课程指导标准,实行幼儿园园长、教师定期培训和全员轮训制度,创新培训模式。要求严格教师队伍管理,强化师德师风建设,对违反职业行为规范、影响恶劣的实行"一票否决",终身不得从教。《幼儿园管理条例》规定:幼儿园园长、教师应当具有幼儿师范学校(包括职业学校幼儿教育专业)毕业程度,或者经教育行政部门考核合格;医师应当具有医学院校毕业程度,医士和护士应当具有中等卫生学校毕业程度,或者取得卫生行政部门的资格认可;保健员应当具有高中毕业程度,并受过幼儿保健培训;保育员应当具有初中毕业程度,并受过幼儿保育职业培训。慢性传染病、精神病患者,不得在幼儿园工作。

**第八十五条 【职业教育及职业技能培训】各级人民政府应当发展职业教育,保障未成年人接受职业教育或者职业技能培训,鼓励和支持人民团体、企业事业单位、社会组织为未成年人提供职业技能培训服务。**

**条文注释**

本条是关于发展职业教育及职业技能培训的规定。

1. 政府发展职业教育,保障未成年人接受职业教育

根据《国家职业教育改革实施方案》,政府发展职业教育,具体可以从以下几个方面着手:(1)各级人民政府要深化"放管服"改革,加快推进职能转变,由注重"办"职业教育向"管理与服务"过渡。政府主要负责规划战略、制定政策、依法依规监管。鼓励有条件的企业特别是大企业举办高质量职业教育,各级人民政府可按规定给予适当支持。建立公开、透明、规范的民办职业教育准入、审批制度。探索民办职业教育负面清单制度,建立健全退出机制。

(2)要建立与办学规模、培养成本、办学质量等相适应的财政投入制度,各级人民政府要按规定制定并落实职业院校生均经费标准或公用经费标准。在保障教育合理投入的同时,优化教育支出结构,新增教育经费要向职业教育倾斜。进一步完善中等职业学校生均拨款制度,各地中等职业学校生均财政拨款水平可适当高于当地普通高中。

(3)要加大政策引导力度,充分调动各方面深化职业教育改革创新的积极性。带动各级人民政府、企业和职业院校建设一批资源共享,集实践教学、社会培训、企业真实生产和社会技术服务于一体的高水平职业教育实训基地。面向先进制造业等技术技能人才紧缺领域,统筹多种资源,建设若干具有辐射引领作用的高水平专业化产教融合实训基地,推动开放共享,辐射区域内学校和企业;鼓励职业院校建设或校企共建一批校内实训基地,提升重点专业建设和校企合作育人水平。

2. 政府保障未成年人接受职业技能培训

职业技能培训,是指以开发职业技能为目的,对接受培训的人员进行职业知识与实际技能的培养与训练活动,具有较强的灵活性、针对性和实用性。《国务院关于推行终身职业技能培训制度的意见》强调,要深化人力资源供给侧结构性改革,推行终身职业技能培训制度,大规模开展职业技能培训,着力提升培训的针对性和有效性,建设知识型、技能型、创新型劳动者大军,为全面建成社会主义现代化强国、实现中华民族伟大复兴的中国梦提供强大支撑。

3. 政府鼓励和支持社会力量提供职业技能培训服务

(1)各级人民政府可以依托高等学校、职业院校、职业培训机构、创业培训(实训)中心、创业孵化基地、众创空间、网络平台等社会力量,主导开展创业意识教育、创新素质培养、创业项目指导、开业指导、企业经营管理等培训,提升未成年人创业创新能力。(2)各级人民政府可以鼓励企业事业单位等社会力量牵头,建设培训中心、职业院校、企业大学,开展职业训练院试点工作,为未成年人接受职业技能培训提供形式多样的机会和平台。鼓励支持社会组织积极参与行业人才需求发布、就业状况分析、培训指导等工作。政府补贴的未成年人职业技能培训项目也可以向具备资质的职业院校和培训机构开放。

**关联规定**

《职业教育法》

**第八十六条 【残疾未成年人接受教育权利】**各级人民政府应当保障具有接受普通教育能力、能适应校园生活的残疾未成年人就近在普通学校、幼儿园接受教育；保障不具有接受普通教育能力的残疾未成年人在特殊教育学校、幼儿园接受学前教育、义务教育和职业教育。

各级人民政府应当保障特殊教育学校、幼儿园的办学、办园条件，鼓励和支持社会力量举办特殊教育学校、幼儿园。

**条文注释**

本条是关于政府保障残疾未成年人接受教育权利的规定。

1. 政府保障残疾未成年人分类接受教育

本条第1款是融合教育理念的具体体现。融合教育指的是，普通学校提供相应的特殊教育和相关服务措施，保障有接受相应教育能力的残疾未成年人进入普通学校接受教育，从而使特殊教育与普通教育合并为一个系统。《残疾人保障法》规定，普通教育机构对具有接受普通教育能力的残疾人实施教育，并为其学习提供便利和帮助。普通小学、初级中等学校，必须招收能适应其学习生活的残疾儿童、少年入学；普通高级中等学校、中等职业学校和高等学校，必须招收符合国家规定的录取要求的残疾考生入学，不得因其残疾而拒绝招收；拒绝招收的，当事人或者其亲属、监护人可以要求有关部门处理，有关部门应当责令该学校招收。普通幼儿教育机构应当接收能适应其生活的残疾幼儿。

对于不具有接受普通教育能力的残疾未成年人，政府应当保障其进入特殊教育学校、幼儿园接受特殊教育。特殊教育应该涵盖学前教育、义务教育和职业教育等多种形式。例如,《残疾人保障法》第26条规定,残疾幼儿教育机构、普通幼儿教育机构附设的残疾儿童班、特殊教育机构的学前班、残疾儿童福利机构、残疾儿童家庭,对残疾儿童实施学前教育。初级中等以下特殊教育机构和普通教育机构附设的特殊教育班,对不具有接受普通教育能力的残疾儿童、少年实施义务教育。高级中等以上特殊教育机构、普通教育机构附设的特殊教育班和残疾人职业教育机构,对符合条件的残疾人实施高级中等以上文化教育、职业教育。

2. 政府保障特殊教育机构的办学、办园条件

(1)省、自治区、直辖市人民政府要制定本行政区域内特殊教育学校的建设标准、经费开支标准、教学仪器设备配备标准等。(2)各级人民政府要按照有关规定安排残疾未成年人教育经费,并将所需经费纳入本级政府预算。县级以上人民政府根据需要,还可以设立专项补助款,用于发展特殊教育。(3)县级以上地方人民政府应当根据特殊教育发展的需要统筹规划、合理布局,设置特殊教育学校,并按照国家有关规定配备必要的残疾未成年人教育教学、康复评估和康复训练等仪器设备。

此外,政府也应当鼓励社会力量举办特殊教育,鼓励和支持民办学校或者其他教育机构招收残疾未成年人。支持研究、生产残疾未成年人教育教学专用仪器设备、教具、学具、软件及其他辅助用品,扶持特殊教育机构兴办和发展福利企业和辅助性就业机构等。

**关联规定**

《残疾人保障法》第25、26条

**第八十七条　【政府保障校园安全】**地方人民政府及其有关部门应当保障校园安全,监督、指导学校、幼儿园等单位落实校园安全责任,建立突发事件的报告、处置和协调机制。

**条文注释**

本条是关于政府保障校园安全的规定。

1. 地方人民政府及其有关部门应当保障校园安全

(1)教育行政部门应当全面掌握学校、幼儿园安全工作状况,制定学校、幼儿园安全工作考核目标,并适时组织学校、幼儿园安全工作的专项督导等工作。(2)公安机关要及时了解掌握学校、幼儿园治安状况,及时依法查处扰乱校园秩序、侵害师生人身及财产安全的案件。(3)住房城乡建设部门要加强对学校、幼儿园工程建设过程的监管。(4)生态环境部门要加强对学校、幼儿园及周边大气、土壤、水体环境安全的监管。(5)消防部门要依法加强对学校、幼儿园的消防安全检查,消除火灾隐患。(6)综治、工商、文化、新闻出版、广播电视、城市管理等部门要落实职责,加强对校园安全隐患的排查、整治工作。

2. 地方人民政府及其有关部门应当监督、指导学校、幼儿园等单位落实校园安全责任

根据《国务院办公厅关于加强中小学幼儿园安全风险防控体系建设的意见》的规定,在安全管理方面各部门负有以下职责:(1)教育部门应当加强对学校、幼儿园安全工作的检查指导,督促学校、幼儿园建立健全并落实安全管理制度。(2)公安机关要指导学校、幼儿园做好校园保卫工作。(3)卫生部门要加强对学校、幼儿园卫生防疫和卫生保健工作的监督指导。(4)食品药品监管部门要对学校、幼儿园食堂和学校、幼儿园采购的用于学生、幼儿集体使用的食品、药品加强监督检查,指导、监督学校、幼儿园落实责任,保障食品、药品符合相关标准和规范。(5)住房城乡建设部门要加强对学校、幼儿园工程建设过程的监管。(6)质量监督部门应当对学校、幼儿园特种设备实施重点监督检查,配合教育部门加强对学校、幼儿园采购产品的质量监管,在学校、幼儿园建立产品质量安全风险信息监测采集机制。

3. 地方人民政府及其有关部门应当建立突发事件的报告、处置和协调机制

当学校、幼儿园发生重特大突发事件时,地方人民政府要在第一时间启动相应的应急处理预案,统一领导,及时动员和组织救援

及事故调查、开展责任认定及善后处理，并及时回应社会关切。发生重大自然灾害、公共安全事故时，应当优先组织对受影响学校、幼儿园的救援。在校内及校外教育教学活动中发生安全事故时，学校、幼儿园应当及时组织教职工参与抢险、救助和防护，保障未成年人的身体健康和人身安全。当发生未成年学生、幼儿伤亡事故时，学校、幼儿园也应当按照《学生伤害事故处理办法》规定的原则和程序等，及时实施救助，并进行妥善处理。

**关联规定**

《国务院办公厅关于加强中小学幼儿园安全风险防控体系建设的意见》

**第八十八条　【政府保障校园周边环境安全】**公安机关和其他有关部门应当依法维护校园周边的治安和交通秩序，设置监控设备和交通安全设施，预防和制止侵害未成年人的违法犯罪行为。

**条文注释**

本条是关于政府保障校园周边环境安全的规定。

《中小学幼儿园安全管理办法》规定了教育、公安、司法行政、建设、交通、文化、卫生、工商、质检、新闻出版等部门应当建立联席会议制度，定期研究部署学校安全管理工作，依法维护学校周边秩序。第50条第1款规定，公安、建设和交通部门应当依法在学校门前道路设置规范的交通警示标志，施划人行横线，根据需要设置交通信号灯、减速带、过街天桥等设施。

在提前预防侵害未成年人的违法犯罪行为方面，通过布置交通安全设施，有效管控校园周边的人流、车流，降低交通事故的发生概率；通过禁止在校园周边设置上网服务、娱乐、彩票专营等营业场所，以及对周边餐馆、商店的卫生、消防的重点检查，提前阻断未成年人可能遭遇的不法侵害。在及时制止侵害未成年人的违法犯罪行为方面，公安机关通过设置警务室或治安岗亭，以及视频监控设备，在上学、放学时段，布置警力疏导、巡逻，确保在发生打架斗殴、寻衅滋事等违法犯罪行为时，第一时间发现、介入并处置。

**关联规定**

《中小学与幼儿园校园周边道路交通设施设置规范》

**第八十九条　【未成年人活动场所建设和维护】**地方人民政府应当建立和改善适合未成年人的活动场所和设施，支持公益性未成年人活动场所和设施的建设和运行，鼓励社会力量兴办适合未成年人的活动场所和设施，并加强管理。

地方人民政府应当采取措施，鼓励和支持学校在国家法定节假日、休息日及寒暑假期将文化体育设施对未成年人免费或者优惠开放。

地方人民政府应当采取措施，防止任何组织或者个人侵占、破坏学校、幼儿园、婴幼儿照护服务机构等未成年人活动场所的场地、房屋和设施。

**条文注释**

本条是关于政府推动未成年人活动场所建设和维护，鼓励学校文化体育设施免费开放，防止未成年人活动场所遭到侵占、破坏的规定。

1. 政府建立、鼓励兴办未成年人活动场所和设施

(1)地方人民政府应当把建立和改善适合未成年人的活动场所和设施，作为一项重点民生工程来抓好、抓实，要把未成年人活动场所建设纳入当地国民经济和社会事业发展总体规划。根据《建设部关于进一步加强和改进未成年人活动场所规划建设工作的通知》的要求，各级城市规划行政主管部门在组织审查城市规划时，应把规划中是否按国家标准配置了未成年人活动场所作为一项重要审查内容。在城市的旧区改建或新区开发中心须配套建设包括未成年人活动场所在内的文化、教育、科技、体育等公共设施。努力实现大城市逐步建立布局合理、规模适当、功能配套的市、区、社区未成年人活动场所；中小城市重点建好市级未成年人活动场所；有条件的

城市辟建少年儿童主题公园。

(2)充分发挥公益性未成年人活动场所的重要作用。公益性未成年人活动场所,主要是指由各级人民政府投资建设的专门为未成年人提供公共服务的青少年宫、青少年学生活动中心、儿童活动中心、科技馆等场所。

(3)地方人民政府应当进一步拓宽渠道,鼓励社会力量兴办适合未成年人的活动场所。具体来说,可以鼓励社会各界通过捐赠、资助等方式,支持适合未成年人的活动场所建设。对于通过非营利性的社会团体和国家机关对公益性未成年人活动场所捐赠的社会力量,积极落实缴纳企业所得税和个人所得税税前准予按照规定全额扣除等税收优惠政策。同时,地方人民政府应当完善未成年人活动场所的管理体制和工作机制,定期对未成年人校外活动场所的建设、管理和使用情况进行检查,对被挤占、挪用、租借的未成年人活动场所和设施责令限期退还,对服务对象和活动内容名不副实的未成年人活动场所和设施责令限期改正,对不适宜未成年人参与的活动场所和设施坚决予以清除、取缔。

2. 推动学校文化体育设施向未成年人免费或优惠开放

《中共中央办公厅、国务院办公厅关于加强青少年学生活动场所建设和管理工作的通知》指出,各级各类学校要充分利用学校内部的各种活动场所、设施和实验室、语音室、计算机室等功能教室,安排好青少年学生的课外活动和校园文化生活,节假日也要向学生开放。

3. 防止侵占、破坏未成年人活动场所的场地、房屋和设施

政府事前要建立未成年人活动场所安全风险预防体系,不断健全相关场所安全的人防、物防和技防标准并予以推广。公安、教育等部门要密切配合,加强相关场所周边综合治理,健全日常巡逻防控制度,完善视频监控系统,加大防范非法侵占、破坏的保障力度。政府要加强对非法侵占、破坏的惩治力度。根据《教育法》第 72 条的规定,结伙斗殴、寻衅滋事,扰乱学校及其他教育机构教育教学秩序或者破坏校舍、场地及其他财产的,由公安机关给予治安管理处

罚;构成犯罪的,依法追究刑事责任。侵占学校及其他教育机构的校舍、场地及其他财产的,依法承担民事责任。

**第九十条 【卫生保健、传染病防治和心理健康】**各级人民政府及其有关部门应当对未成年人进行卫生保健和营养指导,提供卫生保健服务。

卫生健康部门应当依法对未成年人的疫苗预防接种进行规范,防治未成年人常见病、多发病,加强传染病防治和监督管理,做好伤害预防和干预,指导和监督学校、幼儿园、婴幼儿照护服务机构开展卫生保健工作。

教育行政部门应当加强未成年人的心理健康教育,建立未成年人心理问题的早期发现和及时干预机制。卫生健康部门应当做好未成年人心理治疗、心理危机干预以及精神障碍早期识别和诊断治疗等工作。

**条文注释**

本条是关于政府为未成年人提供卫生保健服务,疫苗接种及传染病防治,心理健康教育及心理治疗等的规定。

1. 政府为未成年人提供卫生保健服务和营养指导

提供卫生保健服务可以从以下方面入手:(1)加大卫生保健基础建设,尤其是学校、社区及其他未成年人活动场所,应当配备相应的卫生保健人员。(2)扩大卫生保健宣传力度,通过进校园、进家庭,加强对未成年人近视、龋齿以及青春期等保健知识的普及,帮助未成年人养成良好的卫生习惯。(3)加大对校园及周边环境的卫生监管检查,确保未成年人活动场所干净、整洁,减少未成年人潜在的发病风险。

提供营养指导,是指为未成年人提供合理膳食、均衡营养方面的指引工作。有条件的地区可以根据《学校食品安全与营养健康管理规定》的有关要求,成立学生营养健康专业指导机构,根据不同年龄阶段学生的膳食营养指南和健康教育的相关规定,指导学校开展学生营养健康相关活动,引导合理搭配饮食。

2. 政府开展未成年人疫苗预防接种和传染病防治工作

我国对未成年人采取疫苗预防接种制度。根据《传染病防治法》第15条第2款的规定，国家对儿童实行预防接种证制度。国家免疫规划项目的预防接种实行免费。医疗机构、疾病预防控制机构与儿童的监护人应当相互配合，保证儿童及时接受预防接种。卫生健康部门对未成年人疫苗预防接种承担主要责任，并指导和监督学校等机构开展卫生保健工作。根据《教育部办公厅关于做好学校食品安全与传染病防控工作的通知》的有关规定，教育行政部门应当会同卫生健康部门等建立传染病防控协作机制，督促学校认真履行传染病防控工作职责，健全并落实传染病防控制度。

3. 政府开展未成年人心理健康教育和心理治疗

《中小学心理健康教育指导纲要》明确指出，心理健康教育的主要内容包括普及心理健康知识，树立心理健康意识，了解心理调节方法，认识心理异常现象，掌握心理保健常识和技能；其重点是认识自我，学会学习、人际交往、情绪调适、升学择业以及生活和社会适应等方面的内容。

**关联规定**

《学校食品安全与营养健康管理规定》

《精神卫生法》第2、8条

**第九十一条 【政府对困境未成年人实施分类保障】**各级人民政府及其有关部门对困境未成年人实施分类保障，采取措施满足其生活、教育、安全、医疗康复、住房等方面的基本需要。

**条文注释**

本条是关于政府对困境未成年人实施分类保障的规定。

对不同类型的困境未成年人，国家采取不同的保护政策，分类施策、精准保护。分类保护的目标是：(1)保障生活的基本需求。按照有关规定，国家将无法定抚养人的儿童，纳入孤儿保障范围。对无劳动能力、无生活来源、法定抚养人无抚养能力的未满16周岁儿童，纳入特困人员救助供养范围。对法定抚养人有抚养能力但家庭经济困难的儿童,符合最低生活保障条件的纳入保障范围并适当提高救助水平。对遭遇突发性、紧迫性、临时性基本生活困难家庭的儿童,按规定实施临时救助时适当提高对儿童的救助水平。(2)保障教育的基本需求。国家对家庭经济困难儿童,落实教育资助政策和义务教育阶段"两免一补"政策。对残疾儿童,建立随班就读支持保障体系,为其中家庭经济困难的提供包括义务教育、高中阶段教育在内的12年免费教育。对农业转移人口及其他常住人口随迁子女,将其义务教育纳入各级人民政府教育发展规划和财政保障范畴,全面落实在流入地参加升学考试政策和接受中等职业教育免学费政策。(3)保障安全的基本需求。如国家监护制度的建立。对于失去父母、查找不到生父母的儿童,纳入孤儿安置渠道,采取亲属抚养、机构养育、家庭寄养和依法收养方式妥善安置。对于父母没有监护能力且无其他监护人的儿童,以及人民法院指定由民政部门担任监护人的儿童,由民政部门设立的儿童福利机构抚养。生父母或收养关系已成立的养父母不履行监护职责且经公安机关教育不改的儿童,由民政部门设立的儿童福利机构、救助保护机构临时监护,并依法追究生父母、养父母的法律责任。(4)保障医疗康复的基本需求。对于困难的重病、重残儿童,城乡居民基本医疗保险和大病保险给予适当倾斜。对最低生活保障家庭儿童、重度残疾儿童参加城乡居民基本医疗保险的个人缴费部分给予补贴。对纳入特困人员救助供养范围的儿童参加城乡居民基本医疗保险给予全额资助。对于0~6岁视力、听力、言语、智力、肢体残疾儿童和孤独症儿童,国家加快康复救助制度建设,逐步实现免费手术、康复辅助器具配置和康复训练等服务。对社会散居残疾孤儿,纳入"残疾孤儿手术康复明天计划"对象范围。(5)保障住房的基本需求。对于无法查明父母或其他监护人的被遗弃儿童、打拐解救儿童和超过3个月仍无法查明父母或其他监护人的流浪乞讨儿童,国家规定由民政部门对其进行长期监护,满足其基本住房需求;对于因家庭贫困无法保障住房基本需求的儿童,国家实施住房救助政策。

**关联规定**

《民政部关于规范生父母有特殊困难无力抚养的子女和社会散居孤儿收养工作的意见》

《国务院关于加强农村留守儿童关爱保护工作的意见》

《国务院关于加强困境儿童保障工作的意见》

**第九十二条　【临时监护的情形】**具有下列情形之一的，民政部门应当依法对未成年人进行临时监护：

（一）未成年人流浪乞讨或者身份不明，暂时查找不到父母或者其他监护人；

（二）监护人下落不明且无其他人可以担任监护人；

（三）监护人因自身客观原因或者因发生自然灾害、事故灾难、公共卫生事件等突发事件不能履行监护职责，导致未成年人监护缺失；

（四）监护人拒绝或者怠于履行监护职责，导致未成年人处于无人照料的状态；

（五）监护人教唆、利用未成年人实施违法犯罪行为，未成年人需要被带离安置；

（六）未成年人遭受监护人严重伤害或者面临人身安全威胁，需要被紧急安置；

（七）法律规定的其他情形。

**条文注释**

本条是关于临时监护的情形的规定。

民政部门承担对未成年人的临时监护职责。临时监护主要包括以下情形：

（1）未成年人流浪乞讨或者身份不明，暂时查找不到父母或者其他监护人。《城市生活无着的流浪乞讨人员救助管理办法》规定，公安机关和其他有关行政机关的工作人员在执行职务时发现流浪乞讨人员的，应当告知其向救助站求助；对其中的残疾人、未成年人、老年人和行动不便的其他人员,还应当引导、护送到救助站。《民政部、公安部关于开展查找不到生父母的打拐解救儿童收养工作的通知》规定,公安机关解救被拐卖儿童后,对于暂时查找不到生父母及其他监护人的,应当送交社会福利机构或者救助保护机构抚养,并签发打拐解救儿童临时照料通知书,由社会福利机构或者救助保护机构承担临时监护责任。

(2)监护人下落不明且无其他人可以担任监护人,导致未成年人处于监护缺失状态,此时需要民政部门进行临时监护。后续依法开展查找监护人或者指定新的监护人等工作。

(3)监护人因自身客观原因或者因发生自然灾害、事故灾难、公共卫生事件等突发事件不能履行监护职责,导致未成年人监护缺失。

(4)监护人拒绝或者怠于履行监护职责,导致未成年人处于无人照料的状态。《民法典》规定,监护人怠于履行监护职责,或者无法履行监护职责且拒绝将监护职责部分或者全部委托给他人,导致被监护人处于危困状态的,人民法院根据有关个人或者组织的申请,撤销其监护人资格,安排必要的临时监护措施,并按照最有利于被监护人的原则依法指定监护人。本条规定和《民法典》作了衔接。《国务院关于加强困境儿童保障工作的意见》规定,对于儿童生父母或收养关系已成立的养父母不履行监护职责且经公安机关教育不改的,由民政部门设立的儿童福利机构、救助保护机构临时监护,并依法追究生父母、养父母法律责任。

(5)监护人教唆、利用未成年人实施违法犯罪行为,未成年人需要被带离安置;以及未成年人遭受监护人严重伤害或者面临人身安全威胁,需要被紧急安置。《关于依法处理监护人侵害未成年人权益行为若干问题的意见》规定,对于父母或者其他监护人性侵害、出卖、遗弃、虐待、暴力伤害未成年人,教唆、利用未成年人实施违法犯罪行为,胁迫、诱骗、利用未成年人乞讨,以及不履行监护职责严重危害未成年人身心健康等行为,公安机关应当采取措施,及时制止,情况紧急时将未成年人带离监护人。《反家庭暴力法》第15条第2款规定,无民事行为能力人、限制民事行为能力人因家庭暴力身体受到严重伤害、面临人身安全威胁或者处于无人照料等危险状态的，公安机关应当通知并协助民政部门将其安置到临时庇护场所、救助管理机构或者福利机构。

**关联规定**

《民法典》第31、34、36条

**第九十三条　【临时监护方式】**对临时监护的未成年人，民政部门可以采取委托亲属抚养、家庭寄养等方式进行安置，也可以交由未成年人救助保护机构或者儿童福利机构进行收留、抚养。

临时监护期间，经民政部门评估，监护人重新具备履行监护职责条件的，民政部门可以将未成年人送回监护人抚养。

**条文注释**

本条是关于临时监护方式的规定。

1. 委托亲属抚养

委托亲属抚养一方面需要对被委托的亲属进行评估，确保其可以正常履行照料等职责；另一方面需要得到被委托人的同意。

2. 家庭寄养

家庭寄养是指经过规定的程序，将民政部门监护的儿童委托在符合条件的家庭中养育的照料模式。《家庭寄养管理办法》规定，未满18周岁、监护权在县级以上地方人民政府民政部门的孤儿、查找不到生父母的弃婴和儿童，可以被寄养。需要长期依靠医疗康复、特殊教育等专业技术照料的重度残疾儿童，不宜安排家庭寄养。

3. 未成年人救助保护机构收留、抚养

根据《关于进一步健全农村留守儿童和困境儿童关爱服务体系的意见》的规定，未成年人救助保护机构包括按照事业单位法人登记的未成年人保护中心、未成年人救助保护中心和设有未成年人救助保护科(室)的救助管理站。未成年人救助保护机构的职责包括：(1)负责对生活无着的流浪乞讨、遭受监护侵害、暂时无人监护等未成年人实施救助，承担临时监护责任。(2)负责定期分析评估本地区农村留守儿童关爱保护和困境儿童保障工作情况，有针对性地制定工作计划和工作方案。(3)负责为乡镇人民政府(街道办事处)、村(居)民委员会开展的监护监督等工作提供政策指导和技术支持，为乡镇人民政府(街道办事处)推进农村留守儿童关爱保护和困境儿童保障工作提供政策支持。(4)负责指导开展农村留守儿童和困境儿童基本信息摸底排查、登记建档和动态更新。(5)负责协调开通未成年人保护专线，协调推进监护评估、个案会商、服务转介、技术指导、精神关怀等线上线下服务，针对重点个案组织开展部门会商和帮扶救助。(6)负责组织或指导开展儿童督导员、儿童主任业务培训。(7)负责支持引进和培育儿童类社会组织、招募志愿者或发动其他社会力量参与农村留守儿童关爱保护和困境儿童保障工作，并为其开展工作提供便利。(8)负责组织开展农村留守儿童、困境儿童、散居孤儿等未成年人保护政策宣传。(9)负责对流浪儿童、困境儿童、农村留守儿童等未成年人依法申请、获得法律援助提供支持。(10)负责协助司法部门打击拐卖儿童、对儿童实施家暴以及胁迫、诱骗或利用儿童乞讨等违法犯罪行为。

4. 儿童福利机构收留、抚养

《关于进一步健全农村留守儿童和困境儿童关爱服务体系的意见》规定，儿童福利机构是指民政部门设立的，主要收留抚养由民政部门担任监护人的未满18周岁儿童的机构，包括按照事业单位法人登记的儿童福利院、设有儿童部的社会福利院等。《儿童福利机构管理办法》规定，儿童福利机构应当收留抚养下列儿童：(1)无法查明父母或者其他监护人的儿童；(2)父母死亡或者宣告失踪且没有其他依法具有监护资格的人的儿童；(3)父母没有监护能力且没有其他依法具有监护资格的人的儿童；(4)人民法院指定由民政部门担任监护人的儿童；(5)法律规定应当由民政部门担任监护人的其他儿童。

5. 经评估后送回监护人抚养

临时监护期间，经民政部门评估，监护人重新具备履行监护职责条件的，民政部门可以将未成年人送回监护人抚养。《关于依法处理监护人侵害未成年人权益行为若干问题的意见》规定，未成年人救助保护机构应当与公安机关、村（居）民委员会、学校以及未成年人亲属等进行会商，根据案件侦办查处情况说明、调查评估报告和监护人接受教育辅导等情况，并征求有表达能力的未成年人意见，形成会商结论。经会商认为未成年人面临的相关危险状态已消除，监护人能够正确履行监护职责的，未成年人救助保护机构应当及时通知监护人领回未成年人。

**关联规定**

《家庭寄养管理办法》

《反家庭暴力法》第15条

**第九十四条 【长期监护的法定情形】**具有下列情形之一的，民政部门应当依法对未成年人进行长期监护：

（一）查找不到未成年人的父母或者其他监护人；

（二）监护人死亡或者被宣告死亡且无其他人可以担任监护人；

（三）监护人丧失监护能力且无其他人可以担任监护人；

（四）人民法院判决撤销监护人资格并指定由民政部门担任监护人；

（五）法律规定的其他情形。

**条文注释**

本条是关于民政部门履行国家长期监护职责法定情形的规定。

（1）查找不到未成年人的父母或者其他监护人。根据《儿童福利机构管理办法》的有关规定，无法查明未成年人父母或其他监护人的主要有三类儿童群体：一是无法查明父母或其他监护人的被遗弃儿童；二是无法查明父母或其他监护人的打拐解救儿童；三是超过3个月仍无法查明父母或其他监护人的流浪乞讨儿童。

（2）监护人死亡或者被宣告死亡且无其他人可以担任监护人。

（3）监护人虽然没有死亡或者被宣告死亡，但丧失监护能力，无法承担对未成年人的监护职责，在没有其他人担任监护人的情况下，民政部门履行国家监护职责。

(4)人民法院判决撤销监护人资格并指定由民政部门担任监护人。《民法典》第36条规定，监护人实施严重损害被监护人身心健康的行为；怠于履行监护职责，或者无法履行监护职责且拒绝将监护职责部分或者全部委托给他人，导致被监护人处于危困状态；实施严重侵害被监护人合法权益的其他行为时，人民法院根据有关个人或者组织的申请，撤销监护人资格，并按照最有利于被监护人的原则依法指定监护人。如果人民法院依法撤销监护人资格并指定民政部门担任监护人，则民政部门从被指定之日起承担国家监护职责。

**关联规定**

《民法典》第27、36条

**第九十五条 【民政部门长期监护未成年人的收养】**民政部门进行收养评估后，可以依法将其长期监护的未成年人交由符合条件的申请人收养。收养关系成立后，民政部门与未成年人的监护关系终止。

**条文注释**

本条是关于民政部门长期监护的未成年人被收养的程序及监护关系转移的规定。

收养民政部门长期监护未成年人的程序和条件是：

(1)民政部门必须进行收养评估。根据《收养评估办法(试行)》的规定，民政部门进行收养评估，可以自行组织，也可以委托第三方机构开展。收养评估内容包括收养申请人以下情况：收养动机、道德品行、受教育程度、健康状况、经济及住房条件、婚姻家庭关系、共同生活家庭成员意见、抚育计划、邻里关系、社区环境、与被收养人融合情况等。

(2)被收养未成年人和收养申请人必须符合法律关于收养条件的规定。《民法典》第1098条规定，收养人应当同时具备以下条件：

无子女或只有1名子女;有抚养、教育和保护被收养人的能力;未患有在医学上认为不应当收养子女的疾病;无不利于被收养人健康成长的违法犯罪记录;年满30周岁。

收养关系成立后,收养人成为被收养未成年人的监护人,民政部门与未成年人的监护关系终止。

**关联规定**

《收养评估办法(试行)》

**第九十六条 【其他政府职能部门的配合义务和国家监护机构建设】**民政部门承担临时监护或者长期监护职责的,财政、教育、卫生健康、公安等部门应当根据各自职责予以配合。

县级以上人民政府及其民政部门应当根据需要设立未成年人救助保护机构、儿童福利机构,负责收留、抚养由民政部门监护的未成年人。

**条文注释**

本条是关于其他政府职能部门的配合义务和国家监护机构建设的规定。

民政部门依法承担国家监护职责,各部门应配合做好相关工作:(1)财政部门应结合实际需要,做好农村留守儿童和困境儿童关爱服务经费保障。统筹使用困难群众救助补助等资金,实施规范未成年人社会保护支出项目。(2)公安部门要及时受理有关报告,第一时间出警,依法迅速处理,会同、配合有关方面调查,有针对性地采取应急处置措施,依法追究失职父母或侵害人的法律责任,严厉惩处各类侵害农村留守儿童和困境儿童的犯罪行为,按政策为无户籍儿童办理入户手续。(3)教育部门要强化适龄儿童保学促学、教育资助、送教上门、心理教育等工作措施,为民政部门监护的困境儿童就近入学提供支持。(4)司法行政部门要依法为国家监护的儿童申请提供法律援助。(5)妇女儿童工作委员会办公室要督促各级地方人民政府落实儿童发展纲要要求,做好困境儿童保障工作。(6)共青团组织要会同未成年人救助保护机构开通未成年人保护专线,探索“一门受理、协同处置”个案帮扶模式，联动相关部门提供线上线下服务。(7)残联组织要积极维护残疾儿童权益，大力推进残疾儿童康复、教育服务，提高康复、教育保障水平等。

未成年人救助保护机构、儿童福利机构是民政部门承担监护职责的工作载体，承担对未成年人实施临时救助、履行临时监护等职责。《关于进一步健全农村留守儿童和困境儿童关爱服务体系的意见》明确，未成年人救助保护机构负责对生活无着的流浪乞讨、遭受监护侵害、暂时无人监护等未成年人实施救助，承担临时监护责任。《儿童福利机构管理办法》第2条规定，儿童福利机构包括按照事业单位法人登记的儿童福利院、设有儿童部的社会福利院等。第14条规定，儿童福利机构可以接受未成年人救助保护机构委托，收留抚养民政部门承担临时监护责任的儿童。

**第九十七条　【建设未成年人保护热线、未成年人保护平台】**县级以上人民政府应当开通全国统一的未成年人保护热线，及时受理、转介侵犯未成年人合法权益的投诉、举报；鼓励和支持人民团体、企业事业单位、社会组织参与建设未成年人保护服务平台、服务热线、服务站点，提供未成年人保护方面的咨询、帮助。

**条文注释**

本条是关于建设全国统一的未成年人保护热线，支持社会力量共建未成年人保护平台的规定。

2020年9月，国家试点开通全国统一未成年人保护热线，设置统一热线号码为12349。明确儿童救助保护热线受理内容包括儿童救助保护相关政策法规咨询服务，各类侵害未成年人权益案件线索、儿童心理问题疏导、情绪抚慰等服务，帮扶转介服务，儿童生活困难求助受理等。

已设立未成年人救助保护机构的地方可依托未成年人救助保护机构负责热线受理和运营工作；未设立未成年人救助保护机构的

地方可采取购买服务或委托儿童保护类社会组织负责热线受理等具体事宜。国家推动建立法律、心理、社工等领域专家和志愿者队伍,参与个案受理、咨询、处置等工作。国家建立民政系统上下联动机制,省级民政部门负责热线的指导、协调、跟踪、监督及跨市县个案的处置工作;地市级民政部门依托未成年人救助保护机构等具体负责热线受理、处置、转介、跟踪、监督及部门协调工作,对热线受理的个案进行处置或根据属地管理原则转交所在县级民政部门处理,处理跨县级个案;县级民政部门对地市级民政部门转交的个案,委派专门人员或组织协调处理,并及时反馈处理结果。国家依托农村留守儿童关爱保护和困境儿童保障领导协调机制,建立儿童救助保护部门协作机制,积极协调相关部门推动涉及其他部门的热线个案转介和处理。

在国家设立全国统一未成年人保护热线的同时,支持和鼓励社会力量参与共建未成年人保护服务平台、服务热线、服务站点,进一步丰富未成年人保护的形式,完善未成年人保护机制,形成合力,共同营造全社会关心关爱未成年人的良好氛围。

**第九十八条 【建立违法犯罪人员信息查询系统】**国家建立性侵害、虐待、拐卖、暴力伤害等违法犯罪人员信息查询系统,向密切接触未成年人的单位提供免费查询服务。

**条文注释**

本条是关于国家建立密切接触未成年人单位从业人员违法犯罪信息查询系统的规定。

本法创设了密切接触未成年人行业的从业查询制度,将性侵害、虐待、拐卖、暴力伤害等违法犯罪人员纳入竞业禁止名单,并规定了国家责任。一是建机制。由最高人民法院、最高人民检察院、公安部联合建立信息共享工作机制,有关部门履行好统筹、指导职责。二是设平台。加快建立统一的信息查询系统。密切接触未成年人单位与有关部门对接,实现违法犯罪人员信息核查。三是免费查询。

**第九十九条　【培育、引导和规范社会力量】**地方人民政府应当培育、引导和规范有关社会组织、社会工作者参与未成年人保护工作，开展家庭教育指导服务，为未成年人的心理辅导、康复救助、监护及收养评估等提供专业服务。

# 第七章　司　法　保　护

**第一百条　【司法保护的总体要求】**公安机关、人民检察院、人民法院和司法行政部门应当依法履行职责，保障未成年人合法权益。

**条文注释**

本条是对未成年人司法保护的总体要求。

未成年人司法保护的内容主要包括：(1)刑事方面的保护。可分为未成年人是被害人时的保护以及未成年人是违法犯罪嫌疑人或被告时的司法保护。(2)民事方面的保护。涉及未成年人的名誉权、隐私权、监护权、抚养权、继承权和受遗赠权等。

**关联规定**

《刑事诉讼法》第 277 条

**第一百零一条　【办理案件的专门机构和专门人员】**公安机关、人民检察院、人民法院和司法行政部门应当确定专门机构或者指定专门人员，负责办理涉及未成年人案件。办理涉及未成年人案件的人员应当经过专门培训，熟悉未成年人身心特点。专门机构或者专门人员中，应当有女性工作人员。

公安机关、人民检察院、人民法院和司法行政部门应当对上述机构和人员实行与未成年人保护工作相适应的评价考核标准。

**条文注释**

本条规定司法机关应当确定专门机构或者指定专门人员负责办理涉及未成年人的案件，办案人员应具备相应条件，司法机关应当对专门机构和人员实行特殊评价考核标准。

司法机关应当确定专门机构或者指定专门人员负责办理涉及未成年人的案件。办理涉及未成年人案件的人员应当经过专门培训，熟悉未成年人身心特点。《最高人民法院关于适用〈中华人民共和国刑事诉讼法〉的解释》规定，审理未成年人刑事案件的人员应当经过专门培训，熟悉未成年人身心特点、善于做未成年人思想教育工作。参加审理未成年人刑事案件的人民陪审员，可以从熟悉未成年人身心特点、关心未成年人保护工作的人民陪审员名单中随机抽取确定。《人民检察院办理未成年人刑事案件的规定》规定，各级人民检察院应当选任经过专门培训，熟悉未成年人身心特点，具有犯罪学、社会学、心理学、教育学等方面知识的检察人员承办未成年人刑事案件，并加强对办案人员的培训和指导。《公安机关办理刑事案件程序规定》规定，未成年人刑事案件应当由熟悉未成年人身心特点，善于做未成年人思想教育工作，具有一定办案经验的人员办理。《社区矫正法》规定，社区矫正机构为未成年社区矫正对象确定矫正小组，应当吸收熟悉未成年人身心特点的人员参加。

专门机构或者专门人员中，应当有女性工作人员。女性拥有独特的工作办法、缜密的思维能力、细致的工作习惯、柔和的语言能力等优势，由女性工作人员开展搜查、讯问、询问等工作，更有利于呵护未成年人健康成长。

**关联规定**

《最高人民法院关于适用〈中华人民共和国刑事诉讼法〉的解释》第93、549、564条

《最高人民法院、最高人民检察院、公安部、司法部关于依法惩治性侵害未成年人犯罪的意见》第6条

**第一百零二条　【办理案件的语言、表达方式】**公安机关、人民检察院、人民法院和司法行政部门办理涉及未成年人案件，应当考虑未成年人身心特点和健康成长的需要，使用未成年人能够理解的语言和表达方式，听取未成年人的意见。

**条文注释**

本条是关于司法机关在办理未成年人案件时应当使用的语言、表达方式等的规定。

使用未成年人能够理解的语言和表达方式，有助于未成年人全面准确地理解司法活动内容，客观反映案件情况，表达真实意见；也有助于增强与未成年人的情感沟通，缓解未成年人的紧张畏惧情绪，便于开展帮扶教育及相关救助工作等。

司法机关工作人员在办理未成年人案件时，应从未成年人的年龄、心理状况、家庭教养、受教育程度、社会环境等方面进行综合判断，准确把握"未成年人能够理解的语言和表达方式"的标准，尽量将成人化的语言以及法律专业用语转化为有助于未成年人理解的通俗易懂的语言，并以能够让未成年人理解的方式把相关情况准确告知未成年人。

**第一百零三条　【未成年人隐私和个人信息保护】**公安机关、人民检察院、人民法院、司法行政部门以及其他组织和个人不得披露有关案件中未成年人的姓名、影像、住所、就读学校以及其他可能识别出其身份的信息，但查找失踪、被拐卖未成年人等情形除外。

**条文注释**

本条是关于未成年人隐私和个人信息保护的规定。

司法机关在办理涉及未成年人案件过程中，往往掌握许多关于未成年人家庭背景、居住地址、就读学校、档案材料、财产状况等的个人信息，应当谨慎履行职责，严守保密纪律，严格控制未成年人身份信息的知悉范围，切实保护未成年人隐私和个人信息。司法机关在对外公开案件文书、编写典型案例等时，应注意删去或者模糊化处理未成年人的身份信息。一些组织和个人也可能接触到案件中涉及未成年人的有关信息。例如，未成年人的亲属，未成年人所在学校、居住地的基层组织或者未成年人保护组织的代表，法律援助承办人员，媒体从业人员等。

但是，查找失踪、被拐卖未成年人等的，可以披露未成年人的姓名、影像等信息，为尽快查找失踪、被拐卖未成年人提供相关线索。

**第一百零四条　【未成年人法律援助或者司法救助】** 对需要法律援助或者司法救助的未成年人，法律援助机构或者公安机关、人民检察院、人民法院和司法行政部门应当给予帮助，依法为其提供法律援助或者司法救助。

法律援助机构应当指派熟悉未成年人身心特点的律师为未成年人提供法律援助服务。

法律援助机构和律师协会应当对办理未成年人法律援助案件的律师进行指导和培训。

**条文注释**

本条是关于未成年人法律援助或者司法救助的规定。

为未成年人提供法律援助是法律援助机构及公安机关、人民检察院、人民法院的共同责任。《最高人民法院关于适用〈中华人民共和国刑事诉讼法〉的解释》规定，审判时不满18周岁的未成年被告人没有委托辩护人的，人民法院应当通知法律援助机构指派熟悉未成年人身心特点的律师为其提供辩护；未成年被害人及其法定代理人因经济困难或者其他原因没有委托诉讼代理人的，人民法院应当帮助其申请法律援助。《关于刑事诉讼法律援助工作的规定》规定，犯罪嫌疑人、被告人是未成年人而没有委托辩护人的，公安机关、人民检察院、人民法院应当自发现该情形之日起3日内，通知所在地同级司法行政机关所属法律援助机构指派律师为其提供辩护。《未成年人法律援助服务指引(试行)》还要求,法律援助机构指派未成年人案件时,应当优先指派熟悉未成年人身心特点、熟悉未成年人法律业务的承办人员。

未成年人或其监护人申请法律援助,应当按照有关规定提出。申请人为无民事行为能力人或者限制民事行为能力人的,由其法定代理人代为提出申请;无民事行为能力人或者限制民事行为能力人与其法定代理人之间发生诉讼或者因其他利益纠纷需要法律援助的,由与该争议事项无利害关系的其他法定代理人代为提出申请。

法律援助机构和律师协会应当正确把握未成年人案件规律,系统总结类案特点和办案经验,注重对办理未成年人法律援助案件的律师进行法律知识、职业道德以及未成年人身心特点等方面的指导和培训。

**关联规定**

《未成年人法律援助服务指引(试行)》

《最高人民法院关于适用〈中华人民共和国刑事诉讼法〉的解释》第564、565条

《关于刑事诉讼法律援助工作的规定》第9条

**第一百零五条　【检察监督】人民检察院通过行使检察权,对涉及未成年人的诉讼活动等依法进行监督。**

**条文注释**

本条是关于人民检察院对未成年人保护工作进行法律监督的规定。

人民检察院对未成年人诉讼活动的法律监督,可分为对刑事案件的监督及对民事案件、行政案件的监督。

人民检察院对未成年人刑事案件的法律监督,包括以下内容:(1)对公安机关的侦查活动的监督。人民检察院审查批准逮捕、审查起诉未成年犯罪嫌疑人时,应当同时审查公安机关的侦查活动是否合法,发现有违法行为的,应当提出纠正意见。(2)对人民法院是否遵守不公开审理原则进行监督。对依法不应当公开审理的未成年人刑事案件公开审理的,人民检察院应当在开庭前提出纠正意

见。公诉人出庭支持公诉时,发现法庭审判违反法律规定的诉讼程序的,应当在休庭后及时向本院检察长报告,由人民检察院向人民法院提出纠正意见。(3)对未成年犯管教所、看守所进行监督。人民检察院依法对未成年犯管教所实行驻所检察,在刑罚执行监督中发现关押成年罪犯的监狱收押未成年罪犯的,未成年犯管教所违法收押成年罪犯的,或者将年满18周岁后余刑在2年以上的罪犯留在未成年犯管教所执行剩余刑期的,应当依法提出纠正意见;人民检察院在看守所检察中,发现没有将未成年犯罪嫌疑人、被告人与成年犯罪嫌疑人、被告人分别关押、管理或者将未成年罪犯留所服刑的,应当依法提出纠正意见。(4)对未成年人的社区矫正进行监督。人民检察院发现有违反社区矫正管理规定的,应当依法向公安机关、人民法院、监狱、社区矫正机构等有关部门提出纠正意见。(5)对未成年犯的减刑、假释、暂予监外执行等活动实行监督。人民检察院对符合减刑、假释、暂予监外执行法定条件的,应当建议执行机关向人民法院、监狱管理机关或者公安机关提请;发现提请或者裁定、决定不当的,应当依法提出纠正意见。

人民检察院发现民事诉讼和执行活动中存在侵害未成年人合法权益现象的,应当及时行使检察权进行法律监督。此外,行政诉讼活动涉及未成年人权益的,人民检察院也有权进行监督。

人民检察院进行法律监督的内容并不限于诉讼活动,对诉讼活动之外涉及未成年人权益的,人民检察院可以通过提出检察建议等方式行使检察监督权。

**关联规定**

《民事诉讼法》第215、217条

**第一百零六条　【公益诉讼】**未成年人合法权益受到侵犯,相关组织和个人未代为提起诉讼的,人民检察院可以督促、支持其提起诉讼;涉及公共利益的,人民检察院有权提起公益诉讼。

**条文注释**

本条是关于人民检察院督促、支持诉讼与提起公益诉讼的规定。

实践中,未成年人的合法权益受到侵犯时,未成年人的监护人可能怠于履行保护未成年人的人身权利、财产权利以及其他合法权益等监护职责,或者难以履行监护职责,使未成年人的合法权益可能由于超过诉讼时效、未提出主张等原因而无法获得救济。这种情况下,人民检察院可以督促未成年人的法定代理人通过诉讼途径主张权利,也可以通过帮助未成年人的法定代理人申请法律援助、提供咨询服务、提交书面意见、协助调查取证等方式支持其提起诉讼。

人民检察院针对侵犯未成年人合法权益的行为提起的公益诉讼,包括民事公益诉讼和行政公益诉讼,适用关于公益诉讼的管辖、立案、诉前程序等有关规定。根据《最高人民法院、最高人民检察院关于检察公益诉讼案件适用法律若干问题的解释》的规定,关于民事公益诉讼,人民检察院在履行职责中发现损害社会公共利益的行为,拟提起公益诉讼的,应当依法公告(公告期间为30日);公告期满后,法律规定的有关机关、组织和个人不提起诉讼的,人民检察院可以向人民法院提起诉讼,并提交被告的行为已经损害社会公共利益的初步证明材料等。关于行政公益诉讼,人民检察院提起公益诉讼前应向有关行政机关提出检察建议,督促其依法履行职责;行政机关不依法履行职责的,人民检察院依法向人民法院提起诉讼,并提交被告违法行使职权或者不作为致使公共利益受到侵害的证明材料等。

**关联规定**

《检察机关民事公益诉讼案件办案指南(试行)》

《检察机关行政公益诉讼案件办案指南(试行)》

**案例指引**

**检例第142号:江苏省宿迁市人民检察院对章某为未成年人文身提起民事公益诉讼案**

**要旨:**为未成年人提供文身服务,损害未成年人身心健康,影响未成年人成长发展,侵犯公共利益,检察机关可以基于最有利于未成年人原则提起公益诉讼。在办理个案的基础上,检察机关可以针对此类问题的监管盲区,提出完善管理的检察建议,推动解决监管缺失问题,健全完善制度,促进社会治理。

**第一百零七条　【审理继承、离婚案件时的未成年人保护】**人民法院审理继承案件,应当依法保护未成年人的继承权和受遗赠权。

人民法院审理离婚案件,涉及未成年子女抚养问题的,应当尊重已满八周岁未成年子女的真实意愿,根据双方具体情况,按照最有利于未成年子女的原则依法处理。

**条文注释**

本条是关于人民法院审理继承、离婚案件时对未成年人保护的规定。

1. 对继承案件中未成年人的保护

人民法院在办理继承案件时,应注重保护未成年人的继承权和受遗赠权。关于继承,《民法典》第1128条规定:"被继承人的子女先于被继承人死亡的,由被继承人的子女的直系晚辈血亲代位继承。被继承人的兄弟姐妹先于被继承人死亡的,由被继承人的兄弟姐妹的子女代位继承。代位继承人一般只能继承被代位继承人有权继承的遗产份额。"第1152条规定:"继承开始后,继承人于遗产分割前死亡,并没有放弃继承的,该继承人应当继承的遗产转给其继承人,但是遗嘱另有安排的除外。"

关于遗赠,《民法典》第1133条规定,自然人可以依照该法规定立遗嘱处分个人财产并可以指定遗嘱执行人,自然人可以立遗嘱将个人财产指定由法定继承人中的1人或者数人继承,自然人可以立遗嘱将个人财产赠与国家、集体或者法定继承人以外的组织、个人。

《民法典》第1130条第2款规定,对生活有特殊困难又缺乏劳动能力的继承人,分配遗产时,应当予以照顾。第1141条规定,遗嘱应当为缺乏劳动能力又没有生活来源的继承人保留必要的遗产份额。通常情况下,未成年人缺乏劳动能力且无经济来源,其学习、生活等方面需要较多费用,需要得到特别照顾的,可以在分配遗产时适当予以多分。

根据《民法典》的规定,子女包括婚生子女、非婚生子女、养子女和有扶养关系的继子女;父母包括生父母、养父母和有扶养关系的继父母;兄弟姐妹包括同父母的兄弟姐妹、同父异母或者同母异父的兄弟姐妹、养兄弟姐妹、有扶养关系的继兄弟姐妹。在处理涉及未成年人的继承案件时,应准确适用以上规定,依法平等保护未成年人的合法权益。需要注意的是,父母离异后,未成年子女仍依法享有对父母双方的遗产继承权。

《民法典》第16条规定,涉及遗产继承、接受赠与等胎儿利益保护的,胎儿视为具有民事权利能力。第1155条规定,遗产分割时,应当保留胎儿的继承份额。胎儿娩出时是死体的,保留的份额按照法定继承办理。

2. 对离婚案件中未成年人的保护

《民法典》第1084条第3款规定:"离婚后,不满两周岁的子女,以由母亲直接抚养为原则。已满两周岁的子女,父母双方对抚养问题协议不成的,由人民法院根据双方的具体情况,按照最有利于未成年子女的原则判决。子女已满八周岁的,应当尊重其真实意愿。"同时,考虑到在有些问题上未成年人的认知能力和判断能力尚不成熟,较易受到外界因素干扰,人民法院还应根据离婚双方的经济条件、生活环境、个人品行等具体情况进行综合判断,按照最有利于未成年子女的原则,帮助未成年人选择确定随父或母生活。

**第一百零八条 【人身安全保护令、撤销监护人资格】**未成年人的父母或者其他监护人不依法履行监护职责或者严重侵犯被监护的未成年人合法权益的，人民法院可以根据有关人员或者单位的申请，依法作出人身安全保护令或者撤销监护人资格。

被撤销监护人资格的父母或者其他监护人应当依法继续负担抚养费用。

**条文注释**

本条是关于人身安全保护令、撤销监护人资格的规定。

1. 人身安全保护令

关于人身安全保护令制度，《反家庭暴力法》规定，当事人因遭受家庭暴力或者面临家庭暴力的现实危险，向人民法院申请人身安全保护令的，人民法院应当受理；当事人是无民事行为能力人、限制民事行为能力人，或者因受到强制、威吓等原因无法申请人身安全保护令的，其近亲属、公安机关、妇女联合会、居民委员会、村民委员会、救助管理机构可以代为申请。人民法院根据有关个人和单位的申请对未成年人作出人身安全保护令，应符合有“遭受家庭暴力或者面临家庭暴力的现实危险”的条件。

人身安全保护令的内容包括禁止被申请人实施家庭暴力，禁止被申请人骚扰、跟踪、接触申请人及其相关近亲属，责令被申请人迁出申请人住所以及保护申请人人身安全的其他措施。人民法院作出人身安全保护令后，应当送达申请人、被申请人、公安机关以及居民委员会、村民委员会等有关组织。人身安全保护令由人民法院执行，公安机关以及居民委员会、村民委员会等应当协助执行。

2. 撤销监护人资格

撤销监护人资格，需以监护人存在不依法履行监护职责或者严重侵犯被监护的未成年人合法权益为前提。《民法典》第 36 条第 1

款规定，监护人有以下情形之一的，人民法院根据有关个人或者组织的申请，撤销其监护人资格：(1)实施严重损害被监护人身心健康的行为；(2)怠于履行监护职责，或者无法履行监护职责且拒绝将监护职责部分或者全部委托给他人，导致被监护人处于危困状态；(3)实施严重侵害被监护人合法权益的其他行为。《关于依法处理监护人侵害未成年人权益行为若干问题的意见》第35条规定，被申请人有下列情形之一的，人民法院可以判决撤销其监护人资格：(1)性侵害、出卖、遗弃、虐待、暴力伤害未成年人，严重损害未成年人身心健康的；(2)将未成年人置于无人监管和照看的状态，导致未成年人面临死亡或者严重伤害危险，经教育不改的；(3)拒不履行监护职责长达6个月以上，导致未成年人流离失所或者生活无着的；(4)有吸毒、赌博、长期酗酒等恶习无法正确履行监护职责或者因服刑等原因无法履行监护职责，且拒绝将监护职责部分或者全部委托给他人，致使未成年人处于困境或者危险状态的；(5)胁迫、诱骗、利用未成年人乞讨，经公安机关和未成年人救助保护机构等部门3次以上批评教育拒不改正，严重影响未成年人正常生活和学习的；(6)教唆、利用未成年人实施违法犯罪行为，情节恶劣的；(7)有其他严重侵害未成年人合法权益行为的。

根据《民法典》第36条的规定，有权申请撤销监护人资格的主体范围包括其他依法具有监护资格的人和居民委员会、村民委员会、学校、医疗机构、妇女联合会、残疾人联合会、未成年人保护组织、依法设立的老年人组织、民政部门等。以上所述的个人和民政部门以外的组织未及时向人民法院申请撤销监护人资格的，民政部门应当向人民法院申请。

《关于依法处理监护人侵害未成年人权益行为若干问题的意见》规定，人民法院审理撤销监护人资格案件，比照民事诉讼法规定的特别程序进行，在1个月内审理结案。有特殊情况需要延长的，由本院院长批准。人民法院应当全面审查调查评估报告等证据材料，听取被申请人、有表达能力的未成年人以及村(居)民委员会、学校、邻居等的意见。人民法院根据案件需要可以聘请适当的社会人士对未成年人进行社会观护，并可以引入心理疏导和测评机制，组织专业社会工作者、儿童心理问题专家等专业人员参与诉讼，为未成年人和被申请人提供心理辅导和测评服务。

3. 撤销监护人资格后的抚养费用负担

父母或者其他监护人基于血缘关系等担负的对未成年人的法定抚养义务，并不因撤销其监护资格而全部免除。被撤销监护人资格的父母或者其他监护人应当依法继续负担抚养费用。如《民法典》规定，父母不履行抚养义务的，未成年子女或者不能独立生活的成年子女，有要求父母给付抚养费的权利。

**关联规定**

《关于依法处理监护人侵害未成年人权益行为若干问题的意见》

《反家庭暴力法》第21条第2款

**案例指引**

## 徐州铜山区民政局申请撤销未成年人父母监护资格案

**裁判摘要：**监护制度事关未成年人的健康成长。当父母作为法定监护人不履行监护责任或者侵害被监护人合法权益时，民政部门作为社会保障机构，有权向人民法院申请撤销父母的监护人资格，使受到家庭成员伤害的未成年人能够及时得到司法救济。在未成年人其他近亲属无力监护、不愿监护和不宜监护，又没有其他合适人员和单位担任监护人的情形下，人民法院应当指定民政部门作为未成年人的监护人。民政部门根据实际情况可以将未成年人交由当地儿童福利机构收留抚养，也可以通过家庭寄养、自愿助养等方式，委托临时照料人继续照料未成年人的生活，并由民政部门承担相应的监护保障义务和救助责任。

**第一百零九条　【社会调查】**人民法院审理离婚、抚养、收养、监护、探望等案件涉及未成年人的，可以自行或者委托社会组织对未成年人的相关情况进行社会调查。

**条文注释**

本条是关于人民法院可以对未成年人的相关情况进行社会调查的规定。

人民法院或其委托的社会组织对未成年人的相关情况进行社会调查时，应当围绕与案件有关的情况进行开展，不得随意扩大社会调查范围。人民法院委托社会组织调查的，应当向受委托的社会组织出具社会调查委托函，载明调查事项。

开展社会调查应当充分保障未成年人及其法定代理人的知情权，并在调查前将调查人员的组成、调查程序、调查内容及对未成年人隐私保护等情况及时告知未成年人及其法定代理人。会见在押的未成年犯罪嫌疑人时，应征得其法定代理人同意。开展社会调查时，社会调查员应当出示社会调查委托函、介绍信和工作证，便于核实身份真实性。

开展社会调查时，调查人员应当尊重和保护未成年人名誉，注重选择调查方式、调查场所等，避免向不知情人员泄露案件信息及未成年人信息；应当尊重未成年人人格尊严，禁止使用刺激性、侮辱性语言和方式，尊重未成年人的真实意愿，切实维护未成年人的身心健康。

人民法院及其委托的社会组织开展社会调查时，应当做好调查记录并制作调查报告，详细载明调查内容。调查人员对调查记录及调查报告的完整性、真实性负责。

**关联规定**

《人民检察院办理未成年人刑事案件的规定》第 50 条

《未成年人刑事检察工作指引（试行）》第 179、217 条

**第一百一十条 【法定代理人、合适成年人到场】**公安机关、人民检察院、人民法院讯问未成年犯罪嫌疑人、被告人，询问未成年被害人、证人，应当依法通知其法定代理人或者其成年亲属、所在学校的代表等合适成年人到场，并采取适当方式，在适当场所进行，保障未成年人的名誉权、隐私权和其他合法权益。

人民法院开庭审理涉及未成年人案件，未成年被害人、证人一般不出庭作证；必须出庭的，应当采取保护其隐私的技术手段和心理干预等保护措施。

**条文注释**

本条是关于法定代理人、合适成年人到场和未成年人出庭保护的规定。

1. 法定代理人、合适成年人

根据《刑事诉讼法》第108条的规定，法定代理人是指被代理人的父母、养父母、监护人和负有保护责任的机关、团体的代表。其中，监护人是指除父母、养父母以外，对未成年人的人身、财产及其他合法权益，依照法律规定有责任进行保护的人。

按照《刑事诉讼法》的规定，合适成年人主要指未成年犯罪嫌疑人、被告人、被害人、证人的法定代理人以外的其他成年亲属，所在学校、单位、居住地基层组织或者未成年人保护组织的代表。不得担任合适成年人的情形，主要包括：刑罚尚未执行完毕或者处于缓刑、假释考验期间的；依法被剥夺、限制人身自由的；无行为能力或者限制行为能力的；案件的诉讼代理人、辩护人、证人、鉴定人员、翻译人员以及公安机关、检察机关、法院、司法行政机关的工作人员；与案件处理结果有利害关系的。

2. 通知法定代理人、合适成年人到场的情形

根据本条规定，公安机关、人民检察院、人民法院通知法定代理人、合适成年人到场的情形主要有两种：一是讯问未成年犯罪嫌疑

人、被告人；二是询问未成年被害人、证人。一般情况下，公安机关、人民检察院、人民法院应当首先通知未成年人的法定代理人到场。当出现特定情形时，公安机关、人民检察院、人民法院应当通知合适成年人到场。这些特定情形主要包括：一是无法通知法定代理人。主要指法定代理人已经死亡、宣告失踪或者无监护能力，因身份、住址或联系方式不明无法通知等情形。二是虽然已经通知，但法定代理人因故不能到场。主要指因路途遥远或者其他原因无法及时到场、经通知明确拒绝到场、未成年人有正当理由拒绝法定代理人到场、到场可能影响未成年人真实陈述等情形。三是法定代理人是共犯，到场可能发生串供等妨碍讯问、询问和审判活动的情况。通知法定代理人以外的合适成年人到场，司法机关工作人员应当将法定代理人不能到场的原因、相关人员到场的具体情况等信息在讯问笔录、询问笔录、庭审笔录中予以记载和说明。需要注意的是，法定代理人不能到场或者不宜到场的情形消失后，公安机关、人民检察院、人民法院应当及时通知法定代理人到场。

3. 讯问、询问未成年人的方式和场所

本条所指的“采取适当方式”，主要包括：讯问、询问应当由2名熟悉未成年人身心特点的工作人员进行。讯问女性未成年犯罪嫌疑人，应当有女性工作人员在场。讯问、询问聋、哑或者不通晓当地语言、文字的未成年犯罪嫌疑人，应当由通晓聋、哑手势或者当地语言、文字且与本案无利害关系的人员进行翻译。讯问、询问未成年人要维护其人格尊严，不得使用带有暴力性、贬损性色彩的语言。到未成年人的住所、学校或者工作单位进行讯问、询问的，应当避免穿着制服、驾驶警车或者采取其他可能暴露未成年犯罪嫌疑人身份、隐私，影响其名誉的方式。

本条所指的“在适当场所”，一般应当在办案机关专设的未成年人专门讯问室、专门询问室等场所进行。公安机关、人民检察院、人民法院应当建立适合未成年人身心特点的工作室，配备同步录音录像、心理疏导、心理测评等相关办案装备和设施。未成年人及其法定代理人的住所、学校或者其他场所更为适宜的，也可以在上述场所进行讯问、询问。未成年人为在校学生的，应当避免在正常教学期间进行讯问、询问。

4. 关于未成年被害人、证人出庭作证

首先，未成年被害人、证人一般不出庭作证。其次，对确有必要出庭的未成年被害人、证人，应当采取保护其隐私的技术手段和心理干预等措施。实践中主要采取不暴露身份信息、外貌、真实声音等特殊保护措施，比如需要向未成年人提问的，条件具备的可以采用单向透视玻璃，或通过视频声音、远程视频等方式，实现未成年人隐蔽出庭；同时，可以由专业人士对其开展心理疏导，消除出庭作证的紧张和恐惧情绪。

**关联规定**

《刑事诉讼法》第 281 条

**第一百一十一条　【对特定未成年被害人的司法保护】**公安机关、人民检察院、人民法院应当与其他有关政府部门、人民团体、社会组织互相配合，对遭受性侵害或者暴力伤害的未成年被害人及其家庭实施必要的心理干预、经济救助、法律援助、转学安置等保护措施。

**条文注释**

本条是关于对特定未成年被害人的司法保护措施的规定。

1. 心理干预

对于遭受性侵害或者暴力伤害的未成年被害人及其家庭成员，公安机关、人民检察院、人民法院应当做好心理安抚等工作，根据需要可以对其进行心理疏导。对于未成年被害人有自残、自杀倾向或者相关行为表现的，办案机关应当及时指派或者委托具有专业知识的人员进行心理危机干预。必要时，经未成年人及其法定代理人同意，可以对未成年被害人进行心理测评、心理干预、心理疏导、心理矫正。心理测评应当由具有心理咨询师资质的办案人员或者委托具有执业资质的心理咨询师进行。办案人员可以将办案过程中形成的心理测评报告、心理疏导、矫正记录等材料移送下一环节的办案机关或部门,保证工作的连续性。

因家庭成员沟通和相处方式存在明显问题,影响未成年被害人心理健康发育的,经未成年人的法定代理人、监护人同意,可以对未成年被害人及其法定代理人、监护人共同开展家庭教育和相处方式的心理咨询,并联合社会帮教力量启动亲子教育和亲子沟通辅导,帮助构建和谐健康的家庭模式。

2. 经济救助

未成年被害人及其法定代理人或者其他近亲属有权申请经济救助的情形主要包括:受到犯罪侵害急需救治,无力承担医疗救治费用的;因遭受犯罪侵害导致受伤或者财产遭受重大损失,造成生活困难或者学业难以为继的;赔偿责任人死亡或者没有赔偿能力、不能履行赔偿责任,或者虽履行部分赔偿责任,但不足以解决未成年被害人生活困难的;办案机关认为应当救助的其他情形。

未成年被害人及其法定代理人或者其他近亲属提出司法救助申请的,办案部门应当及时将有关材料转交负责经济救助的部门办理。对于符合救助条件但未成年被害人及其法定代理人或者其他近亲属未提出申请的,办案部门可以主动启动救助程序,收集相关材料,提出救助意见,移送负责经济救助的部门办理。办案部门还可以根据未成年被害人的特殊困难及本地实际情况,协调有关部门按照社会救助相关规定进行救助。

3. 法律援助

公安机关、人民检察院、人民法院应当按照有关法律规定,书面告知未成年被害人及其法定代理人或者其他近亲属有权委托诉讼代理人。未成年被害人及其法定代理人因经济困难或者其他原因没有委托诉讼代理人的,人民检察院应当帮助其申请法律援助。遭受性侵害的女性未成年被害人,一般应由女性律师提供法律援助。

4. 转学安置

对遭受性侵害或者暴力伤害的未成年被害人,案件情况会不同程度地被社区、学校等周边人员知晓。公安机关、人民检察院、人民法院应当积极协调教育行政部门、学校和户籍登记机关等单位,为未成年人办理转学安置；这些单位应当积极予以协助，帮助未成年人顺利转学。

**第一百一十二条　【同步录音录像等保护措施】**公安机关、人民检察院、人民法院办理未成年人遭受性侵害或者暴力伤害案件，在询问未成年被害人、证人时，应当采取同步录音录像等措施，尽量一次完成；未成年被害人、证人是女性的，应当由女性工作人员进行。

**条文注释**

本条是关于部分未成年人案件采取同步录音录像等措施和询问女性未成年被害人、证人特殊要求的规定。

公安机关、人民检察院、人民法院办理未成年人遭受性侵害或者暴力伤害案件，在询问未成年被害人、证人时，应当对每一次讯问的全过程实施不间断的录音、录像。讯问录音录像应当保持完整，不得选择性录制，不得剪接、删改。应当从告知被害人、证人相关权利时开始录制，至被害人、证人在询问笔录上签字、捺指印，离开询问地点时结束。录制的图像应当反映办案人员及询问场景等情况，被害人、证人应当在图像中全程反映。询问过程中，因技术故障等客观原因无法录音录像的，一般应当停止询问，待故障排除后再次询问。询问停止的原因、时间和再行询问开始的时间等情况，应当在笔录和录音录像中予以反映。

**第一百一十三条　【对违法犯罪未成年人的保护】**对违法犯罪的未成年人，实行教育、感化、挽救的方针，坚持教育为主、惩罚为辅的原则。

对违法犯罪的未成年人依法处罚后，在升学、就业等方面不得歧视。

**条文注释**

本条是关于对违法犯罪未成年人的保护方针、原则和反歧视要求的规定。

1. 教育、感化、挽救的方针

(1)对违法犯罪未成年人的教育。首先,要结合违法犯罪未成年人的思想实际,纠正其错误、转变其思想。其次,要做好对违法犯罪未成年人的法治教育。最后,要进行道德品质和人生观教育。

(2)强调对违法犯罪未成年人的感化。这主要是指用社会主义法治和社会主义道德伦理去关怀教育、感染违法犯罪的未成年人,使其认识到自己所犯的错误和罪行,认识到自己行为对社会造成的危害,促使其痛改前非。感化包括精神和物质两方面:精神方面,要尊重他们的人格,严禁体罚虐待,认真做好思想工作,起到医治心灵创伤的作用;物质方面,要关心他们的生活,做好卫生、医疗等方面的工作。

(3)对违法犯罪未成年人进行挽救。实践中,司法工作人员要深入违法犯罪未成年人的实际生活,做好社会调查,认真走访其所在的家庭、学校、城市居民委员会或者农村村民委员会,了解违法犯罪未成年人平时的表现,如学习、与同学朋友的关系等情况,并结合法律的有关规定,力争在根本上挽救失足的未成年人,使其真正做到相信法律、相信政府,认识到自己的错误,最终达到预防犯罪、减少犯罪的目的。

2. 教育为主、惩罚为辅的原则

在追究未成年人的法律责任的过程中,要认真贯彻教育为主的原则,通过教育使未成年人认识到违法犯罪的危害性,这是指导未成年人健康成长必不可少的途径。在坚持教育为主的同时必须辅以必要的惩罚手段,使未成年人懂得犯罪行为的后果和应当承担的责任,认识到法律的严肃性。

3. 在升学、就业等方面不得歧视

(1)违法犯罪未成年人的复学和升学。在被执行刑罚期间,对没有完成义务教育的未成年犯罪人,执行机关应当保证对其继续进行义务教育。羁押期满的未成年人在复学升学方面,与普通未成年学生应享有同等的权利,任何单位和个人不得歧视。

(2)违法犯罪未成年人的就业。违法犯罪未成年人被依法处罚后,需要就业的,应当享有平等的竞争机会。

**第一百一十四条 【对未尽保护职责单位的监督】**公安机关、人民检察院、人民法院和司法行政部门发现有关单位未尽到未成年人教育、管理、救助、看护等保护职责的,应当向该单位提出建议。被建议单位应当在一个月内作出书面回复。

**条文注释**

本条是关于公安机关、人民检察院、人民法院和司法行政部门对有关单位未尽保护职责提出建议的规定。

公安机关、人民检察院、人民法院和司法行政部门发现有关单位未尽到保护职责的情况,通常以司法建议、检察建议等正式书面形式向有关单位发出建议,特殊情况下也可以通过座谈、走访等方式现场宣告送达。向有关单位提出建议,要坚持必要性、针对性、规范性和实效性原则,做到把握问题准确,分析问题透彻,依据充足,说理充分,建议客观合理,方案切实可行,行文严谨规范,确保建议质量。对于有关单位工作中存在的普遍性问题,以及规章制度不健全、不落实,存在严重漏洞或者重大风险的,可以提出整改建议。

对有关单位不依法履行未成年人保护职责社会影响大、群众关注度高,应当引起有关部门重视的建议,可以抄送同级党委、人大、政府、纪检监察机关或者被建议单位的上级机关、行政主管部门以及行业自律组织等,保证建议得到有效落实。

被建议单位应当在1个月内作出书面回复。被建议单位在规定期限内经督促无正当理由不予整改或者整改不到位的,公安机关、人民检察院、人民法院和司法行政部门可以通报被建议单位的上级机关、行政主管部门或者行业自律组织等,必要时可以报告同级党委、人大,通报同级政府、纪检监察机关。对于需要整改实施期限较长的情况,被建议单位应当在1个月内书面回复进展情况,并提出进一步整改的具体目标和措施。

**第一百一十五条　【法治宣传教育】**公安机关、人民检察院、人民法院和司法行政部门应当结合实际，根据涉及未成年人案件的特点，开展未成年人法治宣传教育工作。

**第一百一十六条　【鼓励和支持社会组织参与】**国家鼓励和支持社会组织、社会工作者参与涉及未成年人案件中未成年人的心理干预、法律援助、社会调查、社会观护、教育矫治、社区矫正等工作。

**条文注释**

本条是关于鼓励和支持社会组织参与司法保护工作的规定。

实践中，参与本条规定的司法保护的社会组织主要包括社工组织、未成年人保护组织。办案机关可以将心理疏导、心理测评、法律援助、社会调查、社会观护、教育矫治、社区矫正等工作，交由社会组织、社会工作者、心理专家等专业社会力量承担或者协助进行，提高未成年人权益保护和犯罪预防的专业化水平，推动建立健全司法借助社会专业力量的长效机制。

社会组织、社会工作者参与心理干预，主要是由具备心理咨询师等资质的专业人员，为未成年人提供心理疏导、心理测评和心理咨询等服务。参与法律援助，主要是指从事未成年人专业法律援助的社会组织，以及具备未成年人专业法律知识的社会工作者直接为未成年人提供法律援助。参与社会调查，主要是接受有关机关和部门的委托，就未成年人的年龄、性格特点、健康状况、成长经历、一贯表现、不良行为史、经济来源等个人情况，家庭基本情况、社区环境、社会交往等社会生活情况，犯罪目的、动机、手段、与被害人的关系等犯罪相关的情况，案发后、羁押或取保候审期间的表现、悔罪态度、赔偿被害人损失等犯罪后的表现，被害方的态度、所在社区基层组织及辖区派出所的意见等社会各方面的意见进行调查，以确定未成年人是否具备有效监护条件、是否适合采取社会帮教措施。参与社会观护，主要是指办案机关根据案件需要，聘请适当的社会组织、社会工作者通过未成年人观护基地，组织开展帮扶教育、技能培训等活动，对未成年人进行社会观护。参与教育矫治和社区矫正，主要是接受办案机关和执行机关的委托，参与对违法犯罪的未成年人的教育、行为矫治和社区矫正，与有关机关和部门共同努力，促使违法犯罪的未成年人顺利回归社会。

## 第八章　法律责任

**第一百一十七条　【违反强制报告义务的法律责任】**违反本法第十一条第二款规定，未履行报告义务造成严重后果的，由上级主管部门或者所在单位对直接负责的主管人员和其他直接责任人员依法给予处分。

**条文注释**

本条是关于违反强制报告义务的法律责任的规定。

本条规定的处罚主体一般是上级主管部门；对没有上级主管部门的单位，将处分权限赋予该单位，由本单位对有关责任人员依法给予处分。单位不履行强制报告义务，应当承担相应的责任；由于单位的行为是通过有实际行为能力、执行能力的具体人员来实施，对有关人员应当追究法律责任。

处分包括批评、警告、记过、降级等。情节特别严重的，对有相关资格、资质的人员，还可以暂停其相应的职务或者业务活动。

**第一百一十八条　【监护人的法律责任】**未成年人的父母或者其他监护人不依法履行监护职责或者侵犯未成年人合法权益的，由其居住地的居民委员会、村民委员会予以劝诫、制止；情节严重的，居民委员会、村民委员会应当及时向公安机关报告。

公安机关接到报告或者公安机关、人民检察院、人民法院在办理案件过程中发现未成年人的父母或者其他监护人存在上述情形的，应当予以训诫，并可以责令其接受家庭教育指导。

**条文注释**

本条是关于监护人不履行监护职责或者侵犯未成年人合法权益的法律责任的规定。

本条规定了居民委员会、村民委员会劝诫、制止和报告的职责。(1)一般情况下，居民委员会、村民委员会发现未成年人的父母或者其他监护人不履行监护职责或者侵犯未成年人合法权益，情节尚不严重或者尚未造成严重后果的，应直接予以劝诫、制止。劝诫、制止主要是对未成年人的父母或者其他监护人进行教育，使其纠正错误，正确履行监护职责，停止违法行为。(2)未成年人的父母或者其他监护人不依法履行监护职责或者侵犯未成年人合法权益，情节严重的，居民委员会、村民委员会应当及时向所在地的公安机关报告。

训诫，是指公安机关、人民检察院、人民法院对有轻微违法行为的人进行批评教育，并责令其改正、不得再犯的一种处罚方式。在训诫过程中，公安机关、人民检察院、人民法院应严肃地指出行为人的违法行为，分析其危害性，并责令其努力改正。

责令接受家庭教育指导，就是要求未成年人父母及其他监护人到提供教育服务的家长学校，以及有关国家机关、人民团体、企业事业单位和社会组织，接受教育指导，更新家庭教育观念，提高做好监护人的意识和能力，以更好地对未成年人进行家庭保护。

**第一百一十九条　【学校、幼儿园等机构及其教职员工的法律责任】**学校、幼儿园、婴幼儿照护服务等机构及其教职员工违反本法第二十七条、第二十八条、第三十九条规定的，由公安、教育、卫生健康、市场监督管理等部门按照职责分工责令改正;拒不改正或者情节严重的,对直接负责的主管人员和其他直接责任人员依法给予处分。

**条文注释**

本条是关于学校、幼儿园、婴幼儿照护服务等机构及其教职员工的法律责任的规定。

对未成年人实施体罚、变相体罚或者其他侮辱人格尊严行为的法律责任包括:一是责令改正。责令改正是指行政主体责令违法行为人停止和纠正违法行为,以恢复原状,维持法定的秩序或者状态。二是拒不改正或者情节严重的,依法给予处分。处分的对象是直接负责的主管人员和其他直接责任人员。这里的处分主要是指公安机关和主管部门基于管理需要对相关人员进行的处分。行为人是公职人员,其行为违反《公职人员政务处分法》有关规定的,由监察机关给予相应的政务处分。

违反国家规定开除、变相开除未成年学生的,由教育行政等部门责令改正;拒不改正或者情节严重的,对直接负责的主管人员和其他直接责任人员依法给予处分。

对于发生在学校、幼儿园、婴幼儿照护服务等机构的学生欺凌事件,应当依法依规处置,按照"宽容不纵容、关爱又严管"的原则,对实施欺凌的学生予以必要的处置及惩戒,及时纠正不当行为。学校、幼儿园、婴幼儿照护服务等机构及其教职员工违反上述规定,由教育等部门按照职责分工责令改正;拒不改正或者情节严重的,对直接负责的主管人员和其他直接责任人员依法给予处分。

**第一百二十条 【未给予未成年人免费或者优惠待遇的法律责任】**违反本法第四十四条、第四十五条、第四十七条规定,未给予未成年人免费或者优惠待遇的,由市场监督管理、文化和旅游、交通运输等部门按照职责分工责令限期改正,给予警告;拒不改正的,处一万元以上十万元以下罚款。

**条文注释**

本条是关于图书馆、青少年宫、城市公共交通等未给予未成年人免费或者优惠待遇的法律责任的规定。

本条对违反本法第44、45、47条规定，未给予未成年人免费或者优惠待遇的行为，规定由市场监管等部门责令限期改正，给予警告；拒不改正的，处1万元以上10万元以下罚款。此外，由于本条规定的违法主体涉及不同领域，由不同的行政机关负责监管；因此，本条规定由市场监督管理、文化和旅游、交通运输等部门按照职责分工对违法行为予以处罚。

**第一百二十一条 【制作危害未成年人身心健康的出版物的法律责任】**违反本法第五十条、第五十一条规定的，由新闻出版、广播电视、电影、网信等部门按照职责分工责令限期改正，给予警告，没收违法所得，可以并处十万元以下罚款；拒不改正或者情节严重的，责令暂停相关业务、停产停业或者吊销营业执照、吊销相关许可证，违法所得一百万元以上的，并处违法所得一倍以上十倍以下的罚款，没有违法所得或者违法所得不足一百万元的，并处十万元以上一百万元以下罚款。

**条文注释**

本条是关于制作危害未成年人身心健康的出版物等行为的法律责任的规定。

一是责令限期改正，给予警告，没收违法所得，可以并处10万元以下罚款；二是拒不改正或者情节严重的，责令暂停相关业务、停产停业或者吊销营业执照、吊销相关许可证，违法所得100万元以上的，并处违法所得1倍以上10倍以下的罚款，没有违法所得或者违法所得不足100万元的，并处10万元以上100万元以下罚款。此外，由于本条规定的违法主体涉及不同领域，由不同的行政机关负责监管；因此，本条规定由新闻出版、广播电视、电影、网信等部门按照职责分工对违法行为予以处罚。

**第一百二十二条 【场所运营单位和住宿经营者的法律责任】**场所运营单位违反本法第五十六条第二款规定、住宿经营者违反本法第五十七条规定的，由市场监督管理、应急管理、公安等部门按照职责分工责令限期改正，给予警告；拒不改正或者造成严重后果的，责令停业整顿或者吊销营业执照、吊销相关许可证，并处一万元以上十万元以下罚款。

**条文注释**

本条是关于场所运营单位和住宿经营者有关未成年人保护方面的法律责任的规定。

一是责令限期改正，给予警告；二是拒不改正或者造成严重后果的，责令停业整顿或者吊销营业执照、吊销相关许可证，并处1万元以上10万元以下罚款。责令停业整顿，是对较为严重的违法行为的处罚。被处罚组织或个人在停业整顿期间应当进行整顿，纠正违法行为；行政机关认为其达到恢复运营条件的，才可以重新开展相关业务。

**第一百二十三条 【营业性娱乐场所等经营者的法律责任】**相关经营者违反本法第五十八条、第五十九条第一款、第六十条规定的，由文化和旅游、市场监督管理、烟草专卖、公安等部门按照职责分工责令限期改正，给予警告，没收违法所得，可以并处五万元以下罚款；拒不改正或者情节严重的，责令停业整顿或者吊销营业执照、吊销相关许可证，可以并处五万元以上五十万元以下罚款。

**条文注释**

本条是关于营业性娱乐场所、酒吧、烟酒店等经营者有关未成年人保护方面的法律责任的规定。

一是责令限期改正，给予警告，没收违法所得，可以并处5万元以下罚款；二是拒不改正或者情节严重的，责令停业整顿或者吊销营业执照、吊销相关许可证,可以并处5万元以上50万元以下罚款。

**第一百二十四条　【在公共场所吸烟、饮酒的法律责任】**违反本法第五十九条第二款规定,在学校、幼儿园和其他未成年人集中活动的公共场所吸烟、饮酒的,由卫生健康、教育、市场监督管理等部门按照职责分工责令改正,给予警告,可以并处五百元以下罚款;场所管理者未及时制止的,由卫生健康、教育、市场监督管理等部门按照职责分工给予警告,并处一万元以下罚款。

**条文注释**

本条是关于在学校、幼儿园和其他未成年人集中活动的公共场所吸烟、饮酒,以及这些公共场所的管理者未及时制止吸烟、饮酒行为的法律责任的规定。

一是对在学校、幼儿园和其他未成年人集中活动的公共场所吸烟、饮酒的,责令改正,给予警告,可以并处500元以下罚款;二是对未及时制止上述行为的场所管理者,给予警告,并处1万元以下罚款。本条中的违法行为相对比较轻微,同时也容易改正。因此,本条的处罚措施规定为"责令改正",要求行为人立即停止违法行为,避免对未成年人的进一步侵害。

**第一百二十五条　【违反未成年人劳动保护的法律责任】**违反本法第六十一条规定的,由文化和旅游、人力资源和社会保障、市场监督管理等部门按照职责分工责令限期改正,给予警告,没收违法所得,可以并处十万元以下罚款;拒不改正或者情节严重的,责令停产停业或者吊销营业执照、吊销相关许可证,并处十万元以上一百万元以下罚款。

**条文注释**

本条是关于未按规定招用、使用未成年人的法律责任的规定。

一是责令限期改正,给予警告,没收违法所得,可以并处10万元以下罚款；二是拒不改正或者情节严重的，责令停产停业或者吊销营业执照、吊销相关许可证，并处10万元以上100万元以下罚款。

**第一百二十六条 【密切接触未成年人的单位的法律责任】**密切接触未成年人的单位违反本法第六十二条规定，未履行查询义务，或者招用、继续聘用具有相关违法犯罪记录人员的，由教育、人力资源和社会保障、市场监督管理等部门按照职责分工责令限期改正，给予警告，并处五万元以下罚款；拒不改正或者造成严重后果的，责令停业整顿或者吊销营业执照、吊销相关许可证，并处五万元以上五十万元以下罚款，对直接负责的主管人员和其他直接责任人员依法给予处分。

**条文注释**

本条是关于密切接触未成年人的单位未履行查询义务，或者招用、继续聘用具有相关违法犯罪记录人员的法律责任的规定。

一是责令限期改正，给予警告，并处5万元以下罚款；二是拒不改正或者造成严重后果的，责令停业整顿或者吊销营业执照、吊销相关许可证，并处5万元以上50万元以下罚款，对直接负责的主管人员和其他直接责任人员依法给予处分。本条规定了“双罚制”，除对密切接触未成年人的单位处罚外，同时追究直接负责的主管人员和其他直接责任人员的责任，由上述人员的任免机关或监察机关按照管理权限，根据违法行为的性质、情节及危害程度，决定给予警告、记过、记大过、降级、撤职或者开除处分。

**第一百二十七条 【信息处理者及网络产品和服务提供者的法律责任】**信息处理者违反本法第七十二条规定，或者网络产品和服务提供者违反本法第七十三条、第七十四条、第七十五条、第七十六条、第七十七条、第八十条规定的，由公安、网信、电信、新闻出版、广播电视、文化和旅游等有关部门按照职责分工责令改正，给予警告，没收违法所得，违法所得一百万元以上的，并处违法所得一倍以上十倍以下罚款，没有违法所得或者违法所得不足一百万元的，并处十万元以上一百万元以下罚款，对直接负责的主管人员和其他责任人员处一万元以上十万元以下罚款；拒不改正或者情节严重的，并可以责令暂停相关业务、停业整顿、关闭网站、吊销营业执照或者吊销相关许可证。

**条文注释**

本条是关于信息处理者未经同意处理未成年人个人信息或者未履行更正、删除义务的法律责任，以及网络产品和服务提供者未履行提示义务、未履行预防沉迷网络义务、未采取必要措施制止网络欺凌行为等的法律责任的规定。

一是责令改正，给予警告，没收违法所得，违法所得100万元以上的，并处违法所得1倍以上10倍以下罚款，没有违法所得或者违法所得不足100万元的，并处10万元以上100万元以下罚款，对直接负责的主管人员和其他责任人员处1万元以上10万元以下罚款；二是拒不改正或者情节严重的，并可以责令暂停相关业务、停业整顿、关闭网站、吊销营业执照或者吊销相关许可证。本条规定了“双罚制”，除对信息处理者、网络产品和服务提供者等网络运营者处罚外，行政机关还应对直接负责的主管人员和其他责任人员处1万元以上10万元以下罚款。

**第一百二十八条 【国家机关工作人员渎职的法律责任】** 国家机关工作人员玩忽职守、滥用职权、徇私舞弊，损害未成年人合法权益的，依法给予处分。

**条文注释**

本条是关于国家机关工作人员渎职，损害未成年人合法权益的法律责任的规定。

国家机关工作人员玩忽职守、滥用职权、徇私舞弊，损害未成年人合法权益的，应当由其任免机关或监察机关按照管理权限，根据违法行为的性质、情节及危害程度，决定给予警告、记过、记大过、降级、撤职或者开除处分。

**关联规定**

《未成年人保护法》第6、10条

**第一百二十九条　【其他法律责任】**违反本法规定，侵犯未成年人合法权益，造成人身、财产或者其他损害的，依法承担民事责任。

违反本法规定，构成违反治安管理行为的，依法给予治安管理处罚；构成犯罪的，依法追究刑事责任。

**条文注释**

本条是关于违反本法规定应当依法承担民事责任、给予治安管理处罚和追究刑事责任的规定。

1. 民事责任

民事责任是民事主体对于自己因违反合同，不履行其他民事义务，或者侵害国家的、集体的财产，侵害他人的人身财产、人身权利所造成法律后果，依法应当承担的民事法律责任。承担民事责任的方式主要有：(1)停止侵害；(2)排除妨碍；(3)消除危险；(4)返还财产；(5)恢复原状；(6)修理、重作、更换；(7)继续履行；(8)赔偿损失；(9)支付违约金；(10)消除影响、恢复名誉；(11)赔礼道歉。承担民事责任的方式，可以单独适用，也可以合并适用。

2. 治安管理处罚

治安管理处罚，是指对扰乱社会秩序，妨害公共安全，侵犯公民人身权利，侵犯公私财产，妨害社会管理，情节轻微尚不够刑事处罚的违法行为，由公安机关依照《治安管理处罚法》的规定，给予治安管理处罚。治安管理处罚的种类包括警告、罚款、行政拘留以及吊销公安机关发放的许可证。违反本法规定的行为，可能构成违反《治安管理处罚法》，应当给予治安管理处罚的情形主要包括：

(1)违反《治安管理处罚法》第27条的规定，组织、教唆、胁迫、诱骗、煽动未成年人从事邪教、会道门活动或者利用邪教、会道门、迷信活动，扰乱社会秩序、损害未成年人身体健康的；冒用宗教、气功名义进行扰乱社会秩序、损害未成年人身体健康活动的：处10日以上15日以下拘留，可以并处1000元以下罚款；情节较轻的，处5日以上10日以下拘留，可以并处500元以下罚款。

（2）违反《治安管理处罚法》第40条的规定，组织、胁迫、诱骗不满16周岁的人或者残疾人进行恐怖、残忍表演的；以暴力、威胁或者其他手段强迫未成年人劳动的；非法限制未成年人人身自由、非法侵入未成年人住宅或者非法搜查未成年人身体的：处10日以上15日以下拘留，并处500元以上1000元以下罚款；情节较轻的，处5日以上10日以下拘留，并处200元以上500元以下罚款。

（3）违反《治安管理处罚法》第41条的规定，胁迫、诱骗或者利用未成年人乞讨的：处10日以上15日以下拘留，可以并处1000元以下罚款。

（4）违反《治安管理处罚法》第42条的规定，写恐吓信或者以其他方法威胁未成年人人身安全的；公然侮辱未成年人或者捏造事实诽谤未成年人的；捏造事实诬告陷害未成年人，企图使其受到刑事追究或者受到治安管理处罚的；多次发送淫秽、侮辱、恐吓或者其他信息，干扰未成年人正常生活的；偷窥、偷拍、窃听、散布未成年人隐私的：处5日以下拘留或者500元以下罚款；情节较重的，处5日以上10日以下拘留，可以并处500元以下罚款。

（5）违反《治安管理处罚法》第43条的规定，殴打未成年人的，或者故意伤害未成年人身体的：处5日以上10日以下拘留，并处200元以上500元以下罚款；情节较轻的，处5日以下拘留或者500元以下罚款。殴打、伤害不满14周岁的未成年人的，处10日以上15日以下拘留，并处500元以上1000元以下罚款。

（6）违反《治安管理处罚法》第44条的规定，猥亵未成年人的：处5日以上10日以下拘留；猥亵不满14周岁的未成年人的：处10日以上15日以下拘留。

（7）违反《治安管理处罚法》第45条的规定，遗弃没有独立生活能力的未成年人的:处5日以下拘留或者警告。

3. 刑事责任

刑事责任,是指行为人因实施犯罪行为,按刑法的规定应当追究的法律责任;包括主刑和附加刑两种刑事责任。主刑分为管制、拘役、有期徒刑、无期徒刑和死刑。附加刑分为罚金、剥夺政治权利、没收财产。违反本法规定的行为,可能构成犯罪,应当依照刑法追究刑事责任的情形主要包括:

(1)拐卖妇女、儿童罪。《刑法》第240条规定,拐卖妇女、儿童的,处5年以上10年以下有期徒刑,并处罚金;有下列情形之一的,处10年以上有期徒刑或者无期徒刑,并处罚金或者没收财产;情节特别严重的,处死刑,并处没收财产:拐卖妇女、儿童集团的首要分子;拐卖妇女、儿童3人以上的;奸淫被拐卖的妇女的;诱骗、强迫被拐卖的妇女卖淫或者将被拐卖的妇女卖给他人迫使其卖淫的;以出卖为目的,使用暴力、胁迫或者麻醉方法绑架妇女、儿童的;以出卖为目的,偷盗婴幼儿的;造成被拐卖的妇女、儿童或者其亲属重伤、死亡或者其他严重后果的;将妇女、儿童卖往境外的。拐卖妇女、儿童是指以出卖为目的,有拐骗、绑架、收买、贩卖、接送、中转妇女、儿童的行为之一的。

(2)侮辱罪、诽谤罪。《刑法》第246条规定,以暴力或者其他方法公然侮辱他人或者捏造事实诽谤他人,情节严重的,处3年以下有期徒刑、拘役、管制或者剥夺政治权利。

(3)侵犯公民个人信息罪。《刑法》第253条之一规定,违反国家有关规定,向他人出售或者提供公民个人信息,情节严重的,处3年以下有期徒刑或者拘役,并处或者单处罚金;情节特别严重的,处3年以上7年以下有期徒刑,并处罚金。

(4)虐待罪。《刑法》第260条规定,虐待家庭成员,情节恶劣的,处2年以下有期徒刑、拘役或者管制。犯前款罪,致使被害人重伤、死亡的,处2年以上7年以下有期徒刑。该条第一款罪,告诉的才处理,但被害人没有能力告诉,或者因受到强制、威吓无法告诉的除外。

(5)遗弃罪。《刑法》第261条规定,对于年老、年幼、患病或者其他没有独立生活能力的人,负有扶养义务而拒绝扶养,情节恶劣的,处5年以下有期徒刑、拘役或者管制。

(6)拐骗儿童罪。《刑法》第262条规定,拐骗不满14周岁的未成年人,脱离家庭或者监护人的,处5年以下有期徒刑或者拘役。

(7)组织残疾人、儿童乞讨罪。《刑法》第262条之一规定,以暴力、胁迫手段组织残疾人或者不满14周岁的未成年人乞讨的,处3年以下有期徒刑或者拘役,并处罚金;情节严重的,处3年以上7年以下有期徒刑,并处罚金。

# 第九章　附　则

**第一百三十条　【法律用语含义】**本法中下列用语的含义:

(一)密切接触未成年人的单位,是指学校、幼儿园等教育机构;校外培训机构;未成年人救助保护机构、儿童福利机构等未成年人安置、救助机构;婴幼儿照护服务机构、早期教育服务机构;校外托管、临时看护机构;家政服务机构;为未成年人提供医疗服务的医疗机构;其他对未成年人负有教育、培训、监护、救助、看护、医疗等职责的企业事业单位、社会组织等。

(二)学校,是指普通中小学、特殊教育学校、中等职业学校、专门学校。

(三)学生欺凌,是指发生在学生之间,一方蓄意或者恶意通过肢体、语言及网络等手段实施欺压、侮辱,造成另一方人身伤害、财产损失或者精神损害的行为。

**条文注释**

本条是关于本法中出现的“密切接触未成年人的单位”“学校”“学生欺凌”三个法律用语含义的规定。

本法从主体身份、主观恶性、行为意图、危害后果四个维度界定

“学生欺凌”的内涵：首先，加害主体和受害主体都应当是学生身份。如果是师生之间、学生与他人之间发生的欺压、侮辱行为，则视情节严重程度按一般违法犯罪行为处理。其次，“蓄意或者恶意”强调的是行为人应有主观恶性。主观恶性是指加害主体对自己行为及其危害性所持有的心理态度。无论是持续的有预谋的，还是偶然的临时起意的，只要有意识地实施相关不法行为，放任或希望危害结果发生，就可以认为存在主观恶性。但如果是过失或无意识的行为造成损害，如学生之间的嬉戏打闹，则不应视为学生欺凌。再次，在行为意图方面，应当包含欺压或侮辱另一方的目的，但在表现形式上不宜局限于常见情形，包括但不限于肢体冲突、语言辱骂，以及网络诽谤、造谣等。最后，在危害后果方面，考虑到学生欺凌容易造成被欺凌学生心理障碍和社交恐惧，从保障未成年人心理健康的角度出发，规定除人身伤害、财产损失外，造成精神损害的，也应当构成学生欺凌。

**第一百三十一条　【对外国人、无国籍未成年人的保护】**对中国境内未满十八周岁的外国人、无国籍人，依照本法有关规定予以保护。

**条文注释**

本条是关于对外国人、无国籍人中的未成年人保护的规定。

外国人是指拥有其他国家国籍的人；而无国籍人，则是指不具有任何国家国籍或根据任何国家法律都不认为是其公民的人。根据《国籍法》第3条的规定，中华人民共和国不承认中国公民具有双重国籍。因此，原有中国国籍的个人，如果获得其他国家的国籍，将不得保留中国国籍。

规定中国境内未满18周岁的外国人、无国籍人适用本法，依法给予同等保护，是我国履行对联合国《儿童权利公约》无歧视原则的庄严承诺，是对履行联合国《儿童权利公约》第6条“最大限度地确保儿童的存活与发展”的生动体现。

**第一百三十二条　【施行日期】**本法自 2021 年 6 月 1 日起施行。

# 附录

## 中华人民共和国民法典(节录)

(2020年5月28日第十三届全国人民代表大会第三次会议通过 2020年5月28日中华人民共和国主席令第45号公布 自2021年1月1日起施行)

### 第一编 总 则

### 第二章 自 然 人

#### 第一节 民事权利能力和民事行为能力

**第十三条 【自然人民事权利能力的起止】**自然人从出生时起到死亡时止,具有民事权利能力,依法享有民事权利,承担民事义务。

**第十四条 【自然人民事权利能力平等】**自然人的民事权利能力一律平等。

**第十五条 【自然人出生和死亡时间的判断标准】**自然人的出生时间和死亡时间,以出生证明、死亡证明记载的时间为准;没有出生证明、死亡证明的,以户籍登记或者其他有效身份登记记载的时间为准。有其他证据足以推翻以上记载时间的,以该证据证明的时间为准。

**第十六条 【胎儿利益的特殊保护】**涉及遗产继承、接受赠与等胎儿利益保护的,胎儿视为具有民事权利能力。但是,胎儿娩出时为死体的,其民事权利能力自始不存在。

**第十七条 【成年人与未成年人的年龄标准】**十八周岁以上的自然人为成年人。不满十八周岁的自然人为未成年人。

**第十八条 【完全民事行为能力人】**成年人为完全民事行为能力人,

可以独立实施民事法律行为。

十六周岁以上的未成年人,以自己的劳动收入为主要生活来源的,视为完全民事行为能力人。

**第十九条　【限制民事行为能力的未成年人】**八周岁以上的未成年人为限制民事行为能力人,实施民事法律行为由其法定代理人代理或者经其法定代理人同意、追认;但是,可以独立实施纯获利益的民事法律行为或者与其年龄、智力相适应的民事法律行为。

**第二十条　【无民事行为能力的未成年人】**不满八周岁的未成年人为无民事行为能力人,由其法定代理人代理实施民事法律行为。

**第二十一条　【无民事行为能力的成年人】**不能辨认自己行为的成年人为无民事行为能力人,由其法定代理人代理实施民事法律行为。

八周岁以上的未成年人不能辨认自己行为的,适用前款规定。

**第二十二条　【限制民事行为能力的成年人】**不能完全辨认自己行为的成年人为限制民事行为能力人,实施民事法律行为由其法定代理人代理或者经其法定代理人同意、追认;但是,可以独立实施纯获利益的民事法律行为或者与其智力、精神健康状况相适应的民事法律行为。

**第二十三条　【法定代理人】**无民事行为能力人、限制民事行为能力人的监护人是其法定代理人。

**第二十四条　【无民事行为能力人或限制民事行为能力人的认定与恢复】**不能辨认或者不能完全辨认自己行为的成年人,其利害关系人或者有关组织,可以向人民法院申请认定该成年人为无民事行为能力人或者限制民事行为能力人。

被人民法院认定为无民事行为能力人或者限制民事行为能力人的,经本人、利害关系人或者有关组织申请,人民法院可以根据其智力、精神健康恢复的状况,认定该成年人恢复为限制民事行为能力人或者完全民事行为能力人。

本条规定的有关组织包括:居民委员会、村民委员会、学校、医疗机构、妇女联合会、残疾人联合会、依法设立的老年人组织、民政部门等。

**第二十五条　【自然人的住所】**自然人以户籍登记或者其他有效身份登记记载的居所为住所;经常居所与住所不一致的,经常居所视为住所。

## 第二节 监 护

**第二十六条 【父母子女之间的法律义务】**父母对未成年子女负有抚养、教育和保护的义务。

成年子女对父母负有赡养、扶助和保护的义务。

**第二十七条 【未成年人的监护人】**父母是未成年子女的监护人。

未成年人的父母已经死亡或者没有监护能力的，由下列有监护能力的人按顺序担任监护人：

（一）祖父母、外祖父母；

（二）兄、姐；

（三）其他愿意担任监护人的个人或者组织，但是须经未成年人住所地的居民委员会、村民委员会或者民政部门同意。

**第二十八条 【无、限制民事行为能力的成年人的监护人】**无民事行为能力或者限制民事行为能力的成年人，由下列有监护能力的人按顺序担任监护人：

（一）配偶；

（二）父母、子女；

（三）其他近亲属；

（四）其他愿意担任监护人的个人或者组织，但是须经被监护人住所地的居民委员会、村民委员会或者民政部门同意。

**第二十九条 【遗嘱指定监护人】**被监护人的父母担任监护人的，可以通过遗嘱指定监护人。

**第三十条 【协议确定监护人】**依法具有监护资格的人之间可以协议确定监护人。协议确定监护人应当尊重被监护人的真实意愿。

**第三十一条 【监护争议解决程序】**对监护人的确定有争议的，由被监护人住所地的居民委员会、村民委员会或者民政部门指定监护人，有关当事人对指定不服的，可以向人民法院申请指定监护人；有关当事人也可以直接向人民法院申请指定监护人。

居民委员会、村民委员会、民政部门或者人民法院应当尊重被监护人的真实意愿，按照最有利于被监护人的原则在依法具有监护资格的人中指定监护人。

依据本条第一款规定指定监护人前,被监护人的人身权利、财产权利以及其他合法权益处于无人保护状态的,由被监护人住所地的居民委员会、村民委员会、法律规定的有关组织或者民政部门担任临时监护人。

监护人被指定后,不得擅自变更;擅自变更的,不免除被指定的监护人的责任。

**第三十二条　【公职监护人】**没有依法具有监护资格的人的,监护人由民政部门担任,也可以由具备履行监护职责条件的被监护人住所地的居民委员会、村民委员会担任。

**第三十三条　【意定监护】**具有完全民事行为能力的成年人,可以与其近亲属、其他愿意担任监护人的个人或者组织事先协商,以书面形式确定自己的监护人,在自己丧失或者部分丧失民事行为能力时,由该监护人履行监护职责。

**第三十四条　【监护人的职责与权利及临时生活照料措施】**监护人的职责是代理被监护人实施民事法律行为,保护被监护人的人身权利、财产权利以及其他合法权益等。

监护人依法履行监护职责产生的权利,受法律保护。

监护人不履行监护职责或者侵害被监护人合法权益的,应当承担法律责任。

因发生突发事件等紧急情况,监护人暂时无法履行监护职责,被监护人的生活处于无人照料状态的,被监护人住所地的居民委员会、村民委员会或者民政部门应当为被监护人安排必要的临时生活照料措施。

**第三十五条　【监护人履行职责的原则与要求】**监护人应当按照最有利于被监护人的原则履行监护职责。监护人除为维护被监护人利益外,不得处分被监护人的财产。

未成年人的监护人履行监护职责,在作出与被监护人利益有关的决定时,应当根据被监护人的年龄和智力状况,尊重被监护人的真实意愿。

成年人的监护人履行监护职责,应当最大程度地尊重被监护人的真实意愿,保障并协助被监护人实施与其智力、精神健康状况相适应的民事法律行为。对被监护人有能力独立处理的事务,监护人不得干涉。

**第三十六条　【撤销监护人资格】**监护人有下列情形之一的，人民法院根据有关个人或者组织的申请，撤销其监护人资格，安排必要的临时监护措施，并按照最有利于被监护人的原则依法指定监护人：

（一）实施严重损害被监护人身心健康的行为；

（二）怠于履行监护职责，或者无法履行监护职责且拒绝将监护职责部分或者全部委托给他人，导致被监护人处于危困状态；

（三）实施严重侵害被监护人合法权益的其他行为。

本条规定的有关个人、组织包括：其他依法具有监护资格的人，居民委员会、村民委员会、学校、医疗机构、妇女联合会、残疾人联合会、未成年人保护组织、依法设立的老年人组织、民政部门等。

前款规定的个人和民政部门以外的组织未及时向人民法院申请撤销监护人资格的，民政部门应当向人民法院申请。

**第三十七条　【监护人资格被撤销后负担义务不免除】**依法负担被监护人抚养费、赡养费、扶养费的父母、子女、配偶等，被人民法院撤销监护人资格后，应当继续履行负担的义务。

**第三十八条　【恢复监护人资格】**被监护人的父母或者子女被人民法院撤销监护人资格后，除对被监护人实施故意犯罪的外，确有悔改表现的，经其申请，人民法院可以在尊重被监护人真实意愿的前提下，视情况恢复其监护人资格，人民法院指定的监护人与被监护人的监护关系同时终止。

**第三十九条　【监护关系终止的情形】**有下列情形之一的，监护关系终止：

（一）被监护人取得或者恢复完全民事行为能力；

（二）监护人丧失监护能力；

（三）被监护人或者监护人死亡；

（四）人民法院认定监护关系终止的其他情形。

监护关系终止后，被监护人仍然需要监护的，应当依法另行确定监护人。

## 第五章　民事权利

**第一百零九条　【人身自由、人格尊严受法律保护】**自然人的人身自由、人格尊严受法律保护。

**第一百一十条　【民事主体的人格权】**自然人享有生命权、身体权、健康权、姓名权、肖像权、名誉权、荣誉权、隐私权、婚姻自主权等权利。

法人、非法人组织享有名称权、名誉权和荣誉权。

**第一百一十一条　【个人信息受法律保护】**自然人的个人信息受法律保护。任何组织或者个人需要获取他人个人信息的,应当依法取得并确保信息安全,不得非法收集、使用、加工、传输他人个人信息,不得非法买卖、提供或者公开他人个人信息。

**第一百一十二条　【因婚姻家庭关系等产生的人身权利受保护】**自然人因婚姻家庭关系等产生的人身权利受法律保护。

**第一百一十三条　【财产权利平等保护】**民事主体的财产权利受法律平等保护。

**第一百一十四条　【物权的定义及类型】**民事主体依法享有物权。

物权是权利人依法对特定的物享有直接支配和排他的权利,包括所有权、用益物权和担保物权。

**第一百一十五条　【物权客体】**物包括不动产和动产。法律规定权利作为物权客体的,依照其规定。

**第一百一十六条　【物权法定原则】**物权的种类和内容,由法律规定。

**第一百一十七条　【征收、征用】**为了公共利益的需要,依照法律规定的权限和程序征收、征用不动产或者动产的,应当给予公平、合理的补偿。

**第一百一十八条　【债权的定义】**民事主体依法享有债权。

债权是因合同、侵权行为、无因管理、不当得利以及法律的其他规定,权利人请求特定义务人为或者不为一定行为的权利。

**第一百一十九条　【合同的约束力】**依法成立的合同,对当事人具有法律约束力。

**第一百二十条　【侵权责任的承担】**民事权益受到侵害的,被侵权人有权请求侵权人承担侵权责任。

**第一百二十一条　【无因管理】**没有法定的或者约定的义务,为避免他人利益受损失而进行管理的人,有权请求受益人偿还由此支出的必要费用。

**第一百二十二条　【不当得利】**因他人没有法律根据，取得不当利益，受损失的人有权请求其返还不当利益。

**第一百二十三条　【知识产权】**民事主体依法享有知识产权。

知识产权是权利人依法就下列客体享有的专有的权利：

（一）作品；

（二）发明、实用新型、外观设计；

（三）商标；

（四）地理标志；

（五）商业秘密；

（六）集成电路布图设计；

（七）植物新品种；

（八）法律规定的其他客体。

**第一百二十四条　【继承权】**自然人依法享有继承权。

自然人合法的私有财产，可以依法继承。

**第一百二十五条　【投资性权利】**民事主体依法享有股权和其他投资性权利。

**第一百二十六条　【其他民事权益】**民事主体享有法律规定的其他民事权利和利益。

**第一百二十七条　【数据、网络虚拟财产的保护】**法律对数据、网络虚拟财产的保护有规定的，依照其规定。

**第一百二十八条　【民事权利的特别保护】**法律对未成年人、老年人、残疾人、妇女、消费者等的民事权利保护有特别规定的，依照其规定。

**第一百二十九条　【民事权利的取得方式】**民事权利可以依据民事法律行为、事实行为、法律规定的事件或者法律规定的其他方式取得。

**第一百三十条　【按照自己的意愿依法行使民事权利】**民事主体按照自己的意愿依法行使民事权利，不受干涉。

**第一百三十一条　【权利义务一致】**民事主体行使权利时，应当履行法律规定的和当事人约定的义务。

**第一百三十二条　【不得滥用民事权利】**民事主体不得滥用民事权利损害国家利益、社会公共利益或者他人合法权益。

# 第六章　民事法律行为

## 第一节　一般规定

**第一百三十三条　【民事法律行为的定义】**民事法律行为是民事主体通过意思表示设立、变更、终止民事法律关系的行为。

**第一百三十四条　【民事法律行为的成立】**民事法律行为可以基于双方或者多方的意思表示一致成立,也可以基于单方的意思表示成立。

法人、非法人组织依照法律或者章程规定的议事方式和表决程序作出决议的,该决议行为成立。

**第一百三十五条　【民事法律行为的形式】**民事法律行为可以采用书面形式、口头形式或者其他形式;法律、行政法规规定或者当事人约定采用特定形式的,应当采用特定形式。

**第一百三十六条　【民事法律行为的生效时间】**民事法律行为自成立时生效,但是法律另有规定或者当事人另有约定的除外。

行为人非依法律规定或者未经对方同意,不得擅自变更或者解除民事法律行为。

## 第二节　意思表示

**第一百三十七条　【有相对人的意思表示生效时间】**以对话方式作出的意思表示,相对人知道其内容时生效。

以非对话方式作出的意思表示,到达相对人时生效。以非对话方式作出的采用数据电文形式的意思表示,相对人指定特定系统接收数据电文的,该数据电文进入该特定系统时生效;未指定特定系统的,相对人知道或者应当知道该数据电文进入其系统时生效。当事人对采用数据电文形式的意思表示的生效时间另有约定的,按照其约定。

**第一百三十八条　【无相对人的意思表示生效时间】**无相对人的意思表示,表示完成时生效。法律另有规定的,依照其规定。

**第一百三十九条　【以公告方式作出的意思表示生效时间】**以公告方式作出的意思表示,公告发布时生效。

**第一百四十条 【意思表示的作出方式】**行为人可以明示或者默示作出意思表示。

沉默只有在有法律规定、当事人约定或者符合当事人之间的交易习惯时,才可以视为意思表示。

**第一百四十一条 【意思表示的撤回】**行为人可以撤回意思表示。撤回意思表示的通知应当在意思表示到达相对人前或者与意思表示同时到达相对人。

**第一百四十二条 【意思表示的解释】**有相对人的意思表示的解释,应当按照所使用的词句,结合相关条款、行为的性质和目的、习惯以及诚信原则,确定意思表示的含义。

无相对人的意思表示的解释,不能完全拘泥于所使用的词句,而应当结合相关条款、行为的性质和目的、习惯以及诚信原则,确定行为人的真实意思。

### 第三节 民事法律行为的效力

**第一百四十三条 【民事法律行为有效的条件】**具备下列条件的民事法律行为有效:

(一)行为人具有相应的民事行为能力;

(二)意思表示真实;

(三)不违反法律、行政法规的强制性规定,不违背公序良俗。

**第一百四十四条 【无民事行为能力人实施的民事法律行为的效力】**无民事行为能力人实施的民事法律行为无效。

**第一百四十五条 【限制民事行为能力人实施的民事法律行为的效力】**限制民事行为能力人实施的纯获利益的民事法律行为或者与其年龄、智力、精神健康状况相适应的民事法律行为有效;实施的其他民事法律行为经法定代理人同意或者追认后有效。

相对人可以催告法定代理人自收到通知之日起三十日内予以追认。法定代理人未作表示的,视为拒绝追认。民事法律行为被追认前,善意相对人有撤销的权利。撤销应当以通知的方式作出。

**第一百四十六条 【虚假表示与隐藏行为的效力】**行为人与相对人以

虚假的意思表示实施的民事法律行为无效。

以虚假的意思表示隐藏的民事法律行为的效力,依照有关法律规定处理。

**第一百四十七条　【基于重大误解实施的民事法律行为的效力】**基于重大误解实施的民事法律行为,行为人有权请求人民法院或者仲裁机构予以撤销。

**第一百四十八条　【以欺诈手段实施的民事法律行为的效力】**一方以欺诈手段,使对方在违背真实意思的情况下实施的民事法律行为,受欺诈方有权请求人民法院或者仲裁机构予以撤销。

**第一百四十九条　【受第三人欺诈的民事法律行为的效力】**第三人实施欺诈行为,使一方在违背真实意思的情况下实施的民事法律行为,对方知道或者应当知道该欺诈行为的,受欺诈方有权请求人民法院或者仲裁机构予以撤销。

**第一百五十条　【以胁迫手段实施的民事法律行为的效力】**一方或者第三人以胁迫手段,使对方在违背真实意思的情况下实施的民事法律行为,受胁迫方有权请求人民法院或者仲裁机构予以撤销。

**第一百五十一条　【显失公平的民事法律行为的效力】**一方利用对方处于危困状态、缺乏判断能力等情形,致使民事法律行为成立时显失公平的,受损害方有权请求人民法院或者仲裁机构予以撤销。

**第一百五十二条　【撤销权的消灭】**有下列情形之一的,撤销权消灭:

(一)当事人自知道或者应当知道撤销事由之日起一年内、重大误解的当事人自知道或者应当知道撤销事由之日起九十日内没有行使撤销权;

(二)当事人受胁迫,自胁迫行为终止之日起一年内没有行使撤销权;

(三)当事人知道撤销事由后明确表示或者以自己的行为表明放弃撤销权。

当事人自民事法律行为发生之日起五年内没有行使撤销权的,撤销权消灭。

**第一百五十三条　【违反强制性规定及违背公序良俗的民事法律行为的效力】**违反法律、行政法规的强制性规定的民事法律行为无效。但是,该强制性规定不导致该民事法律行为无效的除外。

违背公序良俗的民事法律行为无效。

**第一百五十四条 【恶意串通的民事法律行为的效力】**行为人与相对人恶意串通,损害他人合法权益的民事法律行为无效。

**第一百五十五条 【无效、被撤销的民事法律行为自始无效】**无效的或者被撤销的民事法律行为自始没有法律约束力。

**第一百五十六条 【民事法律行为部分无效】**民事法律行为部分无效,不影响其他部分效力的,其他部分仍然有效。

**第一百五十七条 【民事法律行为无效、被撤销或确定不发生效力的法律后果】**民事法律行为无效、被撤销或者确定不发生效力后,行为人因该行为取得的财产,应当予以返还;不能返还或者没有必要返还的,应当折价补偿。有过错的一方应当赔偿对方由此所受到的损失;各方都有过错的,应当各自承担相应的责任。法律另有规定的,依照其规定。

### 第四节 民事法律行为的附条件和附期限

**第一百五十八条 【附条件的民事法律行为】**民事法律行为可以附条件,但是根据其性质不得附条件的除外。附生效条件的民事法律行为,自条件成就时生效。附解除条件的民事法律行为,自条件成就时失效。

**第一百五十九条 【条件成就和不成就的拟制】**附条件的民事法律行为,当事人为自己的利益不正当地阻止条件成就的,视为条件已经成就;不正当地促成条件成就的,视为条件不成就。

**第一百六十条 【附期限的民事法律行为】**民事法律行为可以附期限,但是根据其性质不得附期限的除外。附生效期限的民事法律行为,自期限届至时生效。附终止期限的民事法律行为,自期限届满时失效。

## 第四编 人 格 权

## 第一章 一 般 规 定

**第九百八十九条 【人格权编的调整范围】**本编调整因人格权的享有和保护产生的民事关系。

**第九百九十条　【人格权类型】**人格权是民事主体享有的生命权、身体权、健康权、姓名权、名称权、肖像权、名誉权、荣誉权、隐私权等权利。

除前款规定的人格权外,自然人享有基于人身自由、人格尊严产生的其他人格权益。

**第九百九十一条　【人格权受法律保护】**民事主体的人格权受法律保护,任何组织或者个人不得侵害。

**第九百九十二条　【人格权禁止性规定】**人格权不得放弃、转让或者继承。

**第九百九十三条　【人格标识许可使用】**民事主体可以将自己的姓名、名称、肖像等许可他人使用,但是依照法律规定或者根据其性质不得许可的除外。

**第九百九十四条　【死者人格利益保护】**死者的姓名、肖像、名誉、荣誉、隐私、遗体等受到侵害的,其配偶、子女、父母有权依法请求行为人承担民事责任;死者没有配偶、子女且父母已经死亡的,其他近亲属有权依法请求行为人承担民事责任。

**第九百九十五条　【不适用诉讼时效的请求权】**人格权受到侵害的,受害人有权依照本法和其他法律的规定请求行为人承担民事责任。受害人的停止侵害、排除妨碍、消除危险、消除影响、恢复名誉、赔礼道歉请求权,不适用诉讼时效的规定。

**第九百九十六条　【责任竞合情形下精神损害赔偿】**因当事人一方的违约行为,损害对方人格权并造成严重精神损害,受损害方选择请求其承担违约责任的,不影响受损害方请求精神损害赔偿。

**第九百九十七条　【人格权行为禁令】**民事主体有证据证明行为人正在实施或者即将实施侵害其人格权的违法行为,不及时制止将使其合法权益受到难以弥补的损害的,有权依法向人民法院申请采取责令行为人停止有关行为的措施。

**第九百九十八条　【认定人格侵权责任应考虑的主要因素】**认定行为人承担侵害除生命权、身体权和健康权外的人格权的民事责任,应当考虑行为人和受害人的职业、影响范围、过错程度,以及行为的目的、方式、后果等因素。

**第九百九十九条 【人格权的合理使用】**为公共利益实施新闻报道、舆论监督等行为的,可以合理使用民事主体的姓名、名称、肖像、个人信息等;使用不合理侵害民事主体人格权的,应当依法承担民事责任。

**第一千条 【消除影响、恢复名誉、赔礼道歉等民事责任的承担】**行为人因侵害人格权承担消除影响、恢复名誉、赔礼道歉等民事责任的,应当与行为的具体方式和造成的影响范围相当。

行为人拒不承担前款规定的民事责任的,人民法院可以采取在报刊、网络等媒体上发布公告或者公布生效裁判文书等方式执行,产生的费用由行为人负担。

**第一千零一条 【身份权的法律适用】**对自然人因婚姻家庭关系等产生的身份权利的保护,适用本法第一编、第五编和其他法律的相关规定;没有规定的,可以根据其性质参照适用本编人格权保护的有关规定。

## 第二章 生命权、身体权和健康权

**第一千零二条 【生命权】**自然人享有生命权。自然人的生命安全和生命尊严受法律保护。任何组织或者个人不得侵害他人的生命权。

**第一千零三条 【身体权】**自然人享有身体权。自然人的身体完整和行动自由受法律保护。任何组织或者个人不得侵害他人的身体权。

**第一千零四条 【健康权】**自然人享有健康权。自然人的身心健康受法律保护。任何组织或者个人不得侵害他人的健康权。

**第一千零五条 【法定救助义务】**自然人的生命权、身体权、健康权受到侵害或者处于其他危难情形的,负有法定救助义务的组织或者个人应当及时施救。

**第一千零六条 【人体捐献】**完全民事行为能力人有权依法自主决定无偿捐献其人体细胞、人体组织、人体器官、遗体。任何组织或者个人不得强迫、欺骗、利诱其捐献。

完全民事行为能力人依据前款规定同意捐献的,应当采用书面形式,也可以订立遗嘱。

自然人生前未表示不同意捐献的,该自然人死亡后,其配偶、成年子女、父母可以共同决定捐献,决定捐献应当采用书面形式。

**第一千零七条　【禁止人体买卖】**禁止以任何形式买卖人体细胞、人体组织、人体器官、遗体。

违反前款规定的买卖行为无效。

**第一千零八条　【人体临床试验】**为研制新药、医疗器械或者发展新的预防和治疗方法,需要进行临床试验的,应当依法经相关主管部门批准并经伦理委员会审查同意,向受试者或者受试者的监护人告知试验目的、用途和可能产生的风险等详细情况,并经其书面同意。

进行临床试验的,不得向受试者收取试验费用。

**第一千零九条　【与人体基因、人体胚胎等有关的医学科研活动】**从事与人体基因、人体胚胎等有关的医学和科研活动,应当遵守法律、行政法规和国家有关规定,不得危害人体健康,不得违背伦理道德,不得损害公共利益。

**第一千零一十条　【性骚扰】**违背他人意愿,以言语、文字、图像、肢体行为等方式对他人实施性骚扰的,受害人有权依法请求行为人承担民事责任。

机关、企业、学校等单位应当采取合理的预防、受理投诉、调查处置等措施,防止和制止利用职权、从属关系等实施性骚扰。

**第一千零一十一条　【侵害行动自由和非法搜查身体】**以非法拘禁等方式剥夺、限制他人的行动自由,或者非法搜查他人身体的,受害人有权依法请求行为人承担民事责任。

## 第三章　姓名权和名称权

**第一千零一十二条　【姓名权】**自然人享有姓名权,有权依法决定、使用、变更或者许可他人使用自己的姓名,但是不得违背公序良俗。

**第一千零一十三条　【名称权】**法人、非法人组织享有名称权,有权依法决定、使用、变更、转让或者许可他人使用自己的名称。

**第一千零一十四条　【姓名权或名称权不得被非法侵害】**任何组织或者个人不得以干涉、盗用、假冒等方式侵害他人的姓名权或者名称权。

**第一千零一十五条　【自然人选取姓氏】**自然人应当随父姓或者母姓,但是有下列情形之一的,可以在父姓和母姓之外选取姓氏:

(一)选取其他直系长辈血亲的姓氏;

(二)因由法定扶养人以外的人扶养而选取扶养人姓氏;

(三)有不违背公序良俗的其他正当理由。

少数民族自然人的姓氏可以遵从本民族的文化传统和风俗习惯。

**第一千零一十六条 【决定、变更姓名、名称或转让名称的法定程序及法律效力】**自然人决定、变更姓名,或者法人、非法人组织决定、变更、转让名称的,应当依法向有关机关办理登记手续,但是法律另有规定的除外。

民事主体变更姓名、名称的,变更前实施的民事法律行为对其具有法律约束力。

**第一千零一十七条 【笔名、艺名等的保护】**具有一定社会知名度,被他人使用足以造成公众混淆的笔名、艺名、网名、译名、字号、姓名和名称的简称等,参照适用姓名权和名称权保护的有关规定。

## 第四章 肖 像 权

**第一千零一十八条 【肖像权及肖像】**自然人享有肖像权,有权依法制作、使用、公开或者许可他人使用自己的肖像。

肖像是通过影像、雕塑、绘画等方式在一定载体上所反映的特定自然人可以被识别的外部形象。

**第一千零一十九条 【肖像权的保护】**任何组织或者个人不得以丑化、污损,或者利用信息技术手段伪造等方式侵害他人的肖像权。未经肖像权人同意,不得制作、使用、公开肖像权人的肖像,但是法律另有规定的除外。

未经肖像权人同意,肖像作品权利人不得以发表、复制、发行、出租、展览等方式使用或者公开肖像权人的肖像。

**第一千零二十条 【肖像权的合理使用】**合理实施下列行为的,可以不经肖像权人同意:

(一)为个人学习、艺术欣赏、课堂教学或者科学研究,在必要范围内使用肖像权人已经公开的肖像;

(二)为实施新闻报道,不可避免地制作、使用、公开肖像权人的肖像;

(三)为依法履行职责,国家机关在必要范围内制作、使用、公开肖像权人的肖像;

(四)为展示特定公共环境,不可避免地制作、使用、公开肖像权人的肖像;

(五)为维护公共利益或者肖像权人合法权益,制作、使用、公开肖像权人的肖像的其他行为。

**第一千零二十一条　【肖像许可使用合同解释规则】**当事人对肖像许可使用合同中关于肖像使用条款的理解有争议的,应当作出有利于肖像权人的解释。

**第一千零二十二条　【肖像许可使用合同解除权】**当事人对肖像许可使用期限没有约定或者约定不明确的,任何一方当事人可以随时解除肖像许可使用合同,但是应当在合理期限之前通知对方。

当事人对肖像许可使用期限有明确约定,肖像权人有正当理由的,可以解除肖像许可使用合同,但是应当在合理期限之前通知对方。因解除合同造成对方损失的,除不可归责于肖像权人的事由外,应当赔偿损失。

**第一千零二十三条　【姓名许可和声音保护的参照适用】**对姓名等的许可使用,参照适用肖像许可使用的有关规定。

对自然人声音的保护,参照适用肖像权保护的有关规定。

## 第五章　名誉权和荣誉权

**第一千零二十四条　【名誉权及名誉】**民事主体享有名誉权。任何组织或者个人不得以侮辱、诽谤等方式侵害他人的名誉权。

名誉是对民事主体的品德、声望、才能、信用等的社会评价。

**第一千零二十五条　【实施新闻报道、舆论监督等行为与保护名誉权关系】**行为人为公共利益实施新闻报道、舆论监督等行为,影响他人名誉的,不承担民事责任,但是有下列情形之一的除外:

(一)捏造、歪曲事实;

(二)对他人提供的严重失实内容未尽到合理核实义务;

(三)使用侮辱性言辞等贬损他人名誉。

**第一千零二十六条　【合理核实义务的认定因素】**认定行为人是否尽

到前条第二项规定的合理核实义务,应当考虑下列因素:

(一)内容来源的可信度;

(二)对明显可能引发争议的内容是否进行了必要的调查;

(三)内容的时限性;

(四)内容与公序良俗的关联性;

(五)受害人名誉受贬损的可能性;

(六)核实能力和核实成本。

**第一千零二十七条 【文艺作品侵害名誉权】**行为人发表的文学、艺术作品以真人真事或者特定人为描述对象,含有侮辱、诽谤内容,侵害他人名誉权的,受害人有权依法请求该行为人承担民事责任。

行为人发表的文学、艺术作品不以特定人为描述对象,仅其中的情节与该特定人的情况相似的,不承担民事责任。

**第一千零二十八条 【媒体报道内容失实侵害名誉权的补救】**民事主体有证据证明报刊、网络等媒体报道的内容失实,侵害其名誉权的,有权请求该媒体及时采取更正或者删除等必要措施。

**第一千零二十九条 【信用评价】**民事主体可以依法查询自己的信用评价;发现信用评价不当的,有权提出异议并请求采取更正、删除等必要措施。信用评价人应当及时核查,经核查属实的,应当及时采取必要措施。

**第一千零三十条 【民事主体与信用信息处理者之间关系的法律适用】**民事主体与征信机构等信用信息处理者之间的关系,适用本编有关个人信息保护的规定和其他法律、行政法规的有关规定。

**第一千零三十一条 【荣誉权】**民事主体享有荣誉权。任何组织或者个人不得非法剥夺他人的荣誉称号,不得诋毁、贬损他人的荣誉。

获得的荣誉称号应当记载而没有记载的,民事主体可以请求记载;获得的荣誉称号记载错误的,民事主体可以请求更正。

## 第六章 隐私权和个人信息保护

**第一千零三十二条 【隐私权及隐私】**自然人享有隐私权。任何组织或者个人不得以刺探、侵扰、泄露、公开等方式侵害他人的隐私权。

隐私是自然人的私人生活安宁和不愿为他人知晓的私密空间、私密活动、私密信息。

**第一千零三十三条　【隐私权侵害行为】**除法律另有规定或者权利人明确同意外，任何组织或者个人不得实施下列行为：

(一)以电话、短信、即时通讯工具、电子邮件、传单等方式侵扰他人的私人生活安宁；

(二)进入、拍摄、窥视他人的住宅、宾馆房间等私密空间；

(三)拍摄、窥视、窃听、公开他人的私密活动；

(四)拍摄、窥视他人身体的私密部位；

(五)处理他人的私密信息；

(六)以其他方式侵害他人的隐私权。

**第一千零三十四条　【个人信息的定义】**自然人的个人信息受法律保护。

个人信息是以电子或者其他方式记录的能够单独或者与其他信息结合识别特定自然人的各种信息，包括自然人的姓名、出生日期、身份证件号码、生物识别信息、住址、电话号码、电子邮箱、健康信息、行踪信息等。

个人信息中的私密信息，适用有关隐私权的规定；没有规定的，适用有关个人信息保护的规定。

**第一千零三十五条　【个人信息处理的原则和条件】**处理个人信息的，应当遵循合法、正当、必要原则，不得过度处理，并符合下列条件：

(一)征得该自然人或者其监护人同意，但是法律、行政法规另有规定的除外；

(二)公开处理信息的规则；

(三)明示处理信息的目的、方式和范围；

(四)不违反法律、行政法规的规定和双方的约定。

个人信息的处理包括个人信息的收集、存储、使用、加工、传输、提供、公开等。

**第一千零三十六条　【处理个人信息免责事由】**处理个人信息，有下列情形之一的，行为人不承担民事责任：

(一)在该自然人或者其监护人同意的范围内合理实施的行为；

（二）合理处理该自然人自行公开的或者其他已经合法公开的信息，但是该自然人明确拒绝或者处理该信息侵害其重大利益的除外；

（三）为维护公共利益或者该自然人合法权益，合理实施的其他行为。

**第一千零三十七条 【个人信息主体的权利】**自然人可以依法向信息处理者查阅或者复制其个人信息；发现信息有错误的，有权提出异议并请求及时采取更正等必要措施。

自然人发现信息处理者违反法律、行政法规的规定或者双方的约定处理其个人信息的，有权请求信息处理者及时删除。

**第一千零三十八条 【信息处理者的信息安全保护义务】**信息处理者不得泄露或者篡改其收集、存储的个人信息；未经自然人同意，不得向他人非法提供其个人信息，但是经过加工无法识别特定个人且不能复原的除外。

信息处理者应当采取技术措施和其他必要措施，确保其收集、存储的个人信息安全，防止信息泄露、篡改、丢失；发生或者可能发生个人信息泄露、篡改、丢失的，应当及时采取补救措施，按照规定告知自然人并向有关主管部门报告。

**第一千零三十九条 【国家机关、承担行政职能的法定机构及其工作人员的保密义务】**国家机关、承担行政职能的法定机构及其工作人员对于履行职责过程中知悉的自然人的隐私和个人信息，应当予以保密，不得泄露或者向他人非法提供。

## 第五编 婚姻家庭

### 第一章 一般规定

**第一千零四十条 【婚姻家庭编的调整范围】**本编调整因婚姻家庭产生的民事关系。

**第一千零四十一条 【基本原则】**婚姻家庭受国家保护。

实行婚姻自由、一夫一妻、男女平等的婚姻制度。

保护妇女、未成年人、老年人、残疾人的合法权益。

**第一千零四十二条 【婚姻家庭的禁止性规定】**禁止包办、买卖婚姻和其他干涉婚姻自由的行为。禁止借婚姻索取财物。

禁止重婚。禁止有配偶者与他人同居。

禁止家庭暴力。禁止家庭成员间的虐待和遗弃。

**第一千零四十三条　【婚姻家庭的倡导性规定】**家庭应当树立优良家风,弘扬家庭美德,重视家庭文明建设。

夫妻应当互相忠实,互相尊重,互相关爱;家庭成员应当敬老爱幼,互相帮助,维护平等、和睦、文明的婚姻家庭关系。

**第一千零四十四条　【收养的基本原则】**收养应当遵循最有利于被收养人的原则,保障被收养人和收养人的合法权益。

禁止借收养名义买卖未成年人。

**第一千零四十五条　【亲属、近亲属及家庭成员】**亲属包括配偶、血亲和姻亲。

配偶、父母、子女、兄弟姐妹、祖父母、外祖父母、孙子女、外孙子女为近亲属。

配偶、父母、子女和其他共同生活的近亲属为家庭成员。

## 第二章　结　　婚

**第一千零四十六条　【结婚自愿】**结婚应当男女双方完全自愿,禁止任何一方对另一方加以强迫,禁止任何组织或者个人加以干涉。

**第一千零四十七条　【法定结婚年龄】**结婚年龄,男不得早于二十二周岁,女不得早于二十周岁。

**第一千零四十八条　【禁止结婚的情形】**直系血亲或者三代以内的旁系血亲禁止结婚。

**第一千零四十九条　【结婚登记】**要求结婚的男女双方应当亲自到婚姻登记机关申请结婚登记。符合本法规定的,予以登记,发给结婚证。完成结婚登记,即确立婚姻关系。未办理结婚登记的,应当补办登记。

**第一千零五十条　【婚后双方互为家庭成员】**登记结婚后,按照男女双方约定,女方可以成为男方家庭的成员,男方可以成为女方家庭的成员。

**第一千零五十一条　【婚姻无效的情形】**有下列情形之一的,婚姻

无效:

(一)重婚;

(二)有禁止结婚的亲属关系;

(三)未到法定婚龄。

**第一千零五十二条　【胁迫的可撤销婚姻】**因胁迫结婚的,受胁迫的一方可以向人民法院请求撤销婚姻。

请求撤销婚姻的,应当自胁迫行为终止之日起一年内提出。

被非法限制人身自由的当事人请求撤销婚姻的,应当自恢复人身自由之日起一年内提出。

**第一千零五十三条　【隐瞒疾病的可撤销婚姻】**一方患有重大疾病的,应当在结婚登记前如实告知另一方;不如实告知的,另一方可以向人民法院请求撤销婚姻。

请求撤销婚姻的,应当自知道或者应当知道撤销事由之日起一年内提出。

**第一千零五十四条　【婚姻无效和被撤销的法律后果】**无效的或者被撤销的婚姻自始没有法律约束力,当事人不具有夫妻的权利和义务。同居期间所得的财产,由当事人协议处理;协议不成的,由人民法院根据照顾无过错方的原则判决。对重婚导致的无效婚姻的财产处理,不得侵害合法婚姻当事人的财产权益。当事人所生的子女,适用本法关于父母子女的规定。

婚姻无效或者被撤销的,无过错方有权请求损害赔偿。

## 第三章　家庭关系

### 第一节　夫妻关系

**第一千零五十五条　【夫妻地位平等】**夫妻在婚姻家庭中地位平等。

**第一千零五十六条　【夫妻姓名权】**夫妻双方都有各自使用自己姓名的权利。

**第一千零五十七条　【夫妻人身自由权】**夫妻双方都有参加生产、工作、学习和社会活动的自由,一方不得对另一方加以限制或者干涉。

**第一千零五十八条　【夫妻抚养、教育和保护子女的权利义务平等】**夫妻双方平等享有对未成年子女抚养、教育和保护的权利,共同承担对未成年子女抚养、教育和保护的义务。

**第一千零五十九条　【夫妻相互扶养义务】**夫妻有相互扶养的义务。

需要扶养的一方,在另一方不履行扶养义务时,有要求其给付扶养费的权利。

**第一千零六十条　【日常家事代理权】**夫妻一方因家庭日常生活需要而实施的民事法律行为,对夫妻双方发生效力,但是夫妻一方与相对人另有约定的除外。

夫妻之间对一方可以实施的民事法律行为范围的限制,不得对抗善意相对人。

**第一千零六十一条　【夫妻相互继承权】**夫妻有相互继承遗产的权利。

**第一千零六十二条　【夫妻共同财产】**夫妻在婚姻关系存续期间所得的下列财产,为夫妻的共同财产,归夫妻共同所有:

(一)工资、奖金、劳务报酬;

(二)生产、经营、投资的收益;

(三)知识产权的收益;

(四)继承或者受赠的财产,但是本法第一千零六十三条第三项规定的除外;

(五)其他应当归共同所有的财产。

夫妻对共同财产,有平等的处理权。

**第一千零六十三条　【夫妻个人财产】**下列财产为夫妻一方的个人财产:

(一)一方的婚前财产;

(二)一方因受到人身损害获得的赔偿或者补偿;

(三)遗嘱或者赠与合同中确定只归一方的财产;

(四)一方专用的生活用品;

(五)其他应当归一方的财产。

**第一千零六十四条　【夫妻共同债务】**夫妻双方共同签名或者夫妻一

方事后追认等共同意思表示所负的债务，以及夫妻一方在婚姻关系存续期间以个人名义为家庭日常生活需要所负的债务，属于夫妻共同债务。

夫妻一方在婚姻关系存续期间以个人名义超出家庭日常生活需要所负的债务，不属于夫妻共同债务；但是，债权人能够证明该债务用于夫妻共同生活、共同生产经营或者基于夫妻双方共同意思表示的除外。

**第一千零六十五条　【夫妻约定财产制】**男女双方可以约定婚姻关系存续期间所得的财产以及婚前财产归各自所有、共同所有或者部分各自所有、部分共同所有。约定应当采用书面形式。没有约定或者约定不明确的，适用本法第一千零六十二条、第一千零六十三条的规定。

夫妻对婚姻关系存续期间所得的财产以及婚前财产的约定，对双方具有法律约束力。

夫妻对婚姻关系存续期间所得的财产约定归各自所有，夫或者妻一方对外所负的债务，相对人知道该约定的，以夫或者妻一方的个人财产清偿。

**第一千零六十六条　【婚姻关系存续期间夫妻共同财产的分割】**婚姻关系存续期间，有下列情形之一的，夫妻一方可以向人民法院请求分割共同财产：

（一）一方有隐藏、转移、变卖、毁损、挥霍夫妻共同财产或者伪造夫妻共同债务等严重损害夫妻共同财产利益的行为；

（二）一方负有法定扶养义务的人患重大疾病需要医治，另一方不同意支付相关医疗费用。

## 第二节　父母子女关系和其他近亲属关系

**第一千零六十七条　【父母的抚养义务和子女的赡养义务】**父母不履行抚养义务的，未成年子女或者不能独立生活的成年子女，有要求父母给付抚养费的权利。

成年子女不履行赡养义务的，缺乏劳动能力或者生活困难的父母，有要求成年子女给付赡养费的权利。

**第一千零六十八条　【父母教育、保护未成年子女的权利义务】**父母有教育、保护未成年子女的权利和义务。未成年子女造成他人损害的，父母应当依法承担民事责任。

**第一千零六十九条　【子女应尊重父母的婚姻权利】**子女应当尊重父母的婚姻权利,不得干涉父母离婚、再婚以及婚后的生活。子女对父母的赡养义务,不因父母的婚姻关系变化而终止。

**第一千零七十条　【父母子女相互继承权】**父母和子女有相互继承遗产的权利。

**第一千零七十一条　【非婚生子女的权利】**非婚生子女享有与婚生子女同等的权利,任何组织或者个人不得加以危害和歧视。

不直接抚养非婚生子女的生父或者生母,应当负担未成年子女或者不能独立生活的成年子女的抚养费。

**第一千零七十二条　【继父母与继子女间的权利义务关系】**继父母与继子女间,不得虐待或者歧视。

继父或者继母和受其抚养教育的继子女间的权利义务关系,适用本法关于父母子女关系的规定。

**第一千零七十三条　【亲子关系异议之诉】**对亲子关系有异议且有正当理由的,父或者母可以向人民法院提起诉讼,请求确认或者否认亲子关系。

对亲子关系有异议且有正当理由的,成年子女可以向人民法院提起诉讼,请求确认亲子关系。

**第一千零七十四条　【祖孙之间的抚养、赡养义务】**有负担能力的祖父母、外祖父母,对于父母已经死亡或者父母无力抚养的未成年孙子女、外孙子女,有抚养的义务。

有负担能力的孙子女、外孙子女,对于子女已经死亡或者子女无力赡养的祖父母、外祖父母,有赡养的义务。

**第一千零七十五条　【兄弟姐妹间的扶养义务】**有负担能力的兄、姐,对于父母已经死亡或者父母无力抚养的未成年弟、妹,有扶养的义务。

由兄、姐扶养长大的有负担能力的弟、妹,对于缺乏劳动能力又缺乏生活来源的兄、姐,有扶养的义务。

## 第四章　离　　婚

**第一千零七十六条　【协议离婚】**夫妻双方自愿离婚的,应当签订书面离婚协议，并亲自到婚姻登记机关申请离婚登记。

离婚协议应当载明双方自愿离婚的意思表示和对子女抚养、财产以及债务处理等事项协商一致的意见。

**第一千零七十七条 【离婚冷静期】**自婚姻登记机关收到离婚登记申请之日起三十日内，任何一方不愿意离婚的，可以向婚姻登记机关撤回离婚登记申请。

前款规定期限届满后三十日内，双方应当亲自到婚姻登记机关申请发给离婚证；未申请的，视为撤回离婚登记申请。

**第一千零七十八条 【协议离婚登记】**婚姻登记机关查明双方确实是自愿离婚，并已经对子女抚养、财产以及债务处理等事项协商一致的，予以登记，发给离婚证。

**第一千零七十九条 【诉讼离婚】**夫妻一方要求离婚的，可以由有关组织进行调解或者直接向人民法院提起离婚诉讼。

人民法院审理离婚案件，应当进行调解；如果感情确已破裂，调解无效的，应当准予离婚。

有下列情形之一，调解无效的，应当准予离婚：

（一）重婚或者与他人同居；

（二）实施家庭暴力或者虐待、遗弃家庭成员；

（三）有赌博、吸毒等恶习屡教不改；

（四）因感情不和分居满二年；

（五）其他导致夫妻感情破裂的情形。

一方被宣告失踪，另一方提起离婚诉讼的，应当准予离婚。

经人民法院判决不准离婚后，双方又分居满一年，一方再次提起离婚诉讼的，应当准予离婚。

**第一千零八十条 【婚姻关系解除时间】**完成离婚登记，或者离婚判决书、调解书生效，即解除婚姻关系。

**第一千零八十一条 【军婚的保护】**现役军人的配偶要求离婚，应当征得军人同意，但是军人一方有重大过错的除外。

**第一千零八十二条 【男方离婚诉权的限制】**女方在怀孕期间、分娩后一年内或者终止妊娠后六个月内，男方不得提出离婚；但是，女方提出离婚或者人民法院认为确有必要受理男方离婚请求的除外。

**第一千零八十三条　【复婚登记】**离婚后,男女双方自愿恢复婚姻关系的,应当到婚姻登记机关重新进行结婚登记。

**第一千零八十四条　【离婚后的父母子女关系】**父母与子女间的关系,不因父母离婚而消除。离婚后,子女无论由父或者母直接抚养,仍是父母双方的子女。

离婚后,父母对于子女仍有抚养、教育、保护的权利和义务。

离婚后,不满两周岁的子女,以由母亲直接抚养为原则。已满两周岁的子女,父母双方对抚养问题协议不成的,由人民法院根据双方的具体情况,按照最有利于未成年子女的原则判决。子女已满八周岁的,应当尊重其真实意愿。

**第一千零八十五条　【离婚后子女抚养费的负担】**离婚后,子女由一方直接抚养的,另一方应当负担部分或者全部抚养费。负担费用的多少和期限的长短,由双方协议;协议不成的,由人民法院判决。

前款规定的协议或者判决,不妨碍子女在必要时向父母任何一方提出超过协议或者判决原定数额的合理要求。

**第一千零八十六条　【父母的探望权】**离婚后,不直接抚养子女的父或者母,有探望子女的权利,另一方有协助的义务。

行使探望权利的方式、时间由当事人协议;协议不成的,由人民法院判决。

父或者母探望子女,不利于子女身心健康的,由人民法院依法中止探望;中止的事由消失后,应当恢复探望。

**第一千零八十七条　【离婚时夫妻共同财产的处理】**离婚时,夫妻的共同财产由双方协议处理;协议不成的,由人民法院根据财产的具体情况,按照照顾子女、女方和无过错方权益的原则判决。

对夫或者妻在家庭土地承包经营中享有的权益等,应当依法予以保护。

**第一千零八十八条　【离婚经济补偿】**夫妻一方因抚育子女、照料老年人、协助另一方工作等负担较多义务的,离婚时有权向另一方请求补偿,另一方应当给予补偿。具体办法由双方协议;协议不成的,由人民法院院判决。

**第一千零八十九条 【离婚时夫妻共同债务清偿】**离婚时，夫妻共同债务应当共同偿还。共同财产不足清偿或者财产归各自所有的，由双方协议清偿；协议不成的，由人民法院判决。

**第一千零九十条 【离婚经济帮助】**离婚时，如果一方生活困难，有负担能力的另一方应当给予适当帮助。具体办法由双方协议；协议不成的，由人民法院判决。

**第一千零九十一条 【离婚过错赔偿】**有下列情形之一，导致离婚的，无过错方有权请求损害赔偿：

（一）重婚；

（二）与他人同居；

（三）实施家庭暴力；

（四）虐待、遗弃家庭成员；

（五）有其他重大过错。

**第一千零九十二条 【一方侵害夫妻共同财产的法律后果】**夫妻一方隐藏、转移、变卖、毁损、挥霍夫妻共同财产，或者伪造夫妻共同债务企图侵占另一方财产的，在离婚分割夫妻共同财产时，对该方可以少分或者不分。离婚后，另一方发现有上述行为的，可以向人民法院提起诉讼，请求再次分割夫妻共同财产。

## 第五章 收 养

### 第一节 收养关系的成立

**第一千零九十三条 【被收养人的范围】**下列未成年人，可以被收养：

（一）丧失父母的孤儿；

（二）查找不到生父母的未成年人；

（三）生父母有特殊困难无力抚养的子女。

**第一千零九十四条 【送养人的范围】**下列个人、组织可以作送养人：

（一）孤儿的监护人；

（二）儿童福利机构；

(三)有特殊困难无力抚养子女的生父母。

**第一千零九十五条 【监护人送养未成年人的特殊规定】**未成年人的父母均不具备完全民事行为能力且可能严重危害该未成年人的,该未成年人的监护人可以将其送养。

**第一千零九十六条 【监护人送养孤儿的特殊规定】**监护人送养孤儿的,应当征得有抚养义务的人同意。有抚养义务的人不同意送养、监护人不愿意继续履行监护职责的,应当依照本法第一编的规定另行确定监护人。

**第一千零九十七条 【生父母送养】**生父母送养子女,应当双方共同送养。生父母一方不明或者查找不到的,可以单方送养。

**第一千零九十八条 【收养人的条件】**收养人应当同时具备下列条件:

(一)无子女或者只有一名子女;

(二)有抚养、教育和保护被收养人的能力;

(三)未患有在医学上认为不应当收养子女的疾病;

(四)无不利于被收养人健康成长的违法犯罪记录;

(五)年满三十周岁。

**第一千零九十九条 【收养三代以内旁系同辈血亲子女的特殊规定】**收养三代以内旁系同辈血亲的子女,可以不受本法第一千零九十三条第三项、第一千零九十四条第三项和第一千一百零二条规定的限制。

华侨收养三代以内旁系同辈血亲的子女,还可以不受本法第一千零九十八条第一项规定的限制。

**第一千一百条 【收养子女的人数】**无子女的收养人可以收养两名子女;有子女的收养人只能收养一名子女。

收养孤儿、残疾未成年人或者儿童福利机构抚养的查找不到生父母的未成年人,可以不受前款和本法第一千零九十八条第一项规定的限制。

**第一千一百零一条 【共同收养】**有配偶者收养子女,应当夫妻共同收养。

**第一千一百零二条 【无配偶者收养异性子女】**无配偶者收养异性子女的,收养人与被收养人的年龄应当相差四十周岁以上。

**第一千一百零三条 【继父母收养继子女的特殊规定】**继父或者继母经继子女的生父母同意，可以收养继子女，并可以不受本法第一千零九十三条第三项、第一千零九十四条第三项、第一千零九十八条和第一千一百条第一款规定的限制。

**第一千一百零四条 【收养、送养自愿】**收养人收养与送养人送养，应当双方自愿。收养八周岁以上未成年人的，应当征得被收养人的同意。

**第一千一百零五条 【收养登记、收养公告、收养协议、收养公证、收养评估】**收养应当向县级以上人民政府民政部门登记。收养关系自登记之日起成立。

收养查找不到生父母的未成年人的，办理登记的民政部门应当在登记前予以公告。

收养关系当事人愿意签订收养协议的，可以签订收养协议。

收养关系当事人各方或者一方要求办理收养公证的，应当办理收养公证。

县级以上人民政府民政部门应当依法进行收养评估。

**第一千一百零六条 【被收养人户口登记】**收养关系成立后，公安机关应当按照国家有关规定为被收养人办理户口登记。

**第一千一百零七条 【生父母的亲属、朋友抚养不适用收养】**孤儿或者生父母无力抚养的子女，可以由生父母的亲属、朋友抚养；抚养人与被抚养人的关系不适用本章规定。

**第一千一百零八条 【抚养优先权】**配偶一方死亡，另一方送养未成年子女的，死亡一方的父母有优先抚养的权利。

**第一千一百零九条 【涉外收养】**外国人依法可以在中华人民共和国收养子女。

外国人在中华人民共和国收养子女，应当经其所在国主管机关依照该国法律审查同意。收养人应当提供由其所在国有权机构出具的有关其年龄、婚姻、职业、财产、健康、有无受过刑事处罚等状况的证明材料，并与送养人签订书面协议，亲自向省、自治区、直辖市人民政府民政部门登记。

前款规定的证明材料应当经收养人所在国外交机关或者外交机关授权的机构认证，并经中华人民共和国驻该国使领馆认证，但是国家另有规定的除外。

**第一千一百一十条　【收养保密义务】**收养人、送养人要求保守收养秘密的,其他人应当尊重其意愿,不得泄露。

## 第二节　收养的效力

**第一千一百一十一条　【收养拟制效力】**自收养关系成立之日起,养父母与养子女间的权利义务关系,适用本法关于父母子女关系的规定;养子女与养父母的近亲属间的权利义务关系,适用本法关于子女与父母的近亲属关系的规定。

养子女与生父母以及其他近亲属间的权利义务关系,因收养关系的成立而消除。

**第一千一百一十二条　【养子女的姓氏】**养子女可以随养父或者养母的姓氏,经当事人协商一致,也可以保留原姓氏。

**第一千一百一十三条　【无效收养行为】**有本法第一编关于民事法律行为无效规定情形或者违反本编规定的收养行为无效。

无效的收养行为自始没有法律约束力。

## 第三节　收养关系的解除

**第一千一百一十四条　【当事人协议解除及诉讼解除收养关系】**收养人在被收养人成年以前,不得解除收养关系,但是收养人、送养人双方协议解除的除外。养子女八周岁以上的,应当征得本人同意。

收养人不履行抚养义务,有虐待、遗弃等侵害未成年养子女合法权益行为的,送养人有权要求解除养父母与养子女间的收养关系。送养人、收养人不能达成解除收养关系协议的,可以向人民法院提起诉讼。

**第一千一百一十五条　【养父母与成年养子女解除收养关系】**养父母与成年养子女关系恶化、无法共同生活的,可以协议解除收养关系。不能达成协议的,可以向人民法院提起诉讼。

**第一千一百一十六条　【解除收养关系登记】**当事人协议解除收养关系的,应当到民政部门办理解除收养关系登记。

**第一千一百一十七条　【解除收养关系后的身份效力】**收养关系解除

后，养子女与养父母以及其他近亲属间的权利义务关系即行消除，与生父母以及其他近亲属间的权利义务关系自行恢复。但是，成年养子女与生父母以及其他近亲属间的权利义务关系是否恢复，可以协商确定。

**第一千一百一十八条 【解除收养关系后的财产效力】**收养关系解除后，经养父母抚养的成年养子女，对缺乏劳动能力又缺乏生活来源的养父母，应当给付生活费。因养子女成年后虐待、遗弃养父母而解除收养关系的，养父母可以要求养子女补偿收养期间支出的抚养费。

生父母要求解除收养关系的，养父母可以要求生父母适当补偿收养期间支出的抚养费；但是，因养父母虐待、遗弃养子女而解除收养关系的除外。

## 第六编　继　承

### 第一章　一般规定

**第一千一百一十九条 【继承编的调整范围】**本编调整因继承产生的民事关系。

**第一千一百二十条 【继承权受国家保护】**国家保护自然人的继承权。

**第一千一百二十一条 【继承开始的时间及死亡先后的推定】**继承从被继承人死亡时开始。

相互有继承关系的数人在同一事件中死亡，难以确定死亡时间的，推定没有其他继承人的人先死亡。都有其他继承人，辈份不同的，推定长辈先死亡；辈份相同的，推定同时死亡，相互不发生继承。

**第一千一百二十二条 【遗产的定义】**遗产是自然人死亡时遗留的个人合法财产。

依照法律规定或者根据其性质不得继承的遗产，不得继承。

**第一千一百二十三条 【法定继承、遗嘱继承、遗赠和遗赠扶养协议的效力】**继承开始后，按照法定继承办理；有遗嘱的，按照遗嘱继承或者遗赠办理；有遗赠扶养协议的，按照协议办理。

**第一千一百二十四条 【继承、受遗赠的接受和放弃】**继承开始后，继承人放弃继承的,应当在遗产处理前,以书面形式作出放弃继承的表示;没有表示的,视为接受继承。

受遗赠人应当在知道受遗赠后六十日内,作出接受或者放弃受遗赠的表示;到期没有表示的,视为放弃受遗赠。

**第一千一百二十五条　【继承权的丧失和恢复】**继承人有下列行为之一的,丧失继承权:

(一)故意杀害被继承人;

(二)为争夺遗产而杀害其他继承人;

(三)遗弃被继承人,或者虐待被继承人情节严重;

(四)伪造、篡改、隐匿或者销毁遗嘱,情节严重;

(五)以欺诈、胁迫手段迫使或者妨碍被继承人设立、变更或者撤回遗嘱,情节严重。

继承人有前款第三项至第五项行为,确有悔改表现,被继承人表示宽恕或者事后在遗嘱中将其列为继承人的,该继承人不丧失继承权。

受遗赠人有本条第一款规定行为的,丧失受遗赠权。

## 第二章　法定继承

**第一千一百二十六条　【男女平等享有继承权】**继承权男女平等。

**第一千一百二十七条　【法定继承人的范围及继承顺序】**遗产按照下列顺序继承:

(一)第一顺序:配偶、子女、父母;

(二)第二顺序:兄弟姐妹、祖父母、外祖父母。

继承开始后,由第一顺序继承人继承,第二顺序继承人不继承;没有第一顺序继承人继承的,由第二顺序继承人继承。

本编所称子女,包括婚生子女、非婚生子女、养子女和有扶养关系的继子女。

本编所称父母,包括生父母、养父母和有扶养关系的继父母。

本编所称兄弟姐妹,包括同父母的兄弟姐妹、同父异母或者同母异父的兄弟姐妹、养兄弟姐妹、有扶养关系的继兄弟姐妹。

**第一千一百二十八条　【代位继承】**被继承人的子女先于被继承人死

亡的,由被继承人的子女的直系晚辈血亲代位继承。

被继承人的兄弟姐妹先于被继承人死亡的,由被继承人的兄弟姐妹的子女代位继承。

代位继承人一般只能继承被代位继承人有权继承的遗产份额。

**第一千一百二十九条 【丧偶儿媳、丧偶女婿的继承权】**丧偶儿媳对公婆,丧偶女婿对岳父母,尽了主要赡养义务的,作为第一顺序继承人。

**第一千一百三十条 【遗产分配的原则】**同一顺序继承人继承遗产的份额,一般应当均等。

对生活有特殊困难又缺乏劳动能力的继承人,分配遗产时,应当予以照顾。

对被继承人尽了主要扶养义务或者与被继承人共同生活的继承人,分配遗产时,可以多分。

有扶养能力和有扶养条件的继承人,不尽扶养义务的,分配遗产时,应当不分或者少分。

继承人协商同意的,也可以不均等。

**第一千一百三十一条 【酌情分得遗产权】**对继承人以外的依靠被继承人扶养的人,或者继承人以外的对被继承人扶养较多的人,可以分给适当的遗产。

**第一千一百三十二条 【继承处理方式】**继承人应当本着互谅互让、和睦团结的精神,协商处理继承问题。遗产分割的时间、办法和份额,由继承人协商确定;协商不成的,可以由人民调解委员会调解或者向人民法院提起诉讼。

## 第三章 遗嘱继承和遗赠

**第一千一百三十三条 【遗嘱处分个人财产】**自然人可以依照本法规定立遗嘱处分个人财产,并可以指定遗嘱执行人。

自然人可以立遗嘱将个人财产指定由法定继承人中的一人或者数人继承。

自然人可以立遗嘱将个人财产赠与国家、集体或者法定继承人以外的组织、个人。

自然人可以依法设立遗嘱信托。

**第一千一百三十四条　【自书遗嘱】**自书遗嘱由遗嘱人亲笔书写,签名,注明年、月、日。

**第一千一百三十五条　【代书遗嘱】**代书遗嘱应当有两个以上见证人在场见证,由其中一人代书,并由遗嘱人、代书人和其他见证人签名,注明年、月、日。

**第一千一百三十六条　【打印遗嘱】**打印遗嘱应当有两个以上见证人在场见证。遗嘱人和见证人应当在遗嘱每一页签名,注明年、月、日。

**第一千一百三十七条　【录音录像遗嘱】**以录音录像形式立的遗嘱,应当有两个以上见证人在场见证。遗嘱人和见证人应当在录音录像中记录其姓名或者肖像,以及年、月、日。

**第一千一百三十八条　【口头遗嘱】**遗嘱人在危急情况下,可以立口头遗嘱。口头遗嘱应当有两个以上见证人在场见证。危急情况消除后,遗嘱人能够以书面或者录音录像形式立遗嘱的,所立的口头遗嘱无效。

**第一千一百三十九条　【公证遗嘱】**公证遗嘱由遗嘱人经公证机构办理。

**第一千一百四十条　【遗嘱见证人资格的限制性规定】**下列人员不能作为遗嘱见证人:

(一)无民事行为能力人、限制民事行为能力人以及其他不具有见证能力的人;

(二)继承人、受遗赠人;

(三)与继承人、受遗赠人有利害关系的人。

**第一千一百四十一条　【必留份】**遗嘱应当为缺乏劳动能力又没有生活来源的继承人保留必要的遗产份额。

**第一千一百四十二条　【遗嘱的撤回、变更以及遗嘱效力顺位】**遗嘱人可以撤回、变更自己所立的遗嘱。

立遗嘱后,遗嘱人实施与遗嘱内容相反的民事法律行为的,视为对遗嘱相关内容的撤回。

立有数份遗嘱,内容相抵触的,以最后的遗嘱为准。

**第一千一百四十三条　【遗嘱无效】**无民事行为能力人或者限制民事

行为能力人所立的遗嘱无效。

遗嘱必须表示遗嘱人的真实意思,受欺诈、胁迫所立的遗嘱无效。

伪造的遗嘱无效。

遗嘱被篡改的,篡改的内容无效。

**第一千一百四十四条 【附义务遗嘱】**遗嘱继承或者遗赠附有义务的,继承人或者受遗赠人应当履行义务。没有正当理由不履行义务的,经利害关系人或者有关组织请求,人民法院可以取消其接受附义务部分遗产的权利。

## 第四章 遗产的处理

**第一千一百四十五条 【遗产管理人的选任】**继承开始后,遗嘱执行人为遗产管理人;没有遗嘱执行人的,继承人应当及时推选遗产管理人;继承人未推选的,由继承人共同担任遗产管理人;没有继承人或者继承人均放弃继承的,由被继承人生前住所地的民政部门或者村民委员会担任遗产管理人。

**第一千一百四十六条 【遗产管理人的指定】**对遗产管理人的确定有争议的,利害关系人可以向人民法院申请指定遗产管理人。

**第一千一百四十七条 【遗产管理人的职责】**遗产管理人应当履行下列职责:

(一)清理遗产并制作遗产清单;

(二)向继承人报告遗产情况;

(三)采取必要措施防止遗产毁损、灭失;

(四)处理被继承人的债权债务;

(五)按照遗嘱或者依照法律规定分割遗产;

(六)实施与管理遗产有关的其他必要行为。

**第一千一百四十八条 【遗产管理人未尽职责的民事责任】**遗产管理人应当依法履行职责,因故意或者重大过失造成继承人、受遗赠人、债权人损害的,应当承担民事责任。

**第一千一百四十九条 【遗产管理人的报酬】**遗产管理人可以依照法律规定或者按照约定获得报酬。

**第一千一百五十条　【继承开始后的通知】**继承开始后,知道被继承人死亡的继承人应当及时通知其他继承人和遗嘱执行人。继承人中无人知道被继承人死亡或者知道被继承人死亡而不能通知的,由被继承人生前所在单位或者住所地的居民委员会、村民委员会负责通知。

**第一千一百五十一条　【遗产的保管】**存有遗产的人,应当妥善保管遗产,任何组织或者个人不得侵吞或者争抢。

**第一千一百五十二条　【转继承】**继承开始后,继承人于遗产分割前死亡,并没有放弃继承的,该继承人应当继承的遗产转给其继承人,但是遗嘱另有安排的除外。

**第一千一百五十三条　【遗产的确定】**夫妻共同所有的财产,除有约定的外,遗产分割时,应当先将共同所有的财产的一半分出为配偶所有,其余的为被继承人的遗产。

遗产在家庭共有财产之中的,遗产分割时,应当先分出他人的财产。

**第一千一百五十四条　【法定继承的适用范围】**有下列情形之一的,遗产中的有关部分按照法定继承办理:

(一)遗嘱继承人放弃继承或者受遗赠人放弃受遗赠;

(二)遗嘱继承人丧失继承权或者受遗赠人丧失受遗赠权;

(三)遗嘱继承人、受遗赠人先于遗嘱人死亡或者终止;

(四)遗嘱无效部分所涉及的遗产;

(五)遗嘱未处分的遗产。

**第一千一百五十五条　【胎儿预留份】**遗产分割时,应当保留胎儿的继承份额。胎儿娩出时是死体的,保留的份额按照法定继承办理。

**第一千一百五十六条　【遗产分割的原则和方法】**遗产分割应当有利于生产和生活需要,不损害遗产的效用。

不宜分割的遗产,可以采取折价、适当补偿或者共有等方法处理。

**第一千一百五十七条　【再婚时对所继承遗产的处分权】**夫妻一方死亡后另一方再婚的,有权处分所继承的财产,任何组织或者个人不得干涉。

**第一千一百五十八条　【遗赠扶养协议】**自然人可以与继承人以外的组织或者个人签订遗赠扶养协议。按照协议,该组织或者个人承担该自然人生养死葬的义务,享有受遗赠的权利。

**第一千一百五十九条　【遗产分割时的义务】**分割遗产，应当清偿被继承人依法应当缴纳的税款和债务；但是，应当为缺乏劳动能力又没有生活来源的继承人保留必要的遗产。

**第一千一百六十条　【无人继承遗产的归属】**无人继承又无人受遗赠的遗产，归国家所有，用于公益事业；死者生前是集体所有制组织成员的，归所在集体所有制组织所有。

**第一千一百六十一条　【继承人对遗产债务的清偿责任】**继承人以所得遗产实际价值为限清偿被继承人依法应当缴纳的税款和债务。超过遗产实际价值部分，继承人自愿偿还的不在此限。

继承人放弃继承的，对被继承人依法应当缴纳的税款和债务可以不负清偿责任。

**第一千一百六十二条　【遗赠与遗产税款、债务清偿】**执行遗赠不得妨碍清偿遗赠人依法应当缴纳的税款和债务。

**第一千一百六十三条　【既有法定继承又有遗嘱继承、遗赠时税款和债务的清偿】**既有法定继承又有遗嘱继承、遗赠的，由法定继承人清偿被继承人依法应当缴纳的税款和债务；超过法定继承遗产实际价值部分，由遗嘱继承人和受遗赠人按比例以所得遗产清偿。

# 中华人民共和国反家庭暴力法

（2015年12月27日第十二届全国人民代表大会常务委员会第十八次会议通过　2015年12月27日中华人民共和国主席令第37号公布　自2016年3月1日起施行）

## 目　　录

## 第一章 总 则

**第一条 【立法目的】**为了预防和制止家庭暴力,保护家庭成员的合法权益,维护平等、和睦、文明的家庭关系,促进家庭和谐、社会稳定,制定本法。

**第二条 【定义】**本法所称家庭暴力,是指家庭成员之间以殴打、捆绑、残害、限制人身自由以及经常性谩骂、恐吓等方式实施的身体、精神等侵害行为。

**第三条 【家庭成员之间的义务】**家庭成员之间应当互相帮助,互相关爱,和睦相处,履行家庭义务。

反家庭暴力是国家、社会和每个家庭的共同责任。

国家禁止任何形式的家庭暴力。

**第四条 【政府职责】**县级以上人民政府负责妇女儿童工作的机构,负责组织、协调、指导、督促有关部门做好反家庭暴力工作。

县级以上人民政府有关部门、司法机关、人民团体、社会组织、居民委员会、村民委员会、企业事业单位,应当依照本法和有关法律规定,做好反家庭暴力工作。

各级人民政府应当对反家庭暴力工作给予必要的经费保障。

**第五条 【反家庭暴力工作的原则】**反家庭暴力工作遵循预防为主,教育、矫治与惩处相结合原则。

反家庭暴力工作应当尊重受害人真实意愿,保护当事人隐私。

未成年人、老年人、残疾人、孕期和哺乳期的妇女、重病患者遭受家庭暴力的,应当给予特殊保护。

## 第二章 家庭暴力的预防

**第六条 【宣传教育】**国家开展家庭美德宣传教育,普及反家庭暴力知识,增强公民反家庭暴力意识。

工会、共产主义青年团、妇女联合会、残疾人联合会应当在各自工作范围内,组织开展家庭美德和反家庭暴力宣传教育。

广播、电视、报刊、网络等应当开展家庭美德和反家庭暴力宣传。

学校、幼儿园应当开展家庭美德和反家庭暴力教育。

**第七条 【业务培训、统计】**县级以上人民政府有关部门、司法机关、妇女联合会应当将预防和制止家庭暴力纳入业务培训和统计工作。

医疗机构应当做好家庭暴力受害人的诊疗记录。

**第八条 【乡镇人民政府、街道办事处的职责】**乡镇人民政府、街道办事处应当组织开展家庭暴力预防工作,居民委员会、村民委员会、社会工作服务机构应当予以配合协助。

**第九条 【政府支持】**各级人民政府应当支持社会工作服务机构等社会组织开展心理健康咨询、家庭关系指导、家庭暴力预防知识教育等服务。

**第十条 【调解家庭纠纷】**人民调解组织应当依法调解家庭纠纷,预防和减少家庭暴力的发生。

**第十一条 【用人单位的职责】**用人单位发现本单位人员有家庭暴力情况的,应当给予批评教育,并做好家庭矛盾的调解、化解工作。

**第十二条 【监护人的职责】**未成年人的监护人应当以文明的方式进行家庭教育,依法履行监护和教育职责,不得实施家庭暴力。

## 第三章 家庭暴力的处置

**第十三条 【投诉、反映和求助】**家庭暴力受害人及其法定代理人、近亲属可以向加害人或者受害人所在单位、居民委员会、村民委员会、妇女联合会等单位投诉、反映或者求助。有关单位接到家庭暴力投诉、反映或者求助后,应当给予帮助、处理。

家庭暴力受害人及其法定代理人、近亲属也可以向公安机关报案或者依法向人民法院起诉。

单位、个人发现正在发生的家庭暴力行为,有权及时劝阻。

**第十四条 【报案】**学校、幼儿园、医疗机构、居民委员会、村民委员会、社会工作服务机构、救助管理机构、福利机构及其工作人员在工作中发现无民事行为能力人、限制民事行为能力人遭受或者疑似遭受家庭暴力的，应当及时向公安机关报案。公安机关应当对报案人的信息予以保密。

**第十五条 【公安机关接到报案后的工作】**公安机关接到家庭暴力报案后应当及时出警，制止家庭暴力，按照有关规定调查取证，协助受害人就医、鉴定伤情。

无民事行为能力人、限制民事行为能力人因家庭暴力身体受到严重伤害、面临人身安全威胁或者处于无人照料等危险状态的，公安机关应当通知并协助民政部门将其安置到临时庇护场所、救助管理机构或者福利机构。

**第十六条 【告诫书的出具和内容】**家庭暴力情节较轻，依法不给予治安管理处罚的，由公安机关对加害人给予批评教育或者出具告诫书。

告诫书应当包括加害人的身份信息、家庭暴力的事实陈述、禁止加害人实施家庭暴力等内容。

**第十七条 【告诫书的送达】**公安机关应当将告诫书送交加害人、受害人，并通知居民委员会、村民委员会。

居民委员会、村民委员会、公安派出所应当对收到告诫书的加害人、受害人进行查访，监督加害人不再实施家庭暴力。

**第十八条 【设立临时庇护场所】**县级或者设区的市级人民政府可以单独或者依托救助管理机构设立临时庇护场所，为家庭暴力受害人提供临时生活帮助。

**第十九条 【法律援助和诉讼费用的缓减免】**法律援助机构应当依法为家庭暴力受害人提供法律援助。

人民法院应当依法对家庭暴力受害人缓收、减收或者免收诉讼费用。

**第二十条 【人民法院对家庭暴力事实的认定依据】**人民法院审理涉及家庭暴力的案件，可以根据公安机关出警记录、告诫书、伤情鉴定意见等证据，认定家庭暴力事实。

**第二十一条 【监护人资格的撤销】**监护人实施家庭暴力严重侵害被监护人合法权益的，人民法院可以根据被监护人的近亲属、居民委员会、村民委员会、县级人民政府民政部门等有关人员或者单位的申请，依法撤销其监护人资格，另行指定监护人。

被撤销监护人资格的加害人，应当继续负担相应的赡养、扶养、抚养费用。

**第二十二条　【对加害人进行法治教育】**工会、共产主义青年团、妇女联合会、残疾人联合会、居民委员会、村民委员会等应当对实施家庭暴力的加害人进行法治教育，必要时可以对加害人、受害人进行心理辅导。

## 第四章　人身安全保护令

**第二十三条　【申请人身安全保护令】**当事人因遭受家庭暴力或者面临家庭暴力的现实危险，向人民法院申请人身安全保护令的，人民法院应当受理。

当事人是无民事行为能力人、限制民事行为能力人，或者因受到强制、威吓等原因无法申请人身安全保护令的，其近亲属、公安机关、妇女联合会、居民委员会、村民委员会、救助管理机构可以代为申请。

**第二十四条　【申请方式】**申请人身安全保护令应当以书面方式提出；书面申请确有困难的，可以口头申请，由人民法院记入笔录。

**第二十五条　【管辖法院】**人身安全保护令案件由申请人或者被申请人居住地、家庭暴力发生地的基层人民法院管辖。

**第二十六条　【以裁定形式作出】**人身安全保护令由人民法院以裁定形式作出。

**第二十七条　【作出人身安全保护令的条件】**作出人身安全保护令，应当具备下列条件：

（一）有明确的被申请人；

（二）有具体的请求；

（三）有遭受家庭暴力或者面临家庭暴力现实危险的情形。

**第二十八条　【作出人身安全保护令或者驳回申请的时限】**人民法院受理申请后，应当在七十二小时内作出人身安全保护令或者驳回申请；情况紧急的，应当在二十四小时内作出。

**第二十九条　【措施】**人身安全保护令可以包括下列措施：

（一）禁止被申请人实施家庭暴力；

（二）禁止被申请人骚扰、跟踪、接触申请人及其相关近亲属；

（三）责令被申请人迁出申请人住所；

（四）保护申请人人身安全的其他措施。

**第三十条** **【有效期】**人身安全保护令的有效期不超过六个月，自作出之日起生效。人身安全保护令失效前，人民法院可以根据申请人的申请撤销、变更或者延长。

**第三十一条** **【复议】**申请人对驳回申请不服或者被申请人对人身安全保护令不服的，可以自裁定生效之日起五日内向作出裁定的人民法院申请复议一次。人民法院依法作出人身安全保护令的，复议期间不停止人身安全保护令的执行。

**第三十二条** **【送达】**人民法院作出人身安全保护令后，应当送达申请人、被申请人、公安机关以及居民委员会、村民委员会等有关组织。人身安全保护令由人民法院执行，公安机关以及居民委员会、村民委员会等应当协助执行。

## 第五章 法律责任

**第三十三条** **【实施家庭暴力的法律责任】**加害人实施家庭暴力，构成违反治安管理行为的，依法给予治安管理处罚；构成犯罪的，依法追究刑事责任。

**第三十四条** **【被申请人违反人身安全保护令的法律责任】**被申请人违反人身安全保护令，构成犯罪的，依法追究刑事责任；尚不构成犯罪的，人民法院应当给予训诫，可以根据情节轻重处以一千元以下罚款、十五日以下拘留。

**第三十五条** **【不依据规定向公安机关报案的法律责任】**学校、幼儿园、医疗机构、居民委员会、村民委员会、社会工作服务机构、救助管理机构、福利机构及其工作人员未依照本法第十四条规定向公安机关报案，造成严重后果的，由上级主管部门或者本单位对直接负责的主管人员和其他直接责任人员依法给予处分。

**第三十六条** **【国家工作人员违反职责的法律责任】**负有反家庭暴力

职责的国家工作人员玩忽职守、滥用职权、徇私舞弊的，依法给予处分；构成犯罪的，依法追究刑事责任。

## 第六章 附 则

**第三十七条 【参照适用】**家庭成员以外共同生活的人之间实施的暴力行为，参照本法规定执行。

**第三十八条 【施行日期】**本法自2016年3月1日起施行。

# 中华人民共和国义务教育法

（1986年4月12日第六届全国人民代表大会第四次会议通过 2006年6月29日第十届全国人民代表大会常务委员会第二十二次会议修订 根据2015年4月24日第十二届全国人民代表大会常务委员会第十四次会议《关于修改〈中华人民共和国义务教育法〉等五部法律的决定》第一次修正 根据2018年12月29日第十三届全国人民代表大会常务委员会第七次会议《关于修改〈中华人民共和国产品质量法〉等五部法律的决定》第二次修正）

## 目 录

## 第一章 总 则

**第一条 【立法目的】**为了保障适龄儿童、少年接受义务教育的权利，保证义务教育的实施，提高全民族素质，根据宪法和教育法，制定本法。

**第二条 【义务教育】**国家实行九年义务教育制度。

义务教育是国家统一实施的所有适龄儿童、少年必须接受的教育，是国家必须予以保障的公益性事业。

实施义务教育，不收学费、杂费。

国家建立义务教育经费保障机制，保证义务教育制度实施。

**第三条 【素质教育】**义务教育必须贯彻国家的教育方针，实施素质教育，提高教育质量，使适龄儿童、少年在品德、智力、体质等方面全面发展，为培养有理想、有道德、有文化、有纪律的社会主义建设者和接班人奠定基础。

**第四条 【平等的受教育权】**凡具有中华人民共和国国籍的适龄儿童、少年，不分性别、民族、种族、家庭财产状况、宗教信仰等，依法享有平等接受义务教育的权利，并履行接受义务教育的义务。

**第五条 【受教育权的保障】**各级人民政府及其有关部门应当履行本法规定的各项职责，保障适龄儿童、少年接受义务教育的权利。

适龄儿童、少年的父母或者其他法定监护人应当依法保证其按时入学接受并完成义务教育。

依法实施义务教育的学校应当按照规定标准完成教育教学任务，保证教育教学质量。

社会组织和个人应当为适龄儿童、少年接受义务教育创造良好的环境。

**第六条 【促进义务教育均衡发展】**国务院和县级以上地方人民政府应当合理配置教育资源，促进义务教育均衡发展，改善薄弱学校的办学条件，并采取措施，保障农村地区、民族地区实施义务教育，保障家庭经济困难的和残疾的适龄儿童、少年接受义务教育。

国家组织和鼓励经济发达地区支援经济欠发达地区实施义务教育。

**第七条 【义务教育体制】**义务教育实行国务院领导，省、自治区、直辖市人民政府统筹规划实施,县级人民政府为主管理的体制。

县级以上人民政府教育行政部门具体负责义务教育实施工作;县级以上人民政府其他有关部门在各自的职责范围内负责义务教育实施工作。

**第八条 【教育督导】**人民政府教育督导机构对义务教育工作执行法律法规情况、教育教学质量以及义务教育均衡发展状况等进行督导,督导报告向社会公布。

**第九条 【检举和控告】**任何社会组织或者个人有权对违反本法的行为向有关国家机关提出检举或者控告。

发生违反本法的重大事件,妨碍义务教育实施,造成重大社会影响的,负有领导责任的人民政府或者人民政府教育行政部门负责人应当引咎辞职。

**第十条 【表彰和奖励】**对在义务教育实施工作中做出突出贡献的社会组织和个人,各级人民政府及其有关部门按照有关规定给予表彰、奖励。

## 第二章 学 生

**第十一条 【法定学龄】**凡年满六周岁的儿童,其父母或者其他法定监护人应当送其入学接受并完成义务教育;条件不具备的地区的儿童,可以推迟到七周岁。

适龄儿童、少年因身体状况需要延缓入学或者休学的,其父母或者其他法定监护人应当提出申请,由当地乡镇人民政府或者县级人民政府教育行政部门批准。

**第十二条 【适龄儿童的入学保障】**适龄儿童、少年免试入学。地方各级人民政府应当保障适龄儿童、少年在户籍所在地学校就近入学。

父母或者其他法定监护人在非户籍所在地工作或者居住的适龄儿童、少年,在其父母或者其他法定监护人工作或者居住地接受义务教育的,当地人民政府应当为其提供平等接受义务教育的条件。具体办法由省、自治区、直辖市规定。

县级人民政府教育行政部门对本行政区域内的军人子女接受义务教

育予以保障。

**第十三条 【督促入学、防止辍学】**县级人民政府教育行政部门和乡镇人民政府组织和督促适龄儿童、少年入学，帮助解决适龄儿童、少年接受义务教育的困难，采取措施防止适龄儿童、少年辍学。

居民委员会和村民委员会协助政府做好工作，督促适龄儿童、少年入学。

**第十四条 【禁止招用应接受义务教育的儿童、少年】**禁止用人单位招用应当接受义务教育的适龄儿童、少年。

根据国家有关规定经批准招收适龄儿童、少年进行文艺、体育等专业训练的社会组织，应当保证所招收的适龄儿童、少年接受义务教育；自行实施义务教育的，应当经县级人民政府教育行政部门批准。

## 第三章 学 校

**第十五条 【学校设置】**县级以上地方人民政府根据本行政区域内居住的适龄儿童、少年的数量和分布状况等因素，按照国家有关规定，制定、调整学校设置规划。新建居民区需要设置学校的，应当与居民区的建设同步进行。

**第十六条 【学校建设要求和标准】**学校建设，应当符合国家规定的办学标准，适应教育教学需要；应当符合国家规定的选址要求和建设标准，确保学生和教职工安全。

**第十七条 【宿制学校】**县级人民政府根据需要设置寄宿制学校，保障居住分散的适龄儿童、少年入学接受义务教育。

**第十八条 【接收少数民族适龄儿童、少年的学校】**国务院教育行政部门和省、自治区、直辖市人民政府根据需要，在经济发达地区设置接收少数民族适龄儿童、少年的学校（班）。

**第十九条 【特殊教育学校（班）】**县级以上地方人民政府根据需要设置相应的实施特殊教育的学校（班），对视力残疾、听力语言残疾和智力残疾的适龄儿童、少年实施义务教育。特殊教育学校（班）应当具备适应残疾儿童、少年学习、康复、生活特点的场所和设施。

普通学校应当接收具有接受普通教育能力的残疾适龄儿童、少年随班就读，并为其学习、康复提供帮助。

**第二十条 【专门学校】**县级以上地方人民政府根据需要，为具有预防未成年人犯罪法规定的严重不良行为的适龄少年设置专门的学校实施义务教育。

**第二十一条 【对特殊未成年人的义务教育保障】**对未完成义务教育的未成年犯和被采取强制性教育措施的未成年人应当进行义务教育，所需经费由人民政府予以保障。

**第二十二条 【促进学校均衡发展】**县级以上人民政府及其教育行政部门应当促进学校均衡发展，缩小学校之间办学条件的差距，不得将学校分为重点学校和非重点学校。学校不得分设重点班和非重点班。

县级以上人民政府及其教育行政部门不得以任何名义改变或者变相改变公办学校的性质。

**第二十三条 【安全保障】**各级人民政府及其有关部门依法维护学校周边秩序，保护学生、教师、学校的合法权益，为学校提供安全保障。

**第二十四条 【建立、健全安全制度和应急机制】**学校应当建立、健全安全制度和应急机制，对学生进行安全教育，加强管理，及时消除隐患，预防发生事故。

县级以上地方人民政府定期对学校校舍安全进行检查；对需要维修、改造的，及时予以维修、改造。

学校不得聘用曾经因故意犯罪被依法剥夺政治权利或者其他不适合从事义务教育工作的人担任工作人员。

**第二十五条 【禁止乱收费】**学校不得违反国家规定收取费用，不得以向学生推销或者变相推销商品、服务等方式谋取利益。

**第二十六条 【校长负责制】**学校实行校长负责制。校长应当符合国家规定的任职条件。校长由县级人民政府教育行政部门依法聘任。

**第二十七条 【禁止开除】**对违反学校管理制度的学生，学校应当予以批评教育，不得开除。

## 第四章 教 师

**第二十八条 【教师的职责】**教师享有法律规定的权利，履行法律规定的义务,应当为人师表,忠诚于人民的教育事业。

全社会应当尊重教师。

**第二十九条　【平等对待学生】**教师在教育教学中应当平等对待学生,关注学生的个体差异,因材施教,促进学生的充分发展。

教师应当尊重学生的人格,不得歧视学生,不得对学生实施体罚、变相体罚或者其他侮辱人格尊严的行为,不得侵犯学生合法权益。

**第三十条　【教师职务制度】**教师应当取得国家规定的教师资格。

国家建立统一的义务教育教师职务制度。教师职务分为初级职务、中级职务和高级职务。

**第三十一条　【经费保障机制】**各级人民政府保障教师工资福利和社会保险待遇,改善教师工作和生活条件;完善农村教师工资经费保障机制。

教师的平均工资水平应当不低于当地公务员的平均工资水平。

特殊教育教师享有特殊岗位补助津贴。在民族地区和边远贫困地区工作的教师享有艰苦贫困地区补助津贴。

**第三十二条　【教师培养和流动】**县级以上人民政府应当加强教师培养工作,采取措施发展教师教育。

县级人民政府教育行政部门应当均衡配置本行政区域内学校师资力量,组织校长、教师的培训和流动,加强对薄弱学校的建设。

**第三十三条　【鼓励到农村地区、民族地区从事义务教育工作】**国务院和地方各级人民政府鼓励和支持城市学校教师和高等学校毕业生到农村地区、民族地区从事义务教育工作。

国家鼓励高等学校毕业生以志愿者的方式到农村地区、民族地区缺乏教师的学校任教。县级人民政府教育行政部门依法认定其教师资格,其任教时间计入工龄。

## 第五章　教育教学

**第三十四条　【教育教学工作的职责】**教育教学工作应当符合教育规律和学生身心发展特点,面向全体学生,教书育人,将德育、智育、体育、美育等有机统一在教育教学活动中,注重培养学生独立思考能力、创新能力和实践能力，促进学生全面发展。

**第三十五条 【推进素质教育、提高教学质量】**国务院教育行政部门根据适龄儿童、少年身心发展的状况和实际情况，确定教学制度、教育教学内容和课程设置，改革考试制度，并改进高级中等学校招生办法，推进实施素质教育。

学校和教师按照确定的教育教学内容和课程设置开展教育教学活动，保证达到国家规定的基本质量要求。

国家鼓励学校和教师采用启发式教育等教育教学方法，提高教育教学质量。

**第三十六条 【重视德育】**学校应当把德育放在首位，寓德育于教育教学之中，开展与学生年龄相适应的社会实践活动，形成学校、家庭、社会相互配合的思想道德教育体系，促进学生养成良好的思想品德和行为习惯。

**第三十七条 【保证学生课外活动】**学校应当保证学生的课外活动时间，组织开展文化娱乐等课外活动。社会公共文化体育设施应当为学校开展课外活动提供便利。

**第三十八条 【教科书】**教科书根据国家教育方针和课程标准编写，内容力求精简，精选必备的基础知识、基本技能，经济实用，保证质量。

国家机关工作人员和教科书审查人员，不得参与或者变相参与教科书的编写工作。

**第三十九条 【教科书审定制度】**国家实行教科书审定制度。教科书的审定办法由国务院教育行政部门规定。

未经审定的教科书，不得出版、选用。

**第四十条 【教科书的定价】**教科书价格由省、自治区、直辖市人民政府价格行政部门会同同级出版主管部门按照微利原则确定。

**第四十一条 【教科书循环使用】**国家鼓励教科书循环使用。

## 第六章 经 费 保 障

**第四十二条 【财政保障】**国家将义务教育全面纳入财政保障范围，义务教育经费由国务院和地方各级人民政府依照本法规定予以保障。

国务院和地方各级人民政府将义务教育经费纳入财政预算，按照教职工编制标准、工资标准和学校建设标准、学生人均公用经费标准等,及时足额拨付义务教育经费,确保学校的正常运转和校舍安全,确保教职工工资按照规定发放。

国务院和地方各级人民政府用于实施义务教育财政拨款的增长比例应当高于财政经常性收入的增长比例,保证按照在校学生人数平均的义务教育费用逐步增长,保证教职工工资和学生人均公用经费逐步增长。

**第四十三条 【学生人均公用经费基本标准】**学校的学生人均公用经费基本标准由国务院财政部门会同教育行政部门制定,并根据经济和社会发展状况适时调整。制定、调整学生人均公用经费基本标准,应当满足教育教学基本需要。

省、自治区、直辖市人民政府可以根据本行政区域的实际情况,制定不低于国家标准的学校学生人均公用经费标准。

特殊教育学校(班)学生人均公用经费标准应当高于普通学校学生人均公用经费标准。

**第四十四条 【经费分担制度】**义务教育经费投入实行国务院和地方各级人民政府根据职责共同负担,省、自治区、直辖市人民政府负责统筹落实的体制。农村义务教育所需经费,由各级人民政府根据国务院的规定分项目、按比例分担。

各级人民政府对家庭经济困难的适龄儿童、少年免费提供教科书并补助寄宿生生活费。

义务教育经费保障的具体办法由国务院规定。

**第四十五条 【义务教育经费安排】**地方各级人民政府在财政预算中将义务教育经费单列。

县级人民政府编制预算,除向农村地区学校和薄弱学校倾斜外,应当均衡安排义务教育经费。

**第四十六条 【财政转移支付的支持】**国务院和省、自治区、直辖市人民政府规范财政转移支付制度,加大一般性转移支付规模和规范义务教育专项转移支付,支持和引导地方各级人民政府增加对义务教育的投入。地方各级人民政府确保将上级人民政府的义务教育转移支付资金按照规定用于义务教育。

**第四十七条 【专项扶持资金】**国务院和县级以上地方人民政府根据实际需要,设立专项资金,扶持农村地区、民族地区实施义务教育。

**第四十八条 【鼓励教育捐赠】**国家鼓励社会组织和个人向义务教育捐赠,鼓励按照国家有关基金会管理的规定设立义务教育基金。

**第四十九条 【义务教育经费的专款专用】**义务教育经费严格按照预算规定用于义务教育;任何组织和个人不得侵占、挪用义务教育经费,不得向学校非法收取或者摊派费用。

**第五十条 【审计监督和统计公告制度】**县级以上人民政府建立健全义务教育经费的审计监督和统计公告制度。

## 第七章 法律责任

**第五十一条 【未履行经费保障职责的责任】**国务院有关部门和地方各级人民政府违反本法第六章的规定,未履行对义务教育经费保障职责的,由国务院或者上级地方人民政府责令限期改正;情节严重的,对直接负责的主管人员和其他直接责任人员依法给予行政处分。

**第五十二条 【政府的违法责任】**县级以上地方人民政府有下列情形之一的,由上级人民政府责令限期改正;情节严重的,对直接负责的主管人员和其他直接责任人员依法给予行政处分:

(一)未按照国家有关规定制定、调整学校的设置规划的;

(二)学校建设不符合国家规定的办学标准、选址要求和建设标准的;

(三)未定期对学校校舍安全进行检查,并及时维修、改造的;

(四)未依照本法规定均衡安排义务教育经费的。

**第五十三条 【政府和教育行政部门的失职责任】**县级以上人民政府或者其教育行政部门有下列情形之一的,由上级人民政府或者其教育行政部门责令限期改正、通报批评;情节严重的,对直接负责的主管人员和其他直接责任人员依法给予行政处分:

(一)将学校分为重点学校和非重点学校的;

(二)改变或者变相改变公办学校性质的。

县级人民政府教育行政部门或者乡镇人民政府未采取措施组织适龄儿童、少年入学或者防止辍学的,依照前款规定追究法律责任。

**第五十四条 【侵占、挪用和摊派的处罚】**有下列情形之一的，由上级人民政府或者上级人民政府教育行政部门、财政部门、价格行政部门和审计机关根据职责分工责令限期改正；情节严重的，对直接负责的主管人员和其他直接责任人员依法给予处分：

（一）侵占、挪用义务教育经费的；

（二）向学校非法收取或者摊派费用的。

**第五十五条 【学校或者教师的违法责任】**学校或者教师在义务教育工作中违反教育法、教师法规定的，依照教育法、教师法的有关规定处罚。

**第五十六条 【乱收费和违规编写教科书的责任】**学校违反国家规定收取费用的，由县级人民政府教育行政部门责令退还所收费用；对直接负责的主管人员和其他直接责任人员依法给予处分。

学校以向学生推销或者变相推销商品、服务等方式谋取利益的，由县级人民政府教育行政部门给予通报批评；有违法所得的，没收违法所得；对直接负责的主管人员和其他直接责任人员依法给予处分。

国家机关工作人员和教科书审查人员参与或者变相参与教科书编写的，由县级以上人民政府或者其教育行政部门根据职责权限责令限期改正，依法给予行政处分；有违法所得的，没收违法所得。

**第五十七条 【学校的违法责任】**学校有下列情形之一的，由县级人民政府教育行政部门责令限期改正；情节严重的，对直接负责的主管人员和其他直接责任人员依法给予处分：

（一）拒绝接收具有接受普通教育能力的残疾适龄儿童、少年随班就读的；

（二）分设重点班和非重点班的；

（三）违反本法规定开除学生的；

（四）选用未经审定的教科书的。

**第五十八条 【监护人责任】**适龄儿童、少年的父母或者其他法定监护人无正当理由未依照本法规定送适龄儿童、少年入学接受义务教育的，由当地乡镇人民政府或者县级人民政府教育行政部门给予批评教育，责令限期改正。

**第五十九条 【相关违法行为的处罚】**有下列情形之一的，依照有关法律、行政法规的规定予以处罚：

（一）胁迫或者诱骗应当接受义务教育的适龄儿童、少年失学、辍学的；

（二）非法招用应当接受义务教育的适龄儿童、少年的；

（三）出版未经依法审定的教科书的。

**第六十条　【刑事责任】**违反本法规定，构成犯罪的，依法追究刑事责任。

### 第八章　附　　则

**第六十一条　【不收杂费的实施步骤】**对接受义务教育的适龄儿童、少年不收杂费的实施步骤，由国务院规定。

**第六十二条　【适用范围】**社会组织或者个人依法举办的民办学校实施义务教育的，依照民办教育促进法有关规定执行；民办教育促进法未作规定的，适用本法。

**第六十三条　【施行日期】**本法自2006年9月1日起施行。

## 中华人民共和国劳动法（节录）

（1994年7月5日第八届全国人民代表大会常务委员会第八次会议通过　根据2009年8月27日第十一届全国人民代表大会常务委员会第十次会议《关于修改部分法律的决定》第一次修正　根据2018年12月29日第十三届全国人民代表大会常务委员会第七次会议《关于修改〈中华人民共和国劳动法〉等七部法律的决定》第二次修正）

### 第七章　女职工和未成年工特殊保护

**第五十八条　【女职工和未成年工特殊劳动保护】**国家对女职工和未

成年工实行特殊劳动保护。

未成年工是指年满十六周岁未满十八周岁的劳动者。

**第五十九条　【劳动强度限制】**禁止安排女职工从事矿山井下、国家规定的第四级体力劳动强度的劳动和其他禁忌从事的劳动。

**第六十条　【经期劳动强度限制】**不得安排女职工在经期从事高处、低温、冷水作业和国家规定的第三级体力劳动强度的劳动。

**第六十一条　【孕期劳动强度限制】**不得安排女职工在怀孕期间从事国家规定的第三级体力劳动强度的劳动和孕期禁忌从事的劳动。对怀孕七个月以上的女职工,不得安排其延长工作时间和夜班劳动。

**第六十二条　【产假】**女职工生育享受不少于九十天的产假。

**第六十三条　【哺乳期劳动保护】**不得安排女职工在哺乳未满一周岁的婴儿期间从事国家规定的第三级体力劳动强度的劳动和哺乳期禁忌从事的其他劳动,不得安排其延长工作时间和夜班劳动。

**第六十四条　【未成年工劳动保护】**不得安排未成年工从事矿山井下、有毒有害、国家规定的第四级体力劳动强度的劳动和其他禁忌从事的劳动。

**第六十五条　【未成年工健康检查】**用人单位应当对未成年工定期进行健康检查。

# 中华人民共和国预防未成年人犯罪法

（1999年6月28日第九届全国人民代表大会常务委员会第十次会议通过 根据2012年10月26日第十一届全国人民代表大会常务委员会第二十九次会议《关于修改〈中华人民共和国预防未成年人犯罪法〉的决定》修正 2020年12月26日第十三届全国人民代表大会常务委员会第二十四次会议修订 自2021年6月1日起施行）

## 目 录



## 第一章 总 则

**第一条 【立法目的】**为了保障未成年人身心健康，培养未成年人良好品行，有效预防未成年人违法犯罪，制定本法。

**第二条 【预防原则】**预防未成年人犯罪，立足于教育和保护未成年人相结合，坚持预防为主、提前干预，对未成年人的不良行为和严重不良行为及时进行分级预防、干预和矫治。

**第三条 【未成年人合法权益的保护】**开展预防未成年人犯罪工作，应当尊重未成年人人格尊严，保护未成年人的名誉权、隐私权和个人信息等合法权益。

**第四条　【综合治理】**预防未成年人犯罪，在各级人民政府组织下，实行综合治理。

国家机关、人民团体、社会组织、企业事业单位、居民委员会、村民委员会、学校、家庭等各负其责、相互配合，共同做好预防未成年人犯罪工作，及时消除滋生未成年人违法犯罪行为的各种消极因素，为未成年人身心健康发展创造良好的社会环境。

**第五条　【各级政府职责】**各级人民政府在预防未成年人犯罪方面的工作职责是：

（一）制定预防未成年人犯罪工作规划；

（二）组织公安、教育、民政、文化和旅游、市场监督管理、网信、卫生健康、新闻出版、电影、广播电视、司法行政等有关部门开展预防未成年人犯罪工作；

（三）为预防未成年人犯罪工作提供政策支持和经费保障；

（四）对本法的实施情况和工作规划的执行情况进行检查；

（五）组织开展预防未成年人犯罪宣传教育；

（六）其他预防未成年人犯罪工作职责。

**第六条　【专门教育】**国家加强专门学校建设，对有严重不良行为的未成年人进行专门教育。专门教育是国民教育体系的组成部分，是对有严重不良行为的未成年人进行教育和矫治的重要保护处分措施。

省级人民政府应当将专门教育发展和专门学校建设纳入经济社会发展规划。县级以上地方人民政府成立专门教育指导委员会，根据需要合理设置专门学校。

专门教育指导委员会由教育、民政、财政、人力资源社会保障、公安、司法行政、人民检察院、人民法院、共产主义青年团、妇女联合会、关心下一代工作委员会、专门学校等单位，以及律师、社会工作者等人员组成，研究确定专门学校教学、管理等相关工作。

专门学校建设和专门教育具体办法，由国务院规定。

**第七条　【专门机构或人员负责】**公安机关、人民检察院、人民法院、司法行政部门应当由专门机构或者经过专业培训、熟悉未成年人身心特点的专门人员负责预防未成年人犯罪工作。

**第八条 【培育社会力量】**共产主义青年团、妇女联合会、工会、残疾人联合会、关心下一代工作委员会、青年联合会、学生联合会、少年先锋队以及有关社会组织，应当协助各级人民政府及其有关部门、人民检察院和人民法院做好预防未成年人犯罪工作，为预防未成年人犯罪培育社会力量，提供支持服务。

**第九条 【社会组织参与】**国家鼓励、支持和指导社会工作服务机构等社会组织参与预防未成年人犯罪相关工作，并加强监督。

**第十条 【禁止教唆、胁迫、引诱】**任何组织或者个人不得教唆、胁迫、引诱未成年人实施不良行为或者严重不良行为，以及为未成年人实施上述行为提供条件。

**第十一条 【抵制不良行为的引诱侵害】**未成年人应当遵守法律法规及社会公共道德规范，树立自尊、自律、自强意识，增强辨别是非和自我保护的能力，自觉抵制各种不良行为以及违法犯罪行为的引诱和侵害。

**第十二条 【教育、关爱、矫治和对策研究】**预防未成年人犯罪，应当结合未成年人不同年龄的生理、心理特点，加强青春期教育、心理关爱、心理矫治和预防犯罪对策的研究。

**第十三条 【国际交流合作】**国家鼓励和支持预防未成年人犯罪相关学科建设、专业设置、人才培养及科学研究，开展国际交流与合作。

**第十四条 【表彰奖励】**国家对预防未成年人犯罪工作有显著成绩的组织和个人，给予表彰和奖励。

## 第二章 预防犯罪的教育

**第十五条 【预防犯罪教育】**国家、社会、学校和家庭应当对未成年人加强社会主义核心价值观教育，开展预防犯罪教育，增强未成年人的法治观念，使未成年人树立遵纪守法和防范违法犯罪的意识，提高自我管控能力。

**第十六条 【监护人责任】**未成年人的父母或者其他监护人对未成年人的预防犯罪教育负有直接责任，应当依法履行监护职责，树立优良家风，培养未成年人良好品行；发现未成年人心理或者行为异常的，应当及时了解情况并进行教育、引导和劝诫,不得拒绝或者怠于履行监护职责。

**第十七条 【学校教育】**教育行政部门、学校应当将预防犯罪教育纳入学校教学计划,指导教职员工结合未成年人的特点,采取多种方式对未成年学生进行有针对性的预防犯罪教育。

**第十八条 【法治教育人员的聘请】**学校应当聘任从事法治教育的专职或者兼职教师,并可以从司法和执法机关、法学教育和法律服务机构等单位聘请法治副校长、校外法治辅导员。

**第十九条 【心理健康教育】**学校应当配备专职或者兼职的心理健康教育教师,开展心理健康教育。学校可以根据实际情况与专业心理健康机构合作,建立心理健康筛查和早期干预机制,预防和解决学生心理、行为异常问题。

学校应当与未成年学生的父母或者其他监护人加强沟通,共同做好未成年学生心理健康教育;发现未成年学生可能患有精神障碍的,应当立即告知其父母或者其他监护人送相关专业机构诊治。

**第二十条 【学生欺凌防控制度】**教育行政部门应当会同有关部门建立学生欺凌防控制度。学校应当加强日常安全管理,完善学生欺凌发现和处置的工作流程,严格排查并及时消除可能导致学生欺凌行为的各种隐患。

**第二十一条 【聘请社会工作者协助教育】**教育行政部门鼓励和支持学校聘请社会工作者长期或者定期进驻学校,协助开展道德教育、法治教育、生命教育和心理健康教育,参与预防和处理学生欺凌等行为。

**第二十二条 【推广科学合理的教育方法】**教育行政部门、学校应当通过举办讲座、座谈、培训等活动,介绍科学合理的教育方法,指导教职员工、未成年学生的父母或者其他监护人有效预防未成年人犯罪。

学校应当将预防犯罪教育计划告知未成年学生的父母或者其他监护人。未成年学生的父母或者其他监护人应当配合学校对未成年学生进行有针对性的预防犯罪教育。

**第二十三条 【纳入学校年度考核】**教育行政部门应当将预防犯罪教育的工作效果纳入学校年度考核内容。

**第二十四条 【举办多种形式的宣教活动】**各级人民政府及其有关部

门、人民检察院、人民法院、共产主义青年团、少年先锋队、妇女联合会、残疾人联合会、关心下一代工作委员会等应当结合实际，组织、举办多种形式的预防未成年人犯罪宣传教育活动。有条件的地方可以建立青少年法治教育基地，对未成年人开展法治教育。

**第二十五条 【基层组织法制宣传】**居民委员会、村民委员会应当积极开展有针对性的预防未成年人犯罪宣传活动，协助公安机关维护学校周围治安，及时掌握本辖区内未成年人的监护、就学和就业情况，组织、引导社区社会组织参与预防未成年人犯罪工作。

**第二十六条 【校外活动场所的宣传教育】**青少年宫、儿童活动中心等校外活动场所应当把预防犯罪教育作为一项重要的工作内容，开展多种形式的宣传教育活动。

**第二十七条 【职业培训】**职业培训机构、用人单位在对已满十六周岁准备就业的未成年人进行职业培训时，应当将预防犯罪教育纳入培训内容。

## 第三章 对不良行为的干预

**第二十八条 【不良行为】**本法所称不良行为，是指未成年人实施的不利于其健康成长的下列行为：

（一）吸烟、饮酒；

（二）多次旷课、逃学；

（三）无故夜不归宿、离家出走；

（四）沉迷网络；

（五）与社会上具有不良习性的人交往，组织或者参加实施不良行为的团伙；

（六）进入法律法规规定未成年人不宜进入的场所；

（七）参与赌博、变相赌博，或者参加封建迷信、邪教等活动；

（八）阅览、观看或者收听宣扬淫秽、色情、暴力、恐怖、极端等内容的读物、音像制品或者网络信息等；

（九）其他不利于未成年人身心健康成长的不良行为。

**第二十九条 【监护人义务】**未成年人的父母或者其他监护人发现未

成年人有不良行为的，应当及时制止并加强管教。

**第三十条 【公安机关等部门义务】**公安机关、居民委员会、村民委员会发现本辖区内未成年人有不良行为的，应当及时制止，并督促其父母或者其他监护人依法履行监护职责。

**第三十一条 【学校的管理义务及措施】**学校对有不良行为的未成年学生，应当加强管理教育，不得歧视；对拒不改正或者情节严重的，学校可以根据情况予以处分或者采取以下管理教育措施：

（一）予以训导；

（二）要求遵守特定的行为规范；

（三）要求参加特定的专题教育；

（四）要求参加校内服务活动；

（五）要求接受社会工作者或者其他专业人员的心理辅导和行为干预；

（六）其他适当的管理教育措施。

**第三十二条 【家校合作机制】**学校和家庭应当加强沟通，建立家校合作机制。学校决定对未成年学生采取管理教育措施的，应当及时告知其父母或者其他监护人；未成年学生的父母或者其他监护人应当支持、配合学校进行管理教育。

**第三十三条 【对轻微不良行为的管教措施】**未成年学生偷窃少量财物，或者有殴打、辱骂、恐吓、强行索要财物等学生欺凌行为，情节轻微的，可以由学校依照本法第三十一条规定采取相应的管理教育措施。

**第三十四条 【对旷课逃学行为的处理】**未成年学生旷课、逃学的，学校应当及时联系其父母或者其他监护人，了解有关情况；无正当理由的，学校和未成年学生的父母或者其他监护人应当督促其返校学习。

**第三十五条 【监护人或学校对夜不归宿、离家出走行为的处理】**未成年人无故夜不归宿、离家出走的，父母或者其他监护人、所在的寄宿制学校应当及时查找，必要时向公安机关报告。

收留夜不归宿、离家出走未成年人的，应当及时联系其父母或者其他监护人、所在学校；无法取得联系的，应当及时向公安机关报告。

**第三十六条 【公安机关等对夜不归宿、离家出走的未成年人采取保护措施】对夜不归宿、离家出走或者流落街头的未成年人,公安机关、公共场所管理机构等发现或者接到报告后,应当及时采取有效保护措施,并通知其父母或者其他监护人、所在的寄宿制学校,必要时应当护送其返回住所、学校;无法与其父母或者其他监护人、学校取得联系的,应当护送未成年人到救助保护机构接受救助。

**第三十七条 【对不良行为团伙的处置】**未成年人的父母或者其他监护人、学校发现未成年人组织或者参加实施不良行为的团伙,应当及时制止;发现该团伙有违法犯罪嫌疑的,应当立即向公安机关报告。

## 第四章 对严重不良行为的矫治

**第三十八条 【严重不良行为】**本法所称严重不良行为,是指未成年人实施的有刑法规定、因不满法定刑事责任年龄不予刑事处罚的行为,以及严重危害社会的下列行为:

(一)结伙斗殴,追逐、拦截他人,强拿硬要或者任意损毁、占用公私财物等寻衅滋事行为;

(二)非法携带枪支、弹药或者弩、匕首等国家规定的管制器具;

(三)殴打、辱骂、恐吓,或者故意伤害他人身体;

(四)盗窃、哄抢、抢夺或者故意损毁公私财物;

(五)传播淫秽的读物、音像制品或者信息等;

(六)卖淫、嫖娼,或者进行淫秽表演;

(七)吸食、注射毒品,或者向他人提供毒品;

(八)参与赌博赌资较大;

(九)其他严重危害社会的行为。

**第三十九条 【对犯罪引诱和人身安全威胁行为的处理】**未成年人的父母或者其他监护人、学校、居民委员会、村民委员会发现有人教唆、胁迫、引诱未成年人实施严重不良行为的,应当立即向公安机关报告。公安机关接到报告或者发现有上述情形的,应当及时依法查处;对人身安全受到威胁的未成年人,应当立即采取有效保护措施。

**第四十条 【公安机关对严重不良行为的制止】**公安机关接到举报或者发现未成年人有严重不良行为的,应当及时制止,依法调查处理,并可以责令其父母或者其他监护人消除或者减轻违法后果,采取措施严加管教。

**第四十一条 【矫治教育措施】**对有严重不良行为的未成年人,公安机关可以根据具体情况,采取以下矫治教育措施:

(一)予以训诫;

(二)责令赔礼道歉、赔偿损失;

(三)责令具结悔过;

(四)责令定期报告活动情况;

(五)责令遵守特定的行为规范,不得实施特定行为、接触特定人员或者进入特定场所;

(六)责令接受心理辅导、行为矫治;

(七)责令参加社会服务活动;

(八)责令接受社会观护,由社会组织、有关机构在适当场所对未成年人进行教育、监督和管束;

(九)其他适当的矫治教育措施。

**第四十二条 【配合义务】**公安机关在对未成年人进行矫治教育时,可以根据需要邀请学校、居民委员会、村民委员会以及社会工作服务机构等社会组织参与。

未成年人的父母或者其他监护人应当积极配合矫治教育措施的实施,不得妨碍阻挠或者放任不管。

**第四十三条 【对有严重不良行为的未成年人专门教育】**对有严重不良行为的未成年人,未成年人的父母或者其他监护人、所在学校无力管教或者管教无效的,可以向教育行政部门提出申请,经专门教育指导委员会评估同意后,由教育行政部门决定送入专门学校接受专门教育。

**第四十四条 【实施严重危害社会行为的未成年人专门教育】**未成年人有下列情形之一的,经专门教育指导委员会评估同意,教育行政部门会同公安机关可以决定将其送入专门学校接受专门教育:

(一)实施严重危害社会的行为,情节恶劣或者造成严重后果;

(二)多次实施严重危害社会的行为;

(三)拒不接受或者配合本法第四十一条规定的矫治教育措施;

（四）法律、行政法规规定的其他情形。

**第四十五条 【专门矫治教育】**未成年人实施刑法规定的行为、因不满法定刑事责任年龄不予刑事处罚的，经专门教育指导委员会评估同意，教育行政部门会同公安机关可以决定对其进行专门矫治教育。

省级人民政府应当结合本地的实际情况，至少确定一所专门学校按照分校区、分班级等方式设置专门场所，对前款规定的未成年人进行专门矫治教育。

前款规定的专门场所实行闭环管理，公安机关、司法行政部门负责未成年人的矫治工作，教育行政部门承担未成年人的教育工作。

**第四十六条 【对接受专门教育的学生评估】**专门学校应当在每个学期适时提请专门教育指导委员会对接受专门教育的未成年学生的情况进行评估。对经评估适合转回普通学校就读的，专门教育指导委员会应当向原决定机关提出书面建议，由原决定机关决定是否将未成年学生转回普通学校就读。

原决定机关决定将未成年学生转回普通学校的，其原所在学校不得拒绝接收；因特殊情况，不适宜转回原所在学校的，由教育行政部门安排转学。

**第四十七条 【分级分类进行教育和矫治】**专门学校应当对接受专门教育的未成年人分级分类进行教育和矫治，有针对性地开展道德教育、法治教育、心理健康教育，并根据实际情况进行职业教育；对没有完成义务教育的未成年人，应当保证其继续接受义务教育。

专门学校的未成年学生的学籍保留在原学校，符合毕业条件的，原学校应当颁发毕业证书。

**第四十八条 【矫治和教育情况的定期反馈】**专门学校应当与接受专门教育的未成年人的父母或者其他监护人加强联系，定期向其反馈未成年人的矫治和教育情况，为父母或者其他监护人、亲属等看望未成年人提供便利。

**第四十九条 【行政复议或者行政诉讼】**未成年人及其父母或者其他监护人对本章规定的行政决定不服的，可以依法提起行政复议或者行政诉讼。

## 第五章 对重新犯罪的预防

**第五十条 【有针对性地进行法治教育】**公安机关、人民检察院、人民法院办理未成年人刑事案件，应当根据未成年人的生理、心理特点和犯罪的情况，有针对性地进行法治教育。

对涉及刑事案件的未成年人进行教育，其法定代理人以外的成年亲属或者教师、辅导员等参与有利于感化、挽救未成年人的，公安机关、人民检察院、人民法院应当邀请其参加有关活动。

**第五十一条 【社会调查和心理测评】**公安机关、人民检察院、人民法院办理未成年人刑事案件，可以自行或者委托有关社会组织、机构对未成年犯罪嫌疑人或者被告人的成长经历、犯罪原因、监护、教育等情况进行社会调查；根据实际需要并经未成年犯罪嫌疑人、被告人及其法定代理人同意，可以对未成年犯罪嫌疑人、被告人进行心理测评。

社会调查和心理测评的报告可以作为办理案件和教育未成年人的参考。

**第五十二条 【取保候审】**公安机关、人民检察院、人民法院对于无固定住所、无法提供保证人的未成年人适用取保候审的，应当指定合适成年人作为保证人，必要时可以安排取保候审的未成年人接受社会观护。

**第五十三条 【分别关押、管理和教育】**对被拘留、逮捕以及在未成年犯管教所执行刑罚的未成年人，应当与成年人分别关押、管理和教育。对未成年人的社区矫正，应当与成年人分别进行。

对有上述情形且没有完成义务教育的未成年人，公安机关、人民检察院、人民法院、司法行政部门应当与教育行政部门相互配合，保证其继续接受义务教育。

**第五十四条 【法治教育与职业教育】**未成年犯管教所、社区矫正机构应当对未成年犯、未成年社区矫正对象加强法治教育，并根据实际情况对其进行职业教育。

**第五十五条 【安置帮教】**社区矫正机构应当告知未成年社区矫正对象安置帮教的有关规定，并配合安置帮教工作部门落实或者解决未成年社区矫正对象的就学、就业等问题。

**第五十六条 【对刑满释放未成年人的安置】**对刑满释放的未成年人,未成年犯管教所应当提前通知其父母或者其他监护人按时接回,并协助落实安置帮教措施。没有父母或者其他监护人、无法查明其父母或者其他监护人的,未成年犯管教所应当提前通知未成年人原户籍所在地或者居住地的司法行政部门安排人员按时接回,由民政部门或者居民委员会、村民委员会依法对其进行监护。

**第五十七条 【采取有效的帮教措施】**未成年人的父母或者其他监护人和学校、居民委员会、村民委员会对接受社区矫正、刑满释放的未成年人,应当采取有效的帮教措施,协助司法机关以及有关部门做好安置帮教工作。

居民委员会、村民委员会可以聘请思想品德优秀,作风正派,热心未成年人工作的离退休人员、志愿者或其他人员协助做好前款规定的安置帮教工作。

**第五十八条 【禁止歧视】**刑满释放和接受社区矫正的未成年人,在复学、升学、就业等方面依法享有与其他未成年人同等的权利,任何单位和个人不得歧视。

**第五十九条 【犯罪记录信息的保密】**未成年人的犯罪记录依法被封存的,公安机关、人民检察院、人民法院和司法行政部门不得向任何单位或者个人提供,但司法机关因办案需要或者有关单位根据国家有关规定进行查询的除外。依法进行查询的单位和个人应当对相关记录信息予以保密。

未成年人接受专门矫治教育、专门教育的记录,以及被行政处罚、采取刑事强制措施和不起诉的记录,适用前款规定。

**第六十条 【检察院监督】**人民检察院通过依法行使检察权,对未成年人重新犯罪预防工作等进行监督。

## 第六章 法律责任

**第六十一条 【对不履行监护职责行为的处理】**公安机关、人民检察院、人民法院在办理案件过程中发现实施严重不良行为的未成年人的父母或者其他监护人不依法履行监护职责的,应当予以训诫,并可以责令其接受家庭教育指导。

**第六十二条 【对学校及其教职员工违法行为的处理】**学校及其教职员工违反本法规定，不履行预防未成年人犯罪工作职责，或者虐待、歧视相关未成年人的，由教育行政等部门责令改正，通报批评；情节严重的，对直接负责的主管人员和其他直接责任人员依法给予处分。构成违反治安管理行为的，由公安机关依法予以治安管理处罚。

教职员工教唆、胁迫、引诱未成年人实施不良行为或者严重不良行为，以及品行不良、影响恶劣的，教育行政部门、学校应当依法予以解聘或者辞退。

**第六十三条 【复学、升学、就业等方面歧视未成年人行为的处罚】**违反本法规定，在复学、升学、就业等方面歧视相关未成年人的，由所在单位或者教育、人力资源社会保障等部门责令改正；拒不改正的，对直接负责的主管人员或者其他直接责任人员依法给予处分。

**第六十四条 【虐待、歧视接受社会观护的未成年人行为的处罚】**有关社会组织、机构及其工作人员虐待、歧视接受社会观护的未成年人，或者出具虚假社会调查、心理测评报告的，由民政、司法行政等部门对直接负责的主管人员或者其他直接责任人员依法给予处分，构成违反治安管理行为的，由公安机关予以治安管理处罚。

**第六十五条 【对教唆、胁迫、引诱未成年人实施不良行为的处罚】**教唆、胁迫、引诱未成年人实施不良行为或者严重不良行为，构成违反治安管理行为的，由公安机关依法予以治安管理处罚。

**第六十六条 【国家机关工作人员渎职行为的处罚】**国家机关及其工作人员在预防未成年人犯罪工作中滥用职权、玩忽职守、徇私舞弊的，对直接负责的主管人员和其他直接责任人员，依法给予处分。

**第六十七条 【刑事责任】**违反本法规定，构成犯罪的，依法追究刑事责任。

## 第七章 附 则

**第六十八条 【施行日期】**本法自 2021 年 6 月 1 日起施行。

# 禁止使用童工规定

（2002 年 10 月 1 日国务院令第 364 号公布
自 2002 年 12 月 1 日起施行）

**第一条** 为保护未成年人的身心健康，促进义务教育制度的实施，维护未成年人的合法权益，根据宪法和劳动法、未成年人保护法，制定本规定。

**第二条** 国家机关、社会团体、企业事业单位、民办非企业单位或者个体工商户（以下统称用人单位）均不得招用不满 16 周岁的未成年人（招用不满 16 周岁的未成年人，以下统称使用童工）。

禁止任何单位或者个人为不满 16 周岁的未成年人介绍就业。

禁止不满 16 周岁的未成年人开业从事个体经营活动。

**第三条** 不满 16 周岁的未成年人的父母或者其他监护人应当保护其身心健康，保障其接受义务教育的权利，不得允许其被用人单位非法招用。

不满 16 周岁的未成年人的父母或者其他监护人允许其被用人单位非法招用的，所在地的乡（镇）人民政府、城市街道办事处以及村民委员会、居民委员会应当给予批评教育。

**第四条** 用人单位招用人员时，必须核查被招用人员的身份证；对不满 16 周岁的未成年人，一律不得录用。用人单位录用人员的录用登记、核查材料应当妥善保管。

**第五条** 县级以上各级人民政府劳动保障行政部门负责本规定执行情况的监督检查。

县级以上各级人民政府公安、工商行政管理、教育、卫生等行政部门在各自职责范围内对本规定的执行情况进行监督检查，并对劳动保障行政部门的监督检查给予配合。

工会、共青团、妇联等群众组织应当依法维护未成年人的合法权益。

任何单位或者个人发现使用童工的，均有权向县级以上人民政府劳动保障行政部门举报。

**第六条** 用人单位使用童工的，由劳动保障行政部门按照每使用一名童工每月处5000元罚款的标准给予处罚；在使用有毒物品的作业场所使用童工的，按照《使用有毒物品作业场所劳动保护条例》规定的罚款幅度，或者按照每使用一名童工每月处5000元罚款的标准，从重处罚。劳动保障行政部门并应当责令用人单位限期将童工送回原居住地交其父母或者其他监护人，所需交通和食宿费用全部由用人单位承担。

用人单位经劳动保障行政部门依照前款规定责令限期改正，逾期仍不将童工送交其父母或者其他监护人的，从责令限期改正之日起，由劳动保障行政部门按照每使用一名童工每月处1万元罚款的标准处罚，并由工商行政管理部门吊销其营业执照或者由民政部门撤销民办非企业单位登记；用人单位是国家机关、事业单位的，由有关单位依法对直接负责的主管人员和其他直接责任人员给予降级或者撤职的行政处分或者纪律处分。

**第七条** 单位或者个人为不满16周岁的未成年人介绍就业的，由劳动保障行政部门按照每介绍一人处5000元罚款的标准给予处罚；职业中介机构为不满16周岁的未成年人介绍就业的，并由劳动保障行政部门吊销其职业介绍许可证。

**第八条** 用人单位未按照本规定第四条的规定保存录用登记材料，或者伪造录用登记材料的，由劳动保障行政部门处1万元的罚款。

**第九条** 无营业执照、被依法吊销营业执照的单位以及未依法登记、备案的单位使用童工或者介绍童工就业的，依照本规定第六条、第七条、第八条规定的标准加一倍罚款，该非法单位由有关的行政主管部门予以取缔。

**第十条** 童工患病或者受伤的，用人单位应当负责送到医疗机构治疗，并负担治疗期间的全部医疗和生活费用。

童工伤残或者死亡的，用人单位由工商行政管理部门吊销营业执照或者由民政部门撤销民办非企业单位登记;用人单位是国家机关、事业单位的,由有关单位依法对直接负责的主管人员和其他直接责任人员给予降级或者撤职的行政处分或者纪律处分;用人单位还应当一次性地对伤残的童工、死亡童工的直系亲属给予赔偿,赔偿金额按照国家工伤保险的有关规定计算。

**第十一条** 拐骗童工,强迫童工劳动,使用童工从事高空、井下、放射性、高毒、易燃易爆以及国家规定的第四级体力劳动强度的劳动,使用不满14周岁的童工,或者造成童工死亡或者严重伤残的,依照刑法关于拐卖儿童罪、强迫劳动罪或者其他罪的规定,依法追究刑事责任。

**第十二条** 国家行政机关工作人员有下列行为之一的,依法给予记大过或者降级的行政处分;情节严重的,依法给予撤职或者开除的行政处分;构成犯罪的,依照刑法关于滥用职权罪、玩忽职守罪或者其他罪的规定,依法追究刑事责任:

(一)劳动保障等有关部门工作人员在禁止使用童工的监督检查工作中发现使用童工的情况,不予制止、纠正、查处的;

(二)公安机关的人民警察违反规定发放身份证或者在身份证上登录虚假出生年月的;

(三)工商行政管理部门工作人员发现申请人是不满16周岁的未成年人,仍然为其从事个体经营发放营业执照的。

**第十三条** 文艺、体育单位经未成年人的父母或者其他监护人同意,可以招用不满16周岁的专业文艺工作者、运动员。用人单位应当保障被招用的不满16周岁的未成年人的身心健康,保障其接受义务教育的权利。文艺、体育单位招用不满16周岁的专业文艺工作者、运动员的办法,由国务院劳动保障行政部门会同国务院文化、体育行政部门制定。

学校、其他教育机构以及职业培训机构按照国家有关规定组织不满16周岁的未成年人进行不影响其人身安全和身心健康的教育实践劳动、职业技能培训劳动,不属于使用童工。

**第十四条** 本规定自2002年12月1日起施行。1991年4月15日国务院发布的《禁止使用童工规定》同时废止。

# 未成年工特殊保护规定

（1994 年 12 月 9 日劳动部发布　劳部发〔1994〕498 号
自 1995 年 1 月 1 日起施行）

**第一条**　为维护未成年工的合法权益，保护其在生产劳动中的健康，根据《中华人民共和国劳动法》的有关规定，制定本规定。

**第二条**　未成年工是指年满 16 周岁，未满 18 周岁的劳动者。

未成年工的特殊保护是针对未成年工处于生长发育期的特点，以及接受义务教育的需要，采取的特殊劳动保护措施。

**第三条**　用人单位不得安排未成年工从事以下范围的劳动：

（一）《生产性粉尘作业危害程度分级》国家标准中第一级以上的接尘作业；

（二）《有毒作业分级》国家标准中第一级以上的有毒作业；

（三）《高处作业分级》国家标准中第二级以上的高处作业；

（四）《冷水作业分级》国家标准中第二级以上的冷水作业；

（五）《高温作业分级》国家标准中第三级以上的高温作业；

（六）《低温作业分级》国家标准中第三级以上的低温作业；

（七）《体力劳动强度分级》国家标准中第四级体力劳动强度的作业；

（八）矿山井下及矿山地面采石作业；

（九）森林业中的伐木、流放及守林作业；

（十）工作场所接触放射性物质的作业；

（十一）有易燃易爆、化学性烧伤和热烧伤等危险性大的作业；

（十二）地质勘探和资源勘探的野外作业；

（十三）潜水、涵洞、涵道作业和海拔 3000 米以上的高原作业（不包括世居高原者）；

（十四）连续负重每小时在六次以上并每次超过20公斤，间断负重每次超过25公斤的作业；

（十五）使用凿岩机、捣固机、气镐、气铲、铆钉机、电锤的作业；

（十六）工作中需要长时间保持低头、弯腰、上举、下蹲等强迫体位和动作频率每分钟大于五十次的流水线作业；

（十七）锅炉司炉。

**第四条** 未成年工患有某种疾病或具有某些生理缺陷（非残疾型）时，用人单位不得安排其从事以下范围的劳动：

（一）《高处作业分级》国家标准中第一级以上的高处作业；

（二）《低温作业分级》国家标准中第二级以上的低温作业；

（三）《高温作业分级》国家标准中第二级以上的高温作业；

（四）《体力劳动强度分级》国家标准中第三级以上体力劳动强度的作业；

（五）接触铅、苯、汞、甲醛、二硫化碳等易引起过敏反应的作业。

**第五条** 患有某种疾病或具有某些生理缺陷（非残疾型）的未成年工，是指有以下一种或一种以上情况者：

（一）心血管系统

1. 先天性心脏病；
2. 克山病；
3. 收缩期或舒张期二级以上心脏杂音。

（二）呼吸系统

1. 中度以上气管炎或支气管哮喘；
2. 呼吸音明显减弱；
3. 各类结核病；
4. 体弱儿，呼吸道反复感染者。

（三）消化系统

1. 各类肝炎；
2. 肝、脾肿大；
3. 胃、十二指肠溃疡；
4. 各种消化道疝。

（四）泌尿系统

1. 急、慢性肾炎；

2. 泌尿系感染。

（五）内分泌系统

1. 甲状腺机能亢进；

2. 中度以上糖尿病。

（六）精神神经系统

1. 智力明显低下；

2. 精神忧郁或狂暴。

（七）肌肉、骨骼运动系统

1. 身高和体重低于同龄人标准；

2. 一个及一个以上肢体存在明显功能障碍；

3. 躯干 1/4 以上部位活动受限，包括强直或不能旋转。

（八）其他

1. 结核性胸膜炎；

2. 各类重度关节炎；

3. 血吸虫病；

4. 严重贫血，其血色素每升低于 95 克（9.5g/dL）。

**第六条** 用人单位应按下列要求对未成年工定期进行健康检查：

（一）安排工作岗位之前；

（二）工作满 1 年；

（三）年满 18 周岁，距前一次的体检时间已超过半年。

**第七条** 未成年工的健康检查，应按本规定所附《未成年工健康检查表》列出的项目进行。

**第八条** 用人单位应根据未成年工的健康检查结果安排其从事适合的劳动，对不能胜任原劳动岗位的，应根据医务部门的证明，予以减轻劳动量或安排其他劳动。

**第九条** 对未成年工的使用和特殊保护实行登记制度。

（一）用人单位招收使用未成年工，除符合一般用工要求外，还须向所在地的县级以上劳动行政部门办理登记。劳动行政部门根据《未成年工健康检查表》、《未成年工登记表》，核发《未成年工登记证》。

（二）各级劳动行政部门须按本规定第三、四、五、七条的有关规定，审核体检情况和拟安排的劳动范围。

（三）未成年工须持《未成年工登记证》上岗。

（四）《未成年工登记证》由国务院劳动行政部门统一印制。

**第十条**　未成年工上岗前用人单位应对其进行有关的职业安全卫生教育、培训；未成年工体检和登记，由用人单位统一办理和承担费用。

**第十一条**　县级以上劳动行政部门对用人单位执行本规定的情况进行监督检查，对违反本规定的行为依照有关法规进行处罚。

各级工会组织对本规定的执行情况进行监督。

**第十二条**　省、自治区、直辖市劳动行政部门可以根据本规定制定实施办法。

**第十三条**　本规定自1995年1月1日起施行。

# 中小学幼儿园安全管理办法

（2006年6月30日教育部令第23号发布
自2006年9月1日起施行）

## 第一章　总　　则

**第一条**　为加强中小学、幼儿园安全管理，保障学校及其学生和教职工的人身、财产安全，维护中小学、幼儿园正常的教育教学秩序，根据《中华人民共和国教育法》等法律法规，制定本办法。

**第二条**　普通中小学、中等职业学校、幼儿园（班）、特殊教育学校、工读学校（以下统称学校）的安全管理适用本办法。

**第三条**　学校安全管理遵循积极预防、依法管理、社会参与、各负其责的方针。

**第四条** 学校安全管理工作主要包括：

（一）构建学校安全工作保障体系，全面落实安全工作责任制和事故责任追究制，保障学校安全工作规范、有序进行；

（二）健全学校安全预警机制，制定突发事件应急预案，完善事故预防措施，及时排除安全隐患，不断提高学校安全工作管理水平；

（三）建立校园周边整治协调工作机制，维护校园及周边环境安全；

（四）加强安全宣传教育培训，提高师生安全意识和防护能力；

（五）事故发生后启动应急预案、对伤亡人员实施救治和责任追究等。

**第五条** 各级教育、公安、司法行政、建设、交通、文化、卫生、工商、质检、新闻出版等部门在本级人民政府的领导下，依法履行学校周边治理和学校安全的监督与管理职责。

学校应当按照本办法履行安全管理和安全教育职责。

社会团体、企业事业单位、其他社会组织和个人应当积极参与和支持学校安全工作，依法维护学校安全。

## 第二章 安全管理职责

**第六条** 地方各级人民政府及其教育、公安、司法行政、建设、交通、文化、卫生、工商、质检、新闻出版等部门应当按照职责分工，依法负责学校安全工作，履行学校安全管理职责。

**第七条** 教育行政部门对学校安全工作履行下列职责：

（一）全面掌握学校安全工作状况，制定学校安全工作考核目标，加强对学校安全工作的检查指导，督促学校建立健全并落实安全管理制度；

（二）建立安全工作责任制和事故责任追究制，及时消除安全隐患，指导学校妥善处理学生伤害事故；

（三）及时了解学校安全教育情况，组织学校有针对性地开展学生安全教育，不断提高教育实效；

（四）制定校园安全的应急预案，指导、监督下级教育行政部门和学校开展安全工作；

（五）协调政府其他相关职能部门共同做好学校安全管理工作，协助当地人民政府组织对学校安全事故的救援和调查处理。

教育督导机构应当组织学校安全工作的专项督导。

**第八条** 公安机关对学校安全工作履行下列职责：

（一）了解掌握学校及周边治安状况，指导学校做好校园保卫工作，及时依法查处扰乱校园秩序、侵害师生人身、财产安全的案件；

（二）指导和监督学校做好消防安全工作；

（三）协助学校处理校园突发事件。

**第九条** 卫生部门对学校安全工作履行下列职责：

（一）检查、指导学校卫生防疫和卫生保健工作，落实疾病预防控制措施；

（二）监督、检查学校食堂、学校饮用水和游泳池的卫生状况。

**第十条** 建设部门对学校安全工作履行下列职责：

（一）加强对学校建筑、燃气设施设备安全状况的监管，发现安全事故隐患的，应当依法责令立即排除；

（二）指导校舍安全检查鉴定工作；

（三）加强对学校工程建设各环节的监督管理，发现校舍、楼梯护栏及其他教学、生活设施违反工程建设强制性标准的，应责令纠正；

（四）依法督促学校定期检验、维修和更新学校相关设施设备。

**第十一条** 质量技术监督部门应当定期检查学校特种设备及相关设施的安全状况。

**第十二条** 公安、卫生、交通、建设等部门应当定期向教育行政部门和学校通报与学校安全管理相关的社会治安、疾病防治、交通等情况，提出具体预防要求。

**第十三条** 文化、新闻出版、工商等部门应当对校园周边的有关经营服务场所加强管理和监督，依法查处违法经营者，维护有利于青少年成长的良好环境。

司法行政、公安等部门应当按照有关规定履行学校安全教育职责。

**第十四条** 举办学校的地方人民政府、企业事业组织、社会团体和公民个人，应当对学校安全工作履行下列职责：

（一）保证学校符合基本办学标准，保证学校围墙、校舍、场地、教学设施、教学用具、生活设施和饮用水源等办学条件符合国家安全质量标准；

（二）配置紧急照明装置和消防设施与器材，保证学校教学楼、图书馆、实验室、师生宿舍等场所的照明、消防条件符合国家安全规定；

（三）定期对校舍安全进行检查，对需要维修的，及时予以维修；对确认的危房，及时予以改造。

举办学校的地方人民政府应当依法维护学校周边秩序，保障师生和学校的合法权益，为学校提供安全保障。

有条件的，学校举办者应当为学校购买责任保险。

## 第三章 校内安全管理制度

**第十五条** 学校应当遵守有关安全工作的法律、法规和规章，建立健全校内各项安全管理制度和安全应急机制，及时消除隐患，预防发生事故。

**第十六条** 学校应当建立校内安全工作领导机构，实行校长负责制；应当设立保卫机构，配备专职或者兼职安全保卫人员，明确其安全保卫职责。

**第十七条** 学校应当健全门卫制度，建立校外人员入校的登记或者验证制度，禁止无关人员和校外机动车入内，禁止将非教学用易燃易爆物品、有毒物品、动物和管制器具等危险物品带入校园。

学校门卫应当由专职保安或者其他能够切实履行职责的人员担任。

**第十八条** 学校应当建立校内安全定期检查制度和危房报告制度，按照国家有关规定安排对学校建筑物、构筑物、设备、设施进行安全检查、检验；发现存在安全隐患的，应当停止使用，及时维修或者更换；维修、更换前应当采取必要的防护措施或者设置警示标志。学校无力解决或者无法排除的重大安全隐患，应当及时书面报告主管部门和其他相关部门。

学校应当在校内高地、水池、楼梯等易发生危险的地方设置警示标志或者采取防护设施。

**第十九条** 学校应当落实消防安全制度和消防工作责任制，对于政府保障配备的消防设施和器材加强日常维护，保证其能够有效使用，并设置消防安全标志，保证疏散通道、安全出口和消防车通道畅通。

**第二十条** 学校应当建立用水、用电、用气等相关设施设备的安全管理制度，定期进行检查或者按照规定接受有关主管部门的定期检查，发现老化或者损毁的，及时进行维修或者更换。

**第二十一条** 学校应当严格执行《学校食堂与学生集体用餐卫生管理规定》、《餐饮业和学生集体用餐配送单位卫生规范》，严格遵守卫生操作规范。建立食堂物资定点采购和索证、登记制度与饭菜留验和记录制度，检查饮用水的卫生安全状况，保障师生饮食卫生安全。

**第二十二条** 学校应当建立实验室安全管理制度，并将安全管理制度和操作规程置于实验室显著位置。

学校应当严格建立危险化学品、放射物质的购买、保管、使用、登记、注销等制度，保证将危险化学品、放射物质存放在安全地点。

**第二十三条** 学校应当按照国家有关规定配备具有从业资格的专职医务（保健）人员或者兼职卫生保健教师，购置必需的急救器材和药品，保障对学生常见病的治疗，并负责学校传染病疫情及其他突发公共卫生事件的报告。有条件的学校，应当设立卫生（保健）室。

新生入学应当提交体检证明。托幼机构与小学在入托、入学时应当查验预防接种证。学校应当建立学生健康档案，组织学生定期体检。

**第二十四条** 学校应当建立学生安全信息通报制度，将学校规定的学生到校和放学时间、学生非正常缺席或者擅自离校情况、以及学生身体和心理的异常状况等关系学生安全的信息，及时告知其监护人。

对有特异体质、特定疾病或者其他生理、心理状况异常以及有吸毒行为的学生，学校应当做好安全信息记录，妥善保管学生的健康与安全信息资料，依法保护学生的个人隐私。

**第二十五条** 有寄宿生的学校应当建立住宿学生安全管理制度，配备专人负责住宿学生的生活管理和安全保卫工作。

学校应当对学生宿舍实行夜间巡查、值班制度，并针对女生宿舍安全工作的特点，加强对女生宿舍的安全管理。

学校应当采取有效措施，保证学生宿舍的消防安全。

**第二十六条** 学校购买或者租用机动车专门用于接送学生的，应当建立车辆管理制度，并及时到公安机关交通管理部门备案。接送学生的车辆必须检验用校车应当粘贴统一标识。标识样式由省级公安机关交通管理部门和教育行政部门制定。

学校不得租用拼装车、报废车和个人机动车接送学生。

接送学生的机动车驾驶员应当身体健康，具备相应准驾车型3年以上安全驾驶经历，最近3年内任一记分周期没有记满12分记录，无致人伤亡的交通责任事故。

**第二十七条**　学校应当建立安全工作档案，记录日常安全工作、安全责任落实、安全检查、安全隐患消除等情况。

安全档案作为实施安全工作目标考核、责任追究和事故处理的重要依据。

## 第四章　日常安全管理

**第二十八条**　学校在日常的教育教学活动中应当遵循教学规范，落实安全管理要求，合理预见、积极防范可能发生的风险。

学校组织学生参加的集体劳动、教学实习或者社会实践活动，应当符合学生的心理、生理特点和身体健康状况。

学校以及接受学生参加教育教学活动的单位必须采取有效措施，为学生活动提供安全保障。

**第二十九条**　学校组织学生参加大型集体活动，应当采取下列安全措施：

（一）成立临时的安全管理组织机构；

（二）有针对性地对学生进行安全教育；

（三）安排必要的管理人员，明确所负担的安全职责；

（四）制定安全应急预案，配备相应设施。

**第三十条**　学校应当按照《学校体育工作条例》和教学计划组织体育教学和体育活动，并根据教学要求采取必要的保护和帮助措施。

学校组织学生开展体育活动，应当避开主要街道和交通要道；开展大型体育活动以及其他大型学生活动，必须经过主要街道和交通要道的，应当事先与公安机关交通管理部门共同研究并落实安全措施。

**第三十一条**　小学、幼儿园应当建立低年级学生、幼儿上下学时接送的交接制度，不得将晚离学校的低年级学生、幼儿交与无关人员。

**第三十二条** 学生在教学楼进行教学活动和晚自习时，学校应当合理安排学生疏散时间和楼道上下顺序，同时安排人员巡查，防止发生拥挤踩踏伤害事故。

晚自习学生没有离校之前，学校应当有负责人和教师值班、巡查。

**第三十三条** 学校不得组织学生参加抢险等应当由专业人员或者成人从事的活动，不得组织学生参与制作烟花爆竹、有毒化学品等具有危险性的活动，不得组织学生参加商业性活动。

**第三十四条** 学校不得将场地出租给他人从事易燃、易爆、有毒、有害等危险品的生产、经营活动。

学校不得出租校园内场地停放校外机动车辆；不得利用学校用地建设对社会开放的停车场。

**第三十五条** 学校教职工应当符合相应任职资格和条件要求。学校不得聘用因故意犯罪而受到刑事处罚的人，或者有精神病史的人担任教职工。

学校教师应当遵守职业道德规范和工作纪律，不得侮辱、殴打、体罚或者变相体罚学生；发现学生行为具有危险性的，应当及时告诫、制止，并与学生监护人沟通。

**第三十六条** 学生在校学习和生活期间，应当遵守学校纪律和规章制度，服从学校的安全教育和管理，不得从事危及自身或者他人安全的活动。

**第三十七条** 监护人发现被监护人有特异体质、特定疾病或者异常心理状况的，应当及时告知学校。

学校对已知的有特异体质、特定疾病或者异常心理状况的学生，应当给予适当关注和照顾。生理、心理状况异常不宜在校学习的学生，应当休学，由监护人安排治疗、休养。

## 第五章 安全教育

**第三十八条** 学校应当按照国家课程标准和地方课程设置要求，将安全教育纳入教学内容，对学生开展安全教育，培养学生的安全意识，提高学生的自我防护能力。

**第三十九条** 学校应当在开学初、放假前,有针对性地对学生集中开展安全教育。新生入校后,学校应当帮助学生及时了解相关的学校安全制度和安全规定。

**第四十条** 学校应当针对不同课程实验课的特点与要求,对学生进行实验用品的防毒、防爆、防辐射、防污染等的安全防护教育。

学校应当对学生进行用水、用电的安全教育,对寄宿学生进行防火、防盗和人身防护等方面的安全教育。

**第四十一条** 学校应当对学生开展安全防范教育,使学生掌握基本的自我保护技能,应对不法侵害。

学校应当对学生开展交通安全教育,使学生掌握基本的交通规则和行为规范。

学校应当对学生开展消防安全教育,有条件的可以组织学生到当地消防站参观和体验,使学生掌握基本的消防安全知识,提高防火意识和逃生自救的能力。

学校应当根据当地实际情况,有针对性地对学生开展到江河湖海、水库等地方戏水、游泳的安全卫生教育。

**第四十二条** 学校可根据当地实际情况,组织师生开展多种形式的事故预防演练。

学校应当每学期至少开展一次针对洪水、地震、火灾等灾害事故的紧急疏散演练,使师生掌握避险、逃生、自救的方法。

**第四十三条** 教育行政部门按照有关规定,与人民法院、人民检察院和公安、司法行政等部门以及高等学校协商,选聘优秀的法律工作者担任学校的兼职法制副校长或者法制辅导员。

兼职法制副校长或者法制辅导员应当协助学校检查落实安全制度和安全事故处理、定期对师生进行法制教育等,其工作成果纳入派出单位的工作考核内容。

**第四十四条** 教育行政部门应当组织负责安全管理的主管人员、学校校长、幼儿园园长和学校负责安全保卫工作的人员,定期接受有关安全管理培训。

**第四十五条** 学校应当制定教职工安全教育培训计划,通过多种途径和方法,使教职工熟悉安全规章制度、掌握安全救护常识,学会指导学生预防事故、自救、逃生、紧急避险的方法和手段。

**第四十六条** 学生监护人应当与学校互相配合,在日常生活中加强对被监护人的各项安全教育。

学校鼓励和提倡监护人自愿为学生购买意外伤害保险。

## 第六章 校园周边安全管理

**第四十七条** 教育、公安、司法行政、建设、交通、文化、卫生、工商、质检、新闻出版等部门应当建立联席会议制度,定期研究部署学校安全管理工作,依法维护学校周边秩序;通过多种途径和方式,听取学校和社会各界关于学校安全管理工作的意见和建议。

**第四十八条** 建设、公安等部门应当加强对学校周边建设工程的执法检查,禁止任何单位或者个人违反有关法律、法规、规章、标准,在学校围墙或者建筑物边建设工程,在校园周边设立易燃易爆、剧毒、放射性、腐蚀性等危险物品的生产、经营、储存、使用场所或者设施以及其他可能影响学校安全的场所或者设施。

**第四十九条** 公安机关应当把学校周边地区作为重点治安巡逻区域,在治安情况复杂的学校周边地区增设治安岗亭和报警点,及时发现和消除各类安全隐患,处置扰乱学校秩序和侵害学生人身、财产安全的违法犯罪行为。

**第五十条** 公安、建设和交通部门应当依法在学校门前道路设置规范的交通警示标志,施划人行横线,根据需要设置交通信号灯、减速带、过街天桥等设施。

在地处交通复杂路段的学校上下学时间,公安机关应当根据需要部署警力或者交通协管人员维护道路交通秩序。

**第五十一条** 公安机关和交通部门应当依法加强对农村地区交通工具的监督管理,禁止没有资质的车船搭载学生。

**第五十二条** 文化部门依法禁止在中学、小学校园周围 200 米范围内设立互联网上网服务营业场所,并依法查处接纳未成年人进入的互联网上网服务营业场所。工商行政管理部门依法查处取缔擅自设立的互联网上网服务营业场所。

**第五十三条** 新闻出版、公安、工商行政管理等部门应当依法取缔学校周边兜售非法出版物的游商和无证照摊点，查处学校周边制售含有淫秽色情、凶杀暴力等内容的出版物的单位和个人。

**第五十四条** 卫生、工商行政管理部门应当对校园周边饮食单位的卫生状况进行监督，取缔非法经营的小卖部、饮食摊点。

## 第七章 安全事故处理

**第五十五条** 在发生地震、洪水、泥石流、台风等自然灾害和重大治安、公共卫生突发事件时，教育等部门应当立即启动应急预案，及时转移、疏散学生，或者采取其他必要防护措施，保障学校安全和师生人身财产安全。

**第五十六条** 校园内发生火灾、食物中毒、重大治安等突发安全事故以及自然灾害时，学校应当启动应急预案，及时组织教职工参与抢险、救助和防护，保障学生身体健康和人身、财产安全。

**第五十七条** 发生学生伤亡事故时，学校应当按照《学生伤害事故处理办法》规定的原则和程序等，及时实施救助，并进行妥善处理。

**第五十八条** 发生教职工和学生伤亡等安全事故的，学校应当及时报告主管教育行政部门和政府有关部门；属于重大事故的，教育行政部门应当按照有关规定及时逐级上报。

**第五十九条** 省级教育行政部门应当在每年 1 月 31 日前向国务院教育行政部门书面报告上一年度学校安全工作和学生伤亡事故情况。

## 第八章 奖励与责任

**第六十条** 教育、公安、司法行政、建设、交通、文化、卫生、工商、质检、新闻出版等部门，对在学校安全工作中成绩显著或者做出突出贡献的单位和个人，应当视情况联合或者分别给予表彰、奖励。

**第六十一条** 教育、公安、司法行政、建设、交通、文化、卫生、工商、质检、新闻出版等部门，不依法履行学校安全监督与管理职责的，由上级部门给予批评；对直接责任人员由上级部门和所在单位视情节轻重，给予批评教育或者行政处分；构成犯罪的，依法追究刑事责任。

**第六十二条**　学校不履行安全管理和安全教育职责，对重大安全隐患未及时采取措施的，有关主管部门应当责令其限期改正；拒不改正或者有下列情形之一的，教育行政部门应当对学校负责人和其他直接责任人员给予行政处分；构成犯罪的，依法追究刑事责任：

（一）发生重大安全事故、造成学生和教职工伤亡的；

（二）发生事故后未及时采取适当措施、造成严重后果的；

（三）瞒报、谎报或者缓报重大事故的；

（四）妨碍事故调查或者提供虚假情况的；

（五）拒绝或者不配合有关部门依法实施安全监督管理职责的。

《中华人民共和国民办教育促进法》及其实施条例另有规定的，依其规定执行。

**第六十三条**　校外单位或者人员违反治安管理规定、引发学校安全事故的，或者在学校安全事故处理过程中，扰乱学校正常教育教学秩序、违反治安管理规定的，由公安机关依法处理；构成犯罪的，依法追究其刑事责任；造成学校财产损失的，依法承担赔偿责任。

**第六十四条**　学生人身伤害事故的赔偿，依据有关法律法规、国家有关规定以及《学生伤害事故处理办法》处理。

## 第九章　附　　则

**第六十五条**　中等职业学校学生实习劳动的安全管理办法另行制定。

**第六十六条**　本办法自2006年9月1日起施行。

# 家庭寄养管理办法

（2014年9月24日民政部令第54号公布
自2014年12月1日起施行）

## 第一章 总 则

**第一条** 为了规范家庭寄养工作，促进寄养儿童身心健康成长，根据《中华人民共和国未成年人保护法》和国家有关规定，制定本办法。

**第二条** 本办法所称家庭寄养，是指经过规定的程序，将民政部门监护的儿童委托在符合条件的家庭中养育的照料模式。

**第三条** 家庭寄养应当有利于寄养儿童的抚育、成长，保障寄养儿童的合法权益不受侵犯。

**第四条** 国务院民政部门负责全国家庭寄养监督管理工作。

县级以上地方人民政府民政部门负责本行政区域内家庭寄养监督管理工作。

**第五条** 县级以上地方人民政府民政部门设立的儿童福利机构负责家庭寄养工作的组织实施。

**第六条** 县级以上人民政府民政部门应当会同有关部门采取措施，鼓励、支持符合条件的家庭参与家庭寄养工作。

## 第二章 寄养条件

**第七条** 未满18周岁、监护权在县级以上地方人民政府民政部门的孤儿、查找不到生父母的弃婴和儿童，可以被寄养。

需要长期依靠医疗康复、特殊教育等专业技术照料的重度残疾儿童，不宜安排家庭寄养。

**第八条** 寄养家庭应当同时具备下列条件：

（一）有儿童福利机构所在地的常住户口和固定住所。寄养儿童入住后，人均居住面积不低于当地人均居住水平。

（二）有稳定的经济收入，家庭成员人均收入在当地处于中等水平以上。

（三）家庭成员未患有传染病或者精神疾病，以及其他不利于寄养儿童抚育、成长的疾病。

（四）家庭成员无犯罪记录，无不良生活嗜好，关系和睦，与邻里关系融洽。

（五）主要照料人的年龄在30周岁以上65周岁以下，身体健康，具有照料儿童的能力、经验，初中以上文化程度。

具有社会工作、医疗康复、心理健康、文化教育等专业知识的家庭和自愿无偿奉献爱心的家庭，同等条件下优先考虑。

**第九条** 每个寄养家庭寄养儿童的人数不得超过2人，且该家庭无未满6周岁的儿童。

**第十条** 寄养残疾儿童，应当优先在具备医疗、特殊教育、康复训练条件的社区中为其选择寄养家庭。

**第十一条** 寄养年满10周岁以上儿童的，应当征得寄养儿童的同意。

## 第三章 寄养关系的确立

**第十二条** 确立家庭寄养关系，应当经过以下程序：

（一）申请。拟开展寄养的家庭应当向儿童福利机构提出书面申请，并提供户口簿、身份证复印件，家庭经济收入和住房情况、家庭成员健康状况以及一致同意申请等证明材料。

（二）评估。儿童福利机构应当组织专业人员或者委托社会工作服务机构等第三方专业机构对提出申请的家庭进行实地调查，核实申请家庭是否具备寄养条件和抚育能力，了解其邻里关系、社会交往、有无犯罪记录、社区环境等情况，并根据调查结果提出评估意见。

（三）审核。儿童福利机构应当根据评估意见对申请家庭进行审核，确定后报主管民政部门备案。

（四）培训。儿童福利机构应当对寄养家庭主要照料人进行培训。

（五）签约。儿童福利机构应当与寄养家庭主要照料人签订寄养协议，明确寄养期限、寄养双方的权利义务、寄养家庭的主要照料人、寄养融合期限、违约责任及处理等事项。家庭寄养协议自双方签字（盖章）之日起生效。

**第十三条** 寄养家庭应当履行下列义务：

（一）保障寄养儿童人身安全，尊重寄养儿童人格尊严。

（二）为寄养儿童提供生活照料，满足日常营养需要，帮助其提高生活自理能力。

（三）培养寄养儿童健康的心理素质，树立良好的思想道德观念。

（四）按照国家规定安排寄养儿童接受学龄前教育和义务教育。负责与学校沟通，配合学校做好寄养儿童的学校教育。

（五）对患病的寄养儿童及时安排医治。寄养儿童发生急症、重症等情况时，应当及时进行医治，并向儿童福利机构报告。

（六）配合儿童福利机构为寄养的残疾儿童提供辅助矫治、肢体功能康复训练、聋儿语言康复训练等方面的服务。

（七）配合儿童福利机构做好寄养儿童的送养工作。

（八）定期向儿童福利机构反映寄养儿童的成长状况，并接受其探访、培训、监督和指导。

（九）及时向儿童福利机构报告家庭住所变更情况。

（十）保障寄养儿童应予保障的其他权益。

**第十四条** 儿童福利机构主要承担以下职责：

（一）制定家庭寄养工作计划并组织实施；

（二）负责寄养家庭的招募、调查、审核和签约；

（三）培训寄养家庭中的主要照料人，组织寄养工作经验交流活动；

（四）定期探访寄养儿童，及时处理存在的问题；

（五）监督、评估寄养家庭的养育工作；

（六）建立家庭寄养服务档案并妥善保管；

（七）根据协议规定发放寄养儿童所需款物；

（八）向主管民政部门及时反映家庭寄养工作情况并提出建议。

**第十五条** 寄养协议约定的主要照料人不得随意变更。确需变更的，应当经儿童福利机构同意，经培训后在家庭寄养协议主要照料人一栏中变更。

**第十六条** 寄养融合期的时间不得少于60日。

**第十七条** 寄养家庭有协议约定的事由在短期内不能照料寄养儿童的，儿童福利机构应当为寄养儿童提供短期养育服务。短期养育服务时间一般不超过30日。

**第十八条** 寄养儿童在寄养期间不办理户口迁移手续，不改变与民政部门的监护关系。

## 第四章 寄养关系的解除

**第十九条** 寄养家庭提出解除寄养关系的，应当提前一个月向儿童福利机构书面提出解除寄养关系的申请，儿童福利机构应当予以解除。但在融合期内提出解除寄养关系的除外。

**第二十条** 寄养家庭有下列情形之一的，儿童福利机构应当解除寄养关系：

（一）寄养家庭及其成员有歧视、虐待寄养儿童行为的；

（二）寄养家庭成员的健康、品行不符合本办法第八条第（三）和（四）项规定的；

（三）寄养家庭发生重大变故，导致无法履行寄养义务的；

（四）寄养家庭变更住所后不符合本办法第八条规定的；

（五）寄养家庭借机对外募款敛财的；

（六）寄养家庭不履行协议约定的其他情形。

**第二十一条** 寄养儿童有下列情形之一的，儿童福利机构应当解除寄养关系：

（一）寄养儿童与寄养家庭关系恶化，确实无法共同生活的；

（二）寄养儿童依法被收养、被亲生父母或者其他监护人认领的；

（三）寄养儿童因就医、就学等特殊原因需要解除寄养关系的。

**第二十二条** 解除家庭寄养关系，儿童福利机构应当以书面形式通知寄养家庭，并报其主管民政部门备案。家庭寄养关系的解除以儿童福利机构批准时间为准。

**第二十三条**　儿童福利机构拟送养寄养儿童时,应当在报送被送养人材料的同时通知寄养家庭。

**第二十四条**　家庭寄养关系解除后,儿童福利机构应当妥善安置寄养儿童,并安排社会工作、医疗康复、心理健康教育等专业技术人员对其进行辅导、照料。

**第二十五条**　符合收养条件、有收养意愿的寄养家庭,可以依法优先收养被寄养儿童。

## 第五章　监 督 管 理

**第二十六条**　县级以上地方人民政府民政部门对家庭寄养工作负有以下监督管理职责:

(一)制定本地区家庭寄养工作政策;

(二)指导、检查本地区家庭寄养工作;

(三)负责寄养协议的备案,监督寄养协议的履行;

(四)协调解决儿童福利机构与寄养家庭之间的争议;

(五)与有关部门协商,及时处理家庭寄养工作中存在的问题。

**第二十七条**　开展跨县级或者设区的市级行政区域的家庭寄养,应当经过共同上一级人民政府民政部门同意。

不得跨省、自治区、直辖市开展家庭寄养。

**第二十八条**　儿童福利机构应当聘用具有社会工作、医疗康复、心理健康教育等专业知识的专职工作人员。

**第二十九条**　家庭寄养经费,包括寄养儿童的养育费用补贴、寄养家庭的劳务补贴和寄养工作经费等。

寄养儿童养育费用补贴按照国家有关规定列支。寄养家庭劳务补贴、寄养工作经费等由当地人民政府予以保障。

**第三十条**　家庭寄养经费必须专款专用,儿童福利机构不得截留或者挪用。

**第三十一条**　儿童福利机构可以依法通过与社会组织合作、通过接受社会捐赠获得资助。

与境外社会组织或者个人开展同家庭寄养有关的合作项目，应当按照有关规定办理手续。

## 第六章 法律责任

**第三十二条** 寄养家庭不履行本办法规定的义务，或者未经同意变更主要照料人的，儿童福利机构可以督促其改正，情节严重的，可以解除寄养协议。

寄养家庭成员侵害寄养儿童的合法权益，造成人身财产损害的，依法承担民事责任；构成犯罪的，依法追究刑事责任。

**第三十三条** 儿童福利机构有下列情形之一的，由设立该机构的民政部门进行批评教育，并责令改正；情节严重的，对直接负责的主管人员和其他直接责任人员依法给予处分：

（一）不按照本办法的规定承担职责的；

（二）在办理家庭寄养工作中牟取利益，损害寄养儿童权益的；

（三）玩忽职守导致寄养协议不能正常履行的；

（四）跨省、自治区、直辖市开展家庭寄养，或者未经上级部门同意擅自开展跨县级或者设区的市级行政区域家庭寄养的；

（五）未按照有关规定办理手续，擅自与境外社会组织或者个人开展家庭寄养合作项目的。

**第三十四条** 县级以上地方人民政府民政部门不履行家庭寄养工作职责，由上一级人民政府民政部门责令其改正。情节严重的，对直接负责的主管人员和其他直接责任人员依法给予处分。

## 第七章 附 则

**第三十五条** 对流浪乞讨等生活无着未成年人承担临时监护责任的未成年人救助保护机构开展家庭寄养，参照本办法执行。

**第三十六条** 尚未设立儿童福利机构的，由县级以上地方人民政府民政部门负责本行政区域内家庭寄养的组织实施，具体工作参照本办法执行。

**第三十七条** 本办法自 2014 年 12 月 1 日起施行，2003 年颁布的《家庭寄养管理暂行办法》（民发〔2003〕144 号）同时废止。

# 幼儿园工作规程

（2016 年 1 月 5 日教育部令第 39 号公布
自 2016 年 3 月 1 日起施行）

## 第一章 总 则

**第一条** 为了加强幼儿园的科学管理，规范办园行为，提高保育和教育质量，促进幼儿身心健康，依据《中华人民共和国教育法》等法律法规，制定本规程。

**第二条** 幼儿园是对 3 周岁以上学龄前幼儿实施保育和教育的机构。幼儿园教育是基础教育的重要组成部分，是学校教育制度的基础阶段。

**第三条** 幼儿园的任务是：贯彻国家的教育方针，按照保育与教育相结合的原则，遵循幼儿身心发展特点和规律，实施德、智、体、美等方面全面发展的教育，促进幼儿身心和谐发展。

幼儿园同时面向幼儿家长提供科学育儿指导。

**第四条** 幼儿园适龄幼儿一般为 3 周岁至 6 周岁。

幼儿园一般为三年制。

**第五条** 幼儿园保育和教育的主要目标是：

（一）促进幼儿身体正常发育和机能的协调发展，增强体质，促进心理健康，培养良好的生活习惯、卫生习惯和参加体育活动的兴趣。

（二）发展幼儿智力，培养正确运用感官和运用语言交往的基本能力，增进对环境的认识，培养有益的兴趣和求知欲望，培养初步的动手探究能力。

（三）萌发幼儿爱祖国、爱家乡、爱集体、爱劳动、爱科学的情感，培养诚实、自信、友爱、勇敢、勤学、好问、爱护公物、克服困难、讲礼貌、守纪律等良好的品德行为和习惯,以及活泼开朗的性格。

(四)培养幼儿初步感受美和表现美的情趣和能力。

**第六条**　幼儿园教职工应当尊重、爱护幼儿,严禁虐待、歧视、体罚和变相体罚、侮辱幼儿人格等损害幼儿身心健康的行为。

**第七条**　幼儿园可分为全日制、半日制、定时制、季节制和寄宿制等。上述形式可分别设置,也可混合设置。

## 第二章　幼儿入园和编班

**第八条**　幼儿园每年秋季招生。平时如有缺额,可随时补招。

幼儿园对烈士子女、家中无人照顾的残疾人子女、孤儿、家庭经济困难幼儿、具有接受普通教育能力的残疾儿童等入园,按照国家和地方的有关规定予以照顾。

**第九条**　企业、事业单位和机关、团体、部队设置的幼儿园,除招收本单位工作人员的子女外,应当积极创造条件向社会开放,招收附近居民子女入园。

**第十条**　幼儿入园前,应当按照卫生部门制定的卫生保健制度进行健康检查,合格者方可入园。

幼儿入园除进行健康检查外,禁止任何形式的考试或测查。

**第十一条**　幼儿园规模应当有利于幼儿身心健康,便于管理,一般不超过360人。

幼儿园每班幼儿人数一般为:小班(3周岁至4周岁)25人,中班(4周岁至5周岁)30人,大班(5周岁至6周岁)35人,混合班30人。寄宿制幼儿园每班幼儿人数酌减。

幼儿园可以按年龄分别编班,也可以混合编班。

## 第三章　幼儿园的安全

**第十二条**　幼儿园应当严格执行国家和地方幼儿园安全管理的相关规定,建立健全门卫、房屋、设备、消防、交通、食品、药物、幼儿接送交接、活动组织和幼儿就寝值守等安全防护和检查制度,建立安全责任制和应急预案。

**第十三条** 幼儿园的园舍应当符合国家和地方的建设标准,以及相关安全、卫生等方面的规范,定期检查维护,保障安全。幼儿园不得设置在污染区和危险区,不得使用危房。

幼儿园的设备设施、装修装饰材料、用品用具和玩教具材料等,应当符合国家相关的安全质量标准和环保要求。

入园幼儿应当由监护人或者其委托的成年人接送。

**第十四条** 幼儿园应当严格执行国家有关食品药品安全的法律法规,保障饮食饮水卫生安全。

**第十五条** 幼儿园教职工必须具有安全意识,掌握基本急救常识和防范、避险、逃生、自救的基本方法,在紧急情况下应当优先保护幼儿的人身安全。

幼儿园应当把安全教育融入一日生活,并定期组织开展多种形式的安全教育和事故预防演练。

幼儿园应当结合幼儿年龄特点和接受能力开展反家庭暴力教育,发现幼儿遭受或者疑似遭受家庭暴力的,应当依法及时向公安机关报案。

**第十六条** 幼儿园应当投保校方责任险。

## 第四章 幼儿园的卫生保健

**第十七条** 幼儿园必须切实做好幼儿生理和心理卫生保健工作。

幼儿园应当严格执行《托儿所幼儿园卫生保健管理办法》以及其他有关卫生保健的法规、规章和制度。

**第十八条** 幼儿园应当制定合理的幼儿一日生活作息制度。正餐间隔时间为3.5－4小时。在正常情况下,幼儿户外活动时间(包括户外体育活动时间)每天不得少于2小时,寄宿制幼儿园不得少于3小时;高寒、高温地区可酌情增减。

**第十九条** 幼儿园应当建立幼儿健康检查制度和幼儿健康卡或档案。每年体检一次,每半年测身高、视力一次,每季度量体重一次;注意幼儿口腔卫生,保护幼儿视力。

幼儿园对幼儿健康发展状况定期进行分析、评价,及时向家长反馈结果。

幼儿园应当关注幼儿心理健康,注重满足幼儿的发展需要,保持幼儿积极的情绪状态,让幼儿感受到尊重和接纳。

**第二十条** 幼儿园应当建立卫生消毒、晨检、午检制度和病儿隔离制度,配合卫生部门做好计划免疫工作。

幼儿园应当建立传染病预防和管理制度,制定突发传染病应急预案,认真做好疾病防控工作。

幼儿园应当建立患病幼儿用药的委托交接制度,未经监护人委托或者同意,幼儿园不得给幼儿用药。幼儿园应当妥善管理药品,保证幼儿用药安全。

幼儿园内禁止吸烟、饮酒。

**第二十一条** 供给膳食的幼儿园应当为幼儿提供安全卫生的食品,编制营养平衡的幼儿食谱,定期计算和分析幼儿的进食量和营养素摄取量,保证幼儿合理膳食。

幼儿园应当每周向家长公示幼儿食谱,并按照相关规定进行食品留样。

**第二十二条** 幼儿园应当配备必要的设备设施,及时为幼儿提供安全卫生的饮用水。

幼儿园应当培养幼儿良好的大小便习惯,不得限制幼儿便溺的次数、时间等。

**第二十三条** 幼儿园应当积极开展适合幼儿的体育活动,充分利用日光、空气、水等自然因素以及本地自然环境,有计划地锻炼幼儿肌体,增强身体的适应和抵抗能力。正常情况下,每日户外体育活动不得少于1小时。

幼儿园在开展体育活动时,应当对体弱或有残疾的幼儿予以特殊照顾。

**第二十四条** 幼儿园夏季要做好防暑降温工作,冬季要做好防寒保暖工作,防止中暑和冻伤。

## 第五章 幼儿园的教育

**第二十五条** 幼儿园教育应当贯彻以下原则和要求:

（一）德、智、体、美等方面的教育应当互相渗透，有机结合。

（二）遵循幼儿身心发展规律，符合幼儿年龄特点，注重个体差异，因人施教，引导幼儿个性健康发展。

（三）面向全体幼儿，热爱幼儿，坚持积极鼓励、启发引导的正面教育。

（四）综合组织健康、语言、社会、科学、艺术各领域的教育内容，渗透于幼儿一日生活的各项活动中，充分发挥各种教育手段的交互作用。

（五）以游戏为基本活动，寓教育于各项活动之中。

（六）创设与教育相适应的良好环境，为幼儿提供活动和表现能力的机会与条件。

**第二十六条**　幼儿一日活动的组织应当动静交替，注重幼儿的直接感知、实际操作和亲身体验，保证幼儿愉快的、有益的自由活动。

**第二十七条**　幼儿园日常生活组织，应当从实际出发，建立必要、合理的常规，坚持一贯性和灵活性相结合，培养幼儿的良好习惯和初步的生活自理能力。

**第二十八条**　幼儿园应当为幼儿提供丰富多样的教育活动。

教育活动内容应当根据教育目标、幼儿的实际水平和兴趣确定，以循序渐进为原则，有计划地选择和组织。

教育活动的组织应当灵活地运用集体、小组和个别活动等形式，为每个幼儿提供充分参与的机会，满足幼儿多方面发展的需要，促进每个幼儿在不同水平上得到发展。

教育活动的过程应注重支持幼儿的主动探索、操作实践、合作交流和表达表现，不应片面追求活动结果。

**第二十九条**　幼儿园应当将游戏作为对幼儿进行全面发展教育的重要形式。

幼儿园应当因地制宜创设游戏条件，提供丰富、适宜的游戏材料，保证充足的游戏时间，开展多种游戏。

幼儿园应当根据幼儿的年龄特点指导游戏，鼓励和支持幼儿根据自身兴趣、需要和经验水平，自主选择游戏内容、游戏材料和伙伴，使幼儿在游戏过程中获得积极的情绪情感，促进幼儿能力和个性的全面发展。

**第三十条**　幼儿园应当将环境作为重要的教育资源，合理利用室内外环境,创设开放的、多样的区域活动空间,提供适合幼儿年龄特点的丰富的玩具、操作材料和幼儿读物,支持幼儿自主选择和主动学习,激发幼儿学习的兴趣与探究的愿望。

幼儿园应当营造尊重、接纳和关爱的氛围,建立良好的同伴和师生关系。

幼儿园应当充分利用家庭和社区的有利条件,丰富和拓展幼儿园的教育资源。

**第三十一条** 幼儿园的品德教育应当以情感教育和培养良好行为习惯为主,注重潜移默化的影响,并贯穿于幼儿生活以及各项活动之中。

**第三十二条** 幼儿园应当充分尊重幼儿的个体差异,根据幼儿不同的心理发展水平,研究有效的活动形式和方法,注重培养幼儿良好的个性心理品质。

幼儿园应当为在园残疾儿童提供更多的帮助和指导。

**第三十三条** 幼儿园和小学应当密切联系,互相配合,注意两个阶段教育的相互衔接。

幼儿园不得提前教授小学教育内容,不得开展任何违背幼儿身心发展规律的活动。

## 第六章 幼儿园的园舍、设备

**第三十四条** 幼儿园应当按照国家的相关规定设活动室、寝室、卫生间、保健室、综合活动室、厨房和办公用房等,并达到相应的建设标准。有条件的幼儿园应当优先扩大幼儿游戏和活动空间。

寄宿制幼儿园应当增设隔离室、浴室和教职工值班室等。

**第三十五条** 幼儿园应当有与其规模相适应的户外活动场地,配备必要的游戏和体育活动设施,创造条件开辟沙地、水池、种植园地等,并根据幼儿活动的需要绿化、美化园地。

**第三十六条** 幼儿园应当配备适合幼儿特点的桌椅、玩具架、盥洗卫生用具,以及必要的玩教具、图书和乐器等。

玩教具应当具有教育意义并符合安全、卫生要求。幼儿园应当因地制宜,就地取材,自制玩教具。

**第三十七条** 幼儿园的建筑规划面积、建筑设计和功能要求，以及设施设备、玩教具配备，按照国家和地方的相关规定执行。

## 第七章 幼儿园的教职工

**第三十八条** 幼儿园按照国家相关规定设园长、副园长、教师、保育员、卫生保健人员、炊事员和其他工作人员等岗位，配足配齐教职工。

**第三十九条** 幼儿园教职工应当贯彻国家教育方针，具有良好品德，热爱教育事业，尊重和爱护幼儿，具有专业知识和技能以及相应的文化和专业素养，为人师表，忠于职责，身心健康。

幼儿园教职工患传染病期间暂停在幼儿园的工作。有犯罪、吸毒记录和精神病史者不得在幼儿园工作。

**第四十条** 幼儿园园长应当符合本规程第三十九条规定，并应当具有《教师资格条例》规定的教师资格、具备大专以上学历、有三年以上幼儿园工作经历和一定的组织管理能力，并取得幼儿园园长岗位培训合格证书。

幼儿园园长由举办者任命或者聘任，并报当地主管的教育行政部门备案。

幼儿园园长负责幼儿园的全面工作，主要职责如下：

（一）贯彻执行国家的有关法律、法规、方针、政策和地方的相关规定，负责建立并组织执行幼儿园的各项规章制度；

（二）负责保育教育、卫生保健、安全保卫工作；

（三）负责按照有关规定聘任、调配教职工，指导、检查和评估教师以及其他工作人员的工作，并给予奖惩；

（四）负责教职工的思想工作，组织业务学习，并为他们的学习、进修、教育研究创造必要的条件；

（五）关心教职工的身心健康，维护他们的合法权益，改善他们的工作条件；

（六）组织管理园舍、设备和经费；

（七）组织和指导家长工作；

（八）负责与社区的联系和合作。

**第四十一条** 幼儿园教师必须具有《教师资格条例》规定的幼儿园教师资格,并符合本规程第三十九条规定。

幼儿园教师实行聘任制。

幼儿园教师对本班工作全面负责,其主要职责如下:

(一)观察了解幼儿,依据国家有关规定,结合本班幼儿的发展水平和兴趣需要,制订和执行教育工作计划,合理安排幼儿一日生活;

(二)创设良好的教育环境,合理组织教育内容,提供丰富的玩具和游戏材料,开展适宜的教育活动;

(三)严格执行幼儿园安全、卫生保健制度,指导并配合保育员管理本班幼儿生活,做好卫生保健工作;

(四)与家长保持经常联系,了解幼儿家庭的教育环境,商讨符合幼儿特点的教育措施,相互配合共同完成教育任务;

(五)参加业务学习和保育教育研究活动;

(六)定期总结评估保教工作实效,接受园长的指导和检查。

**第四十二条** 幼儿园保育员应当符合本规程第三十九条规定,并应当具备高中毕业以上学历,受过幼儿保育职业培训。

幼儿园保育员的主要职责如下:

(一)负责本班房舍、设备、环境的清洁卫生和消毒工作;

(二)在教师指导下,科学照料和管理幼儿生活,并配合本班教师组织教育活动;

(三)在卫生保健人员和本班教师指导下,严格执行幼儿园安全、卫生保健制度;

(四)妥善保管幼儿衣物和本班的设备、用具。

**第四十三条** 幼儿园卫生保健人员除符合本规程第三十九条规定外,医师应当取得卫生行政部门颁发的《医师执业证书》;护士应当取得《护士执业证书》;保健员应当具有高中毕业以上学历,并经过当地妇幼保健机构组织的卫生保健专业知识培训。

幼儿园卫生保健人员对全园幼儿身体健康负责,其主要职责如下:

(一)协助园长组织实施有关卫生保健方面的法规、规章和制度,并监督执行;

（二）负责指导调配幼儿膳食，检查食品、饮水和环境卫生；

（三）负责晨检、午检和健康观察，做好幼儿营养、生长发育的监测和评价；定期组织幼儿健康体检，做好幼儿健康档案管理；

（四）密切与当地卫生保健机构的联系，协助做好疾病防控和计划免疫工作；

（五）向幼儿园教职工和家长进行卫生保健宣传和指导；

（六）妥善管理医疗器械、消毒用具和药品。

**第四十四条** 幼儿园其他工作人员的资格和职责，按照国家和地方的有关规定执行。

**第四十五条** 对认真履行职责、成绩优良的幼儿园教职工，应当按照有关规定给予奖励。

对不履行职责的幼儿园教职工，应当视情节轻重，依法依规给予相应处分。

## 第八章 幼儿园的经费

**第四十六条** 幼儿园的经费由举办者依法筹措，保障有必备的办园资金和稳定的经费来源。

按照国家和地方相关规定接受财政扶持的提供普惠性服务的国有企事业单位办园、集体办园和民办园等幼儿园，应当接受财务、审计等有关部门的监督检查。

**第四十七条** 幼儿园收费按照国家和地方的有关规定执行。

幼儿园实行收费公示制度，收费项目和标准向家长公示，接受社会监督，不得以任何名义收取与新生入园相挂钩的赞助费。

幼儿园不得以培养幼儿某种专项技能、组织或参与竞赛等为由，另外收取费用；不得以营利为目的组织幼儿表演、竞赛等活动。

**第四十八条** 幼儿园的经费应当按照规定的使用范围合理开支，坚持专款专用，不得挪作他用。

**第四十九条** 幼儿园举办者筹措的经费，应当保证保育和教育的需要，有一定比例用于改善办园条件和开展教职工培训。

**第五十条** 幼儿膳食费应当实行民主管理制度，保证全部用于幼儿膳食，每月向家长公布账目。

**第五十一条** 幼儿园应当建立经费预算和决算审核制度，经费预算和决算应当提交园务委员会审议，并接受财务和审计部门的监督检查。

幼儿园应当依法建立资产配置、使用、处置、产权登记、信息管理等管理制度，严格执行有关财务制度。

## 第九章 幼儿园、家庭和社区

**第五十二条** 幼儿园应当主动与幼儿家庭沟通合作，为家长提供科学育儿宣传指导，帮助家长创设良好的家庭教育环境，共同担负教育幼儿的任务。

**第五十三条** 幼儿园应当建立幼儿园与家长联系的制度。幼儿园可采取多种形式，指导家长正确了解幼儿园保育和教育的内容、方法，定期召开家长会议，并接待家长的来访和咨询。

幼儿园应当认真分析、吸收家长对幼儿园教育与管理工作的意见与建议。

幼儿园应当建立家长开放日制度。

**第五十四条** 幼儿园应当成立家长委员会。

家长委员会的主要任务是：对幼儿园重要决策和事关幼儿切身利益的事项提出意见和建议；发挥家长的专业和资源优势，支持幼儿园保育教育工作；帮助家长了解幼儿园工作计划和要求，协助幼儿园开展家庭教育指导和交流。

家长委员会在幼儿园园长指导下工作。

**第五十五条** 幼儿园应当加强与社区的联系与合作，面向社区宣传科学育儿知识，开展灵活多样的公益性早期教育服务，争取社区对幼儿园的多方面支持。

## 第十章 幼儿园的管理

**第五十六条** 幼儿园实行园长负责制。

幼儿园应当建立园务委员会。园务委员会由园长、副园长、党组织负责人和保教、卫生保健、财会等方面工作人员的代表以及幼儿家长代表组成。园长任园务委员会主任。

园长定期召开园务委员会会议，遇重大问题可临时召集，对规章制度的建立、修改、废除，全园工作计划，工作总结，人员奖惩，财务预算和决算方案，以及其他涉及全园工作的重要问题进行审议。

**第五十七条** 幼儿园应当加强党组织建设，充分发挥党组织政治核心作用、战斗堡垒作用。幼儿园应当为工会、共青团等其他组织开展工作创造有利条件，充分发挥其在幼儿园工作中的作用。

**第五十八条** 幼儿园应当建立教职工大会制度或者教职工代表大会制度，依法加强民主管理和监督。

**第五十九条** 幼儿园应当建立教研制度，研究解决保教工作中的实际问题。

**第六十条** 幼儿园应当制订年度工作计划，定期部署、总结和报告工作。每学年年末应当向教育等行政主管部门报告工作，必要时随时报告。

**第六十一条** 幼儿园应当接受上级教育、卫生、公安、消防等部门的检查、监督和指导，如实报告工作和反映情况。

幼儿园应当依法接受教育督导部门的督导。

**第六十二条** 幼儿园应当建立业务档案、财务管理、园务会议、人员奖惩、安全管理以及与家庭、小学联系等制度。

幼儿园应当建立信息管理制度，按照规定采集、更新、报送幼儿园管理信息系统的相关信息，每年向主管教育行政部门报送统计信息。

**第六十三条** 幼儿园教师依法享受寒暑假期的带薪休假。幼儿园应当创造条件，在寒暑假期间，安排工作人员轮流休假。具体办法由举办者制定。

## 第十一章 附 则

**第六十四条** 本规程适用于城乡各类幼儿园。

**第六十五条** 省、自治区、直辖市教育行政部门可根据本规程，制订具体实施办法。

**第六十六条** 本规程自 2016 年 3 月 1 日起施行。1996 年 3 月 9 日由原国家教育委员会令第 25 号发布的《幼儿园工作规程》同时废止。

# 国家新闻出版署关于防止未成年人沉迷网络游戏的通知

（2019 年 10 月 25 日发布 国新出发〔2019〕34 号）

各省、自治区、直辖市新闻出版局，各网络游戏企业，有关行业组织：

近年来，网络游戏行业在满足群众休闲娱乐需要、丰富人民精神文化生活的同时，也出现一些值得高度关注的问题，特别是未成年人沉迷网络游戏、过度消费等现象，对未成年人身心健康和正常学习生活造成不良影响，社会反映强烈。规范网络游戏服务，引导网络游戏企业切实把社会效益放在首位，有效遏制未成年人沉迷网络游戏、过度消费等行为，保护未成年人身心健康成长，是贯彻落实习近平总书记关于青少年工作重要指示精神、促进网络游戏繁荣健康有序发展的有效举措。现就有关工作事项通知如下。

**一、**实行网络游戏用户账号实名注册制度。所有网络游戏用户均须使用有效身份信息方可进行游戏账号注册。自本通知施行之日起，网络游戏企业应建立并实施用户实名注册系统，不得以任何形式为未实名注册的新增用户提供游戏服务。自本通知施行之日起 2 个月内，网络游戏企业须要求已有用户全部完成实名注册，对未完成实名注册的用户停止提供游戏服务。对用户提供的实名注册信息，网络游戏企业必须严格按照有关法律法规妥善保存、保护，不得用作其他用途。

网络游戏企业可以对其游戏服务设置不超过 1 小时的游客体验模式。在游客体验模式下，用户无须实名注册，不能充值和付费消费。对使用同一硬件设备的用户，网络游戏企业在 15 天内不得重复提供游客体验模式。

**二、**严格控制未成年人使用网络游戏时段、时长。每日 22 时至次日 8

时,网络游戏企业不得以任何形式为未成年人提供游戏服务。网络游戏企业向未成年人提供游戏服务的时长,法定节假日每日累计不得超过3小时,其他时间每日累计不得超过1.5小时。

三、规范向未成年人提供付费服务。网络游戏企业须采取有效措施,限制未成年人使用与其民事行为能力不符的付费服务。网络游戏企业不得为未满8周岁的用户提供游戏付费服务。同一网络游戏企业所提供的游戏付费服务,8周岁以上未满16周岁的用户,单次充值金额不得超过50元人民币,每月充值金额累计不得超过200元人民币;16周岁以上未满18周岁的用户,单次充值金额不得超过100元人民币,每月充值金额累计不得超过400元人民币。

四、切实加强行业监管。本通知前述各项要求,均为网络游戏上网出版运营的必要条件。各地出版管理部门要切实履行属地监管职责,严格按照本通知要求做好属地网络游戏企业及其网络游戏服务的监督管理工作。对未落实本通知要求的网络游戏企业,各地出版管理部门应责令限期改正;情节严重的,依法依规予以处理,直至吊销相关许可。各地出版管理部门协调有关执法机构做好监管执法工作。

五、探索实施适龄提示制度。网络游戏企业应从游戏内容和功能的心理接受程度、对抗激烈程度、可能引起认知混淆程度、可能导致危险模仿程度、付费消费程度等多维度综合衡量,探索对上网出版运营的网络游戏作出适合不同年龄段用户的提示,并在用户下载、注册、登录页面等位置显著标明。有关行业组织要探索实施适龄提示具体标准规范,督促网络游戏企业落实适龄提示制度。网络游戏企业应注意分析未成年人沉迷的成因,并及时对造成沉迷的游戏内容、功能或者规则进行修改。

六、积极引导家长、学校等社会各界力量履行未成年人监护守护责任,加强对未成年人健康合理使用网络游戏的教导,帮助未成年人树立正确的网络游戏消费观念和行为习惯。

七、本通知所称未成年人是指未满18周岁的公民,所称网络游戏企业含提供网络游戏服务的平台。

本通知自2019年11月1日起施行。

# 收养评估办法(试行)

(2020 年 12 月 30 日民政部印发
自 2021 年 1 月 1 日起施行)

**第一条** 为了加强收养登记管理,规范收养评估工作,保障被收养人的合法权益,根据《中华人民共和国民法典》,制定本办法。

**第二条** 中国内地居民在中国境内收养子女的,按照本办法进行收养评估。但是,收养继子女的除外。

**第三条** 本办法所称收养评估,是指民政部门对收养申请人是否具备抚养、教育和保护被收养人的能力进行调查、评估,并出具评估报告的专业服务行为。

**第四条** 收养评估应当遵循最有利于被收养人的原则,独立、客观、公正地对收养申请人进行评估,依法保护个人信息和隐私。

**第五条** 民政部门进行收养评估,可以自行组织,也可以委托第三方机构开展。

委托第三方机构开展收养评估的,民政部门应当与受委托的第三方机构签订委托协议。

**第六条** 民政部门自行组织开展收养评估的,应当组建收养评估小组。收养评估小组应有 2 名以上熟悉收养相关法律法规和政策的在编人员。

**第七条** 受委托的第三方机构应当同时具备下列条件:

(一)具有法人资格;

(二)组织机构健全,内部管理规范;

(三)业务范围包含社会调查或者评估,或者具备评估相关经验;

(四)有 5 名以上具有社会工作、医学、心理学等专业背景或者从事相关工作 2 年以上的专职工作人员;

(五)开展评估工作所需的其他条件。

**第八条**　收养评估内容包括收养申请人以下情况:收养动机、道德品行、受教育程度、健康状况、经济及住房条件、婚姻家庭关系、共同生活家庭成员意见、抚育计划、邻里关系、社区环境、与被收养人融合情况等。

收养申请人与被收养人融合的时间不少于 30 日。

**第九条**　收养评估流程包括书面告知、评估准备、实施评估、出具评估报告。

(一)书面告知。民政部门收到收养登记申请有关材料后,经初步审查收养申请人、送养人、被收养人符合《中华人民共和国民法典》、《中国公民收养子女登记办法》要求的,应当书面告知收养申请人将对其进行收养评估。委托第三方机构开展评估的,民政部门应当同时书面告知受委托的第三方机构。

(二)评估准备。收养申请人确认同意进行收养评估的,第三方机构应当选派 2 名以上具有社会工作、医学、心理学等专业背景或者从事相关工作 2 年以上的专职工作人员开展评估活动。

民政部门自行组织收养评估的,由收养评估小组开展评估活动。

(三)实施评估。评估人员根据评估需要,可以采取面谈、查阅资料、实地走访等多种方式进行评估,全面了解收养申请人的情况。

(四)出具报告。收养评估小组和受委托的第三方机构应当根据评估情况制作书面收养评估报告。收养评估报告包括正文和附件两部分:正文部分包括评估工作的基本情况、评估内容分析、评估结论等;附件部分包括记载评估过程的文字、语音、照片、影像等资料。委托第三方机构评估的,收养评估报告应当由参与评估人员签名,并加盖机构公章。民政部门自行组织评估的,收养评估报告应当由收养评估小组成员共同签名。

**第十条**　收养评估报告应当在收养申请人确认同意进行收养评估之日起 60 日内作出。收养评估期间不计入收养登记办理期限。

收养评估报告应当作为民政部门办理收养登记的参考依据。

**第十一条**　收养评估期间,收养评估小组或者受委托的第三方机构发现收养申请人及其共同生活家庭成员有下列情形之一的,应当向民政部门报告:

（一）弄虚作假，伪造、变造相关材料或者隐瞒相关事实的；

（二）参加非法组织、邪教组织的；

（三）买卖、性侵、虐待或者遗弃、非法送养未成年人，及其他侵犯未成年人身心健康的；

（四）有持续性、经常性的家庭暴力的；

（五）有故意犯罪行为，判处或者可能判处有期徒刑以上刑罚的；

（六）患有精神类疾病、传染性疾病、重度残疾或者智力残疾、重大疾病的；

（七）存在吸毒、酗酒、赌博、嫖娼等恶习的；

（八）故意或者过失导致正与其进行融合的未成年人受到侵害或者面临其他危险情形的；

（九）有其他不利于未成年人身心健康行为的。

存在前款规定第（八）项规定情形的，民政部门应当立即向公安机关报案。

**第十二条** 评估人员、受委托的第三方机构与收养申请人、送养人有利害关系的，应当回避。

**第十三条** 民政部门应当加强对收养评估小组的监督和管理。

委托第三方机构开展收养评估的，民政部门应当对受委托第三方履行协议情况进行监督。

**第十四条** 开展收养评估不得收取任何费用。地方收养评估工作所需经费应当纳入同级民政部门预算。

**第十五条** 华侨以及居住在香港、澳门、台湾地区的中国公民申请收养的，当地有权机构已经作出收养评估报告的，民政部门可以不再重复开展收养评估。没有收养评估报告的，民政部门可以依据当地有权机构出具的相关证明材料，对收养申请人进行收养评估。

外国人申请收养的，收养评估按照有关法律法规规定执行。

**第十六条** 省级民政部门可以结合当地情况细化、补充收养评估内容、流程，并报民政部备案。

**第十七条** 本办法自 2021 年 1 月 1 日起施行，《民政部关于印发〈收养能力评估工作指引〉的通知》（民发〔2015〕168 号）同时废止。

# 未成年人学校保护规定

（2021年6月1日教育部令第50号公布
自2021年9月1日起施行）

## 第一章　总　　则

**第一条**　为了落实学校保护职责，保障未成年人合法权益，促进未成年人德智体美劳全面发展、健康成长，根据《中华人民共和国教育法》《中华人民共和国未成年人保护法》等法律法规，制定本规定。

**第二条**　普通中小学、中等职业学校（以下简称学校）对本校未成年人（以下统称学生）在校学习、生活期间合法权益的保护，适用本规定。

**第三条**　学校应当全面贯彻国家教育方针，落实立德树人根本任务，弘扬社会主义核心价值观，依法办学、依法治校，履行学生权益保护法定职责，健全保护制度，完善保护机制。

**第四条**　学校学生保护工作应当坚持最有利于未成年人的原则，注重保护和教育相结合，适应学生身心健康发展的规律和特点；关心爱护每个学生，尊重学生权利，听取学生意见。

**第五条**　教育行政部门应当落实工作职责，会同有关部门健全学校学生保护的支持措施、服务体系，加强对学校学生保护工作的支持、指导、监督和评价。

## 第二章　一般保护

**第六条**　学校应当平等对待每个学生，不得因学生及其父母或者其他监护人（以下统称家长）的民族、种族、性别、户籍、职业、宗教信仰、教育程度、家庭状况、身心健康情况等歧视学生或者对学生进行区别对待。

**第七条**　学校应当落实安全管理职责，保护学生在校期间人身安全。

学校不得组织、安排学生从事抢险救灾、参与危险性工作，不得安排学生参加商业性活动及其他不宜学生参加的活动。

学生在校内或者本校组织的校外活动中发生人身伤害事故的，学校应当依据有关规定妥善处理，及时通知学生家长；情形严重的，应当按规定向有关部门报告。

**第八条** 学校不得设置侵犯学生人身自由的管理措施，不得对学生在课间及其他非教学时间的正当交流、游戏、出教室活动等言行自由设置不必要的约束。

**第九条** 学校应当尊重和保护学生的人格尊严，尊重学生名誉，保护和培育学生的荣誉感、责任感，表彰、奖励学生做到公开、公平、公正；在教育、管理中不得使用任何贬损、侮辱学生及其家长或者所属特定群体的言行、方式。

**第十条** 学校采集学生个人信息，应当告知学生及其家长，并对所获得的学生及其家庭信息负有管理、保密义务，不得毁弃以及非法删除、泄露、公开、买卖。

学校在奖励、资助、申请贫困救助等工作中，不得泄露学生个人及其家庭隐私；学生的考试成绩、名次等学业信息，学校应当便利学生本人和家长知晓，但不得公开，不得宣传升学情况；除因法定事由，不得查阅学生的信件、日记、电子邮件或者其他网络通讯内容。

**第十一条** 学校应当尊重和保护学生的受教育权利，保障学生平等使用教育教学设施设备、参加教育教学计划安排的各种活动，并在学业成绩和品行上获得公正评价。

对身心有障碍的学生，应当提供合理便利，实施融合教育，给予特别支持；对学习困难、行为异常的学生，应当以适当方式教育、帮助，必要时，可以通过安排教师或者专业人员课后辅导等方式给予帮助或者支持。

学校应当建立留守学生、困境学生档案，配合政府有关部门做好关爱帮扶工作，避免学生因家庭因素失学、辍学。

**第十二条** 义务教育学校不得开除或者变相开除学生，不得以长期停课、劝退等方式，剥夺学生在校接受并完成义务教育的权利；对转入专门学校的学生，应当保留学籍，原决定机关决定转回的学生，不得拒绝接收。

义务教育学校应当落实学籍管理制度，健全辍学或者休学、长期请假学生的报告备案制度，对辍学学生应当及时进行劝返，劝返无效的，应当报告有关主管部门。

**第十三条**　学校应当按规定科学合理安排学生在校作息时间，保证学生有休息、参加文娱活动和体育锻炼的机会和时间，不得统一要求学生在规定的上课时间前到校参加课程教学活动。

义务教育学校不得占用国家法定节假日、休息日及寒暑假，组织学生集体补课；不得以集体补课等形式侵占学生休息时间。

**第十四条**　学校不得采用毁坏财物的方式对学生进行教育管理，对学生携带进入校园的违法违规物品，按规定予以暂扣的，应当统一管理，并依照有关规定予以处理。

学校不得违反规定向学生收费，不得强制要求或者设置条件要求学生及家长捐款捐物、购买商品或者服务，或者要求家长提供物质帮助、需支付费用的服务等。

**第十五条**　学校以发布、汇编、出版等方式使用学生作品，对外宣传或者公开使用学生个体肖像的，应当取得学生及其家长许可，并依法保护学生的权利。

**第十六条**　学校应当尊重学生的参与权和表达权，指导、支持学生参与学校章程、校规校纪、班级公约的制定，处理与学生权益相关的事务时，应当以适当方式听取学生意见。

**第十七条**　学校对学生实施教育惩戒或者处分学生的，应当依据有关规定，听取学生的陈述、申辩，遵循审慎、公平、公正的原则作出决定。

除开除学籍处分以外，处分学生应当设置期限，对受到处分的学生应当跟踪观察、有针对性地实施教育，确有改正的，到期应当予以解除。解除处分后，学生获得表彰、奖励及其他权益，不再受原处分影响。

## 第三章　专项保护

**第十八条**　学校应当落实法律规定建立学生欺凌防控和预防性侵害、性骚扰等专项制度，建立对学生欺凌、性侵害、性骚扰行为的零容忍处理机制和受伤害学生的关爱、帮扶机制。

**第十九条** 学校应当成立由校内相关人员、法治副校长、法律顾问、有关专家、家长代表、学生代表等参与的学生欺凌治理组织，负责学生欺凌行为的预防和宣传教育、组织认定、实施矫治、提供援助等。

学校应当定期针对全体学生开展防治欺凌专项调查，对学校是否存在欺凌等情形进行评估。

**第二十条** 学校应当教育、引导学生建立平等、友善、互助的同学关系，组织教职工学习预防、处理学生欺凌的相关政策、措施和方法，对学生开展相应的专题教育，并且应当根据情况给予相关学生家长必要的家庭教育指导。

**第二十一条** 教职工发现学生实施下列行为的，应当及时制止：

（一）殴打、脚踢、掌掴、抓咬、推撞、拉扯等侵犯他人身体或者恐吓威胁他人；

（二）以辱骂、讥讽、嘲弄、挖苦、起侮辱性绰号等方式侵犯他人人格尊严；

（三）抢夺、强拿硬要或者故意毁坏他人财物；

（四）恶意排斥、孤立他人，影响他人参加学校活动或者社会交往；

（五）通过网络或者其他信息传播方式捏造事实诽谤他人、散布谣言或者错误信息诋毁他人、恶意传播他人隐私。

学生之间，在年龄、身体或者人数等方面占优势的一方蓄意或者恶意对另一方实施前款行为，或者以其他方式欺压、侮辱另一方，造成人身伤害、财产损失或者精神损害的，可以认定为构成欺凌。

**第二十二条** 教职工应当关注因身体条件、家庭背景或者学习成绩等可能处于弱势或者特殊地位的学生，发现学生存在被孤立、排挤等情形的，应当及时干预。

教职工发现学生有明显的情绪反常、身体损伤等情形，应当及时沟通了解情况，可能存在被欺凌情形的，应当及时向学校报告。

学校应当教育、支持学生主动、及时报告所发现的欺凌情形，保护自身和他人的合法权益。

**第二十三条** 学校接到关于学生欺凌报告的，应当立即开展调查，认为可能构成欺凌的,应当及时提交学生欺凌治理组织认定和处置,并通知相关学生的家长参与欺凌行为的认定和处理。认定构成欺凌的,应当对实施或者参与欺凌行为的学生作出教育惩戒或者纪律处分,并对其家长提出加强管教的要求,必要时,可以由法治副校长、辅导员对学生及其家长进行训导、教育。

对违反治安管理或者涉嫌犯罪等严重欺凌行为,学校不得隐瞒,应当及时向公安机关、教育行政部门报告,并配合相关部门依法处理。

不同学校学生之间发生的学生欺凌事件,应当在主管教育行政部门的指导下建立联合调查机制,进行认定和处理。

**第二十四条** 学校应当建立健全教职工与学生交往行为准则、学生宿舍安全管理规定、视频监控管理规定等制度,建立预防、报告、处置性侵害、性骚扰工作机制。

学校应当采取必要措施预防并制止教职工以及其他进入校园的人员实施以下行为:

(一)与学生发生恋爱关系、性关系;

(二)抚摸、故意触碰学生身体特定部位等猥亵行为;

(三)对学生作出调戏、挑逗或者具有性暗示的言行;

(四)向学生展示传播包含色情、淫秽内容的信息、书刊、影片、音像、图片或者其他淫秽物品;

(五)持有包含淫秽、色情内容的视听、图文资料;

(六)其他构成性骚扰、性侵害的违法犯罪行为。

## 第四章 管理要求

**第二十五条** 学校应当制定规范教职工、学生行为的校规校纪。校规校纪应当内容合法、合理,制定程序完备,向学生及其家长公开,并按照要求报学校主管部门备案。

**第二十六条** 学校应当严格执行国家课程方案,按照要求开齐开足课程、选用教材和教学辅助资料。学校开发的校本课程或者引进的课程应当经过科学论证,并报主管教育行政部门备案。

学校不得与校外培训机构合作向学生提供有偿的课程或者课程

辅导。

**第二十七条** 学校应当加强作业管理，指导和监督教师按照规定科学适度布置家庭作业，不得超出规定增加作业量，加重学生学习负担。

**第二十八条** 学校应当按照规定设置图书馆、班级图书角，配备适合学生认知特点、内容积极向上的课外读物，营造良好阅读环境，培养学生阅读习惯，提升阅读质量。

学校应当加强读物和校园文化环境管理，禁止含有淫秽、色情、暴力、邪教、迷信、赌博、恐怖主义、分裂主义、极端主义等危害未成年人身心健康内容的读物、图片、视听作品等，以及商业广告、有悖于社会主义核心价值观的文化现象进入校园。

**第二十九条** 学校应当建立健全安全风险防控体系，按照有关规定完善安全、卫生、食品等管理制度，提供符合标准的教育教学设施、设备等，制定自然灾害、突发事件、极端天气和意外伤害应急预案，配备相应设施并定期组织必要的演练。

学生在校期间学校应当对校园实行封闭管理，禁止无关人员进入校园。

**第三十条** 学校应当以适当方式教育、提醒学生及家长，避免学生使用兴奋剂或者镇静催眠药、镇痛剂等成瘾性药物；发现学生使用的，应当予以制止、向主管部门或者公安机关报告，并应当及时通知家长，但学生因治疗需要并经执业医师诊断同意使用的除外。

**第三十一条** 学校应当建立学生体质监测制度，发现学生出现营养不良、近视、肥胖、龋齿等倾向或者有导致体质下降的不良行为习惯，应当进行必要的管理、干预，并通知家长，督促、指导家长实施矫治。

学校应当完善管理制度，保障学生在课间、课后使用学校的体育运动场地、设施开展体育锻炼；在周末和节假日期间，按规定向学生和周边未成年人免费或者优惠开放。

**第三十二条** 学校应当建立学生心理健康教育管理制度，建立学生心理健康问题的早期发现和及时干预机制，按照规定配备专职或者兼职心理健康教育教师、建设心理辅导室，或者通过购买专业社工服务等多种方式为学生提供专业化、个性化的指导和服务。

有条件的学校，可以定期组织教职工进行心理健康状况测评，指导、帮助教职工以积极、乐观的心态对待学生。

**第三十三条**　学校可以禁止学生携带手机等智能终端产品进入学校或者在校园内使用；对经允许带入的，应当统一管理，除教学需要外，禁止带入课堂。

**第三十四条**　学校应当将科学、文明、安全、合理使用网络纳入课程内容，对学生进行网络安全、网络文明和防止沉迷网络的教育，预防和干预学生过度使用网络。

学校为学生提供的上网设施，应当安装未成年人上网保护软件或者采取其他安全保护技术措施，避免学生接触不适宜未成年人接触的信息；发现网络产品、服务、信息有危害学生身心健康内容的，或者学生利用网络实施违法活动的，应当立即采取措施并向有关主管部门报告。

**第三十五条**　任何人不得在校园内吸烟、饮酒。学校应当设置明显的禁止吸烟、饮酒的标识，并不得以烟草制品、酒精饮料的品牌冠名学校、教学楼、设施设备及各类教学、竞赛活动。

**第三十六条**　学校应当严格执行入职报告和准入查询制度，不得聘用有下列情形的人员：

（一）受到剥夺政治权利或者因故意犯罪受到有期徒刑以上刑事处罚的；

（二）因卖淫、嫖娼、吸毒、赌博等违法行为受到治安管理处罚的；

（三）因虐待、性骚扰、体罚或者侮辱学生等情形被开除或者解聘的；

（四）实施其他被纳入教育领域从业禁止范围的行为的。

学校在聘用教职工或引入志愿者、社工等校外人员时，应当要求相关人员提交承诺书；对在聘人员应当按照规定定期开展核查，发现存在前款规定情形的人员应当及时解聘。

**第三十七条**　学校发现拟聘人员或者在职教职工存在下列情形的，应当对有关人员是否符合相应岗位要求进行评估，必要时可以安排有专业资质的第三方机构进行评估，并将相关结论作为是否聘用或者调整工作岗位、解聘的依据：

（一）有精神病史的；

（二）有严重酗酒、滥用精神类药物史的；

（三）有其他可能危害未成年人身心健康或者可能造成不良影响的身心疾病的。

**第三十八条** 学校应当加强对教职工的管理，预防和制止教职工实施法律、法规、规章以及师德规范禁止的行为。学校及教职工不得实施下列行为：

（一）利用管理学生的职务便利或者招生考试、评奖评优、推荐评价等机会，以任何形式向学生及其家长索取、收受财物或者接受宴请、其他利益；

（二）以牟取利益为目的，向学生推销或者要求、指定学生购买特定辅导书、练习册等教辅材料或者其他商品、服务；

（三）组织、要求学生参加校外有偿补课，或者与校外机构、个人合作向学生提供其他有偿服务；

（四）诱导、组织或者要求学生及其家长登录特定经营性网站，参与视频直播、网络购物、网络投票、刷票等活动；

（五）非法提供、泄露学生信息或者利用所掌握的学生信息牟取利益；

（六）其他利用管理学生的职权牟取不正当利益的行为。

**第三十九条** 学校根据《校车安全管理条例》配备、使用校车的，应当依法建立健全校车安全管理制度，向学生讲解校车安全乘坐知识，培养学生校车安全事故应急处理技能。

**第四十条** 学校应当定期巡查校园及周边环境，发现存在法律禁止在学校周边设立的营业场所、销售网点的，应当及时采取应对措施，并报告主管教育部门或者其他有关主管部门。

学校及其教职工不得安排或者诱导、组织学生进入营业性娱乐场所、互联网上网服务营业场所、电子游戏场所、酒吧等不适宜未成年人活动的场所；发现学生进入上述场所的，应当及时予以制止、教育，并向上述场所的主管部门反映。

## 第五章 保护机制

**第四十一条** 校长是学生学校保护的第一责任人。学校应当指定一名校领导直接负责学生保护工作，并明确具体的工作机构，有条件的，可以设立学生保护专员开展学生保护工作。学校应当为从事学生保护工作的人员接受相关法律、理论和技能的培训提供条件和支持，对教职工开展未成年人保护专项培训。

有条件的学校可以整合欺凌防治、纪律处分等组织、工作机制，组建学生保护委员会，统筹负责学生权益保护及相关制度建设。

**第四十二条** 学校要树立以生命关怀为核心的教育理念，利用安全教育、心理健康教育、环境保护教育、健康教育、禁毒和预防艾滋病教育等专题教育，引导学生热爱生命、尊重生命；要有针对性地开展青春期教育、性教育，使学生了解生理健康知识，提高防范性侵害、性骚扰的自我保护意识和能力。

**第四十三条** 学校应当结合相关课程要求，根据学生的身心特点和成长需求开展以宪法教育为核心、以权利与义务教育为重点的法治教育，培养学生树立正确的权利观念，并开展有针对性的预防犯罪教育。

**第四十四条** 学校可以根据实际组成由学校相关负责人、教师、法治副校长（辅导员）、司法和心理等方面专业人员参加的专业辅导工作机制，对有不良行为的学生进行矫治和帮扶；对有严重不良行为的学生，学校应当配合有关部门进行管教，无力管教或者管教无效的，可以依法向教育行政部门提出申请送专门学校接受专门教育。

**第四十五条** 学校在作出与学生权益有关的决定前，应当告知学生及其家长，听取意见并酌情采纳。

学校应当发挥学生会、少代会、共青团等学生组织的作用，指导、支持学生参与权益保护，对于情节轻微的学生纠纷或者其他侵害学生权益的情形，可以安排学生代表参与调解。

**第四十六条** 学校应当建立与家长有效联系机制，利用家访、家长课堂、家长会等多种方式与学生家长建立日常沟通。

学校应当建立学生重大生理、心理疾病报告制度，向家长及时告知学生身体及心理健康状况；学校发现学生身体状况或者情绪反应明显异常、突发疾病或者受到伤害的，应当及时通知学生家长。

**第四十七条** 学校和教职工发现学生遭受或疑似遭受家庭暴力、虐待、遗弃、长期无人照料、失踪等不法侵害以及面临不法侵害危险的，应当依照规定及时向公安、民政、教育等有关部门报告。学校应当积极参与、配合有关部门做好侵害学生权利案件的调查处理工作。

**第四十八条**　教职员工发现学生权益受到侵害，属于本职工作范围的，应当及时处理；不属于本职工作范围或者不能处理的，应当及时报告班主任或学校负责人；必要时可以直接向主管教育行政部门或者公安机关报告。

**第四十九条**　学生因遭受遗弃、虐待向学校请求保护的，学校不得拒绝、推诿，需要采取救助措施的，应当先行救助。

学校应当关心爱护学生，为身体或者心理受到伤害的学生提供相应的心理健康辅导、帮扶教育。对因欺凌造成身体或者心理伤害，无法在原班级就读的学生，学生家长提出调整班级请求，学校经评估认为有必要的，应当予以支持。

## 第六章　支持与监督

**第五十条**　教育行政部门应当积极探索与人民检察院、人民法院、公安、司法、民政、应急管理等部门以及从事未成年人保护工作的相关群团组织的协同机制，加强对学校学生保护工作的指导与监督。

**第五十一条**　教育行政部门应当会同有关部门健全教职工从业禁止人员名单和查询机制，指导、监督学校健全准入和定期查询制度。

**第五十二条**　教育行政部门可以通过政府购买服务的方式，组织具有相应资质的社会组织、专业机构及其他社会力量，为学校提供法律咨询、心理辅导、行为矫正等专业服务，为预防和处理学生权益受侵害的案件提供支持。

教育行政部门、学校在与有关部门、机构、社会组织及个人合作进行学生保护专业服务与支持过程中，应当与相关人员签订保密协议，保护学生个人及家庭隐私。

**第五十三条**　教育行政部门应当指定专门机构或者人员承担学生保护的监督职责，有条件的，可以设立学生保护专兼职监察员负责学生保护工作，处理或者指导处理学生欺凌、性侵害、性骚扰以及其他侵害学生权益的事件，会同有关部门落实学校安全区域制度，健全依法处理涉校纠纷的工作机制。

负责学生保护职责的人员应当接受专门业务培训，具备学生保护的必要知识与能力。

**第五十四条** 教育行政部门应当通过建立投诉举报电话、邮箱或其他途径，受理对学校或者教职工违反本规定或者其他法律法规、侵害学生权利的投诉、举报；处理过程中发现有关人员行为涉嫌违法犯罪的，应当及时向公安机关报案或者移送司法机关。

**第五十五条** 县级教育行政部门应当会同民政部门，推动设立未成年人保护社会组织，协助受理涉及学生权益的投诉举报、开展侵害学生权益案件的调查和处理，指导、支持学校、教职工、家长开展学生保护工作。

**第五十六条** 地方教育行政部门应当建立学生保护工作评估制度，定期组织或者委托第三方对管辖区域内学校履行保护学生法定职责情况进行评估，评估结果作为学校管理水平评价、校长考评考核的依据。

各级教育督导机构应当将学校学生保护工作情况纳入政府履行教育职责评价和学校督导评估的内容。

## 第七章 责任与处理

**第五十七条** 学校未履行未成年人保护法规定的职责，违反本规定侵犯学生合法权利的，主管教育行政部门应当责令改正，并视情节和后果，依照有关规定和权限分别对学校的主要负责人、直接责任人或者其他责任人员进行诫勉谈话、通报批评、给予处分或者责令学校给予处分；同时，可以给予学校 1 至 3 年不得参与相应评奖评优，不得获评各类示范、标兵单位等荣誉的处理。

**第五十八条** 学校未履行对教职工的管理、监督责任，致使发生教职工严重侵害学生身心健康的违法犯罪行为，或者有包庇、隐瞒不报，威胁、阻拦报案，妨碍调查、对学生打击报复等行为的，主管教育部门应当对主要负责人和直接责任人给予处分或者责令学校给予处分；情节严重的，应当移送有关部门查处，构成违法犯罪的，依法追究相应法律责任。因监管不力、造成严重后果而承担领导责任的校长，5 年内不得再担任校长职务。

**第五十九条** 学校未按本规定建立学生权利保护机制,或者制定的校规违反法律法规和本规定,由主管教育部门责令限期改正、给予通报批评;情节严重、影响较大或者逾期不改正的,可以对学校主要负责人和直接负责人给予处分或者责令学校给予处分。

**第六十条** 教职工违反本规定的,由学校或者主管教育部门依照事业单位人员管理、中小学教师管理的规定予以处理。

教职工实施第二十四条第二款禁止行为的,应当依法予以开除或者解聘;有教师资格的,由主管教育行政部门撤销教师资格,纳入从业禁止人员名单;涉嫌犯罪的,移送有关部门依法追究责任。

教职工违反第三十八条规定牟取不当利益的,应当责令退还所收费用或者所获利益,给学生造成经济损失的,应当依法予以赔偿,并视情节给予处分,涉嫌违法犯罪的移送有关部门依法追究责任。

学校应当根据实际,建立健全校内其他工作人员聘用和管理制度,对其他人员违反本规定的,根据情节轻重予以校内纪律处分直至予以解聘,涉嫌违反治安管理或者犯罪的,移送有关部门依法追究责任。

**第六十一条** 教育行政部门未履行对学校的指导、监督职责,管辖区域内学校出现严重侵害学生权益情形的,由上级教育行政部门、教育督导机构责令改正、予以通报批评,情节严重的依法追究主要负责人或者直接责任人的责任。

## 第八章 附 则

**第六十二条** 幼儿园、特殊教育学校应当根据未成年人身心特点,依据本规定有针对性地加强在园、在校未成年人合法权益的保护,并参照本规定、结合实际建立保护制度。

幼儿园、特殊教育学校及其教职工违反保护职责,侵害在园、在校未成年人合法权益的,应当适用本规定从重处理。

**第六十三条** 本规定自 2021 年 9 月 1 日起施行。

# 最高人民检察院、教育部、公安部关于建立教职员工准入查询性侵违法犯罪信息制度的意见

（2020 年 8 月 20 日印发）

## 第一章 总 则

**第一条** 为贯彻未成年人特殊、优先保护原则，加强对学校教职员工的管理，预防利用职业便利实施的性侵未成年人违法犯罪，根据《中华人民共和国刑法》《中华人民共和国刑事诉讼法》《中华人民共和国未成年人保护法》《中华人民共和国治安管理处罚法》《中华人民共和国教师法》《中华人民共和国劳动合同法》等法律，制定本意见。

**第二条** 最高人民检察院、教育部与公安部联合建立信息共享工作机制。教育部统筹、指导各级教育行政部门及教师资格认定机构实施教职员工准入查询制度。公安部协助教育部开展信息查询工作。最高人民检察院对相关工作情况开展法律监督。

**第三条** 本意见所称的学校，是指中小学校（含中等职业学校和特殊教育学校）、幼儿园。

## 第二章 内容与方式

**第四条** 本意见所称的性侵违法犯罪信息，是指符合下列条件的违法犯罪信息，公安部根据本条规定建立性侵违法犯罪人员信息库：

（一）因触犯刑法第二百三十六条、第二百三十七条规定的强奸，强制猥亵，猥亵儿童犯罪行为被人民法院依法作出有罪判决的人员信息；

（二）因触犯刑法第二百三十六条、第二百三十七条规定的强奸，强制

猥亵，猥亵儿童犯罪行为被人民检察院根据刑事诉讼法第一百七十七条第二款之规定作出不起诉决定的人员信息；

（三）因触犯治安管理处罚法第四十四条规定的猥亵行为被行政处罚的人员信息。

符合刑事诉讼法第二百八十六条规定的未成年人犯罪记录封存条件的信息除外。

**第五条**　学校新招录教师、行政人员、勤杂人员、安保人员等在校园内工作的教职员工，在入职前应当进行性侵违法犯罪信息查询。

在认定教师资格前，教师资格认定机构应当对申请人员进行性侵违法犯罪信息查询。

**第六条**　教育行政部门应当做好在职教职员工性侵违法犯罪信息的筛查。

## 第三章　查询与异议

**第七条**　教育部建立统一的信息查询平台，与公安部部门间信息共享与服务平台对接，实现性侵违法犯罪人员信息核查，面向地方教育行政部门提供教职员工准入查询服务。

地方教育行政部门主管本行政区内的教职员工准入查询。

根据属地化管理原则，县级及以上教育行政部门根据拟聘人员和在职教职员工的授权，对其性侵违法犯罪信息进行查询。

对教师资格申请人员的查询，由受理申请的教师资格认定机构组织开展。

**第八条**　公安部根据教育部提供的最终查询用户身份信息和查询业务类别，向教育部信息查询平台反馈被查询人是否有性侵违法犯罪信息。

**第九条**　查询结果只反映查询时性侵违法犯罪人员信息库里录入和存在的信息。

**第十条**　查询结果告知的内容包括：

（一）有无性侵违法犯罪信息；

（二）有性侵违法犯罪信息的，应当根据本意见第四条规定标注信息类型；

（三）其他需要告知的内容。

**第十一条** 被查询人对查询结果有异议的，可以向其授权的教育行政部门提出复查申请，由教育行政部门通过信息查询平台提交申请，由教育部统一提请公安部复查。

## 第四章 执行与责任

**第十二条** 学校拟聘用人员应当在入职前进行查询。对经查询发现有性侵违法犯罪信息的，教育行政部门或学校不得录用。在职教职员工经查询发现有性侵违法犯罪信息的，应当立即停止其工作，按照规定及时解除聘用合同。

教师资格申请人员取得教师资格前应当进行教师资格准入查询。对经查询发现有性侵违法犯罪信息的，应当不予认定。已经认定的按照法律法规和国家有关规定处理。

**第十三条** 地方教育行政部门未对教职员工性侵违法犯罪信息进行查询，或者经查询有相关违法犯罪信息，地方教育行政部门或学校仍予以录用的，由上级教育行政部门责令改正，并追究相关教育行政部门和学校相关人员责任。

教师资格认定机构未对申请教师资格人员性侵违法犯罪信息进行查询，或者未依法依规对经查询有相关违法犯罪信息的人员予以处理的，由上级教育行政部门予以纠正，并报主管部门依法依规追究相关人员责任。

**第十四条** 有关单位和个人应当严格按照本意见规定的程序和内容开展查询，并对查询获悉的有关性侵违法犯罪信息保密，不得散布或者用于其他用途。违反规定的，依法追究相应责任。

## 第五章 其他规定

**第十五条** 最高人民检察院、教育部、公安部应当建立沟通联系机制，及时总结工作情况，研究解决存在的问题，指导地方相关部门及学校开展具体工作，促进学校安全建设和保护未成年人健康成长。

**第十六条** 教师因对学生实施性骚扰等行为，被用人单位解除聘用关系或者开除，但其行为不属于本意见第四条规定情形的，具体处理办法由教育部另行规定。

**第十七条**　对高校教职员工以及面向未成年人的校外培训机构工作人员的性侵违法犯罪信息查询,参照本意见执行。

**第十八条**　各地正在开展的其他密切接触未成年人行业入职查询工作,可以按照原有方式继续实施。